U0926916

芒果街上的小屋 2

[美国] 桑德拉·希斯内罗丝 / 著　夏末 / 译

SANDRA
CISNEROS

WOMAN
HOLLERING
CREEK
AND
OTHER
STORIES

译林出版社

图书在版编目（CIP）数据

芒果街上的小屋．2：英汉对照 ／（美）桑德拉·希斯内罗丝（Sandra Cisneros）著；夏末译．—南京：译林出版社，2018.6（2018.9重印）

书名原文：Woman Hollering Creek and Other Stories

ISBN 978-7-5447-7007-1

I.①芒… II.①桑… ②夏… III.①英语－汉语－对照读物 ②短篇小说－小说集－美国－现代 IV.①H319.4：I

中国版本图书馆 CIP 数据核字（2018）第 048435 号

著作权合同登记号　图字：10-2013-412 号

芒果街上的小屋2 ［美国］桑德拉·希斯内罗丝／著　夏　末／译

责任编辑　於　梅

创意策划　连若琳

装帧设计　lemon

插图作者　Ng Siaukhim

校　　对　卞中江

责任印制　董　虎

原文出版　Vintage Books, 1991

出版发行　译林出版社

地　　址　南京市湖南路 1 号 A 楼

邮　　箱　yilin@yilin.com

网　　址　www.yilin.com

市场热线　025-86633278

排　　版　南京展望文化发展有限公司

印　　刷　南京爱德印刷有限公司

开　　本　787 毫米 × 1092 毫米　1/32

印　　张　13.125

插　　页　2

版　　次　2018 年 6 月第 1 版　2018 年 9 月第 2 次印刷

书　　号　ISBN 978-7-5447-7007-1

定　　价　68.00 元

献给我的母亲，

艾尔维拉·科德罗·安格阿罗，

她赐予了我犀利的语言。

—

也献给我的父亲，

阿尔弗雷多·希斯内罗丝·德尔·莫雷尔，

他赐予了我柔美的语言。

—

谨以此书献给我的父亲与母亲。

致谢

Los Acknowledgments

亲爱的读者们：

这本集子中早期的一些故事是我在我的哥哥小阿尔弗雷德·希斯内罗丝和嫂子朱丽叶·巴拉雷斯-希斯内罗丝家的客房中写的。感谢你们的款待，为我的写作提供了那么豪奢的一个房间。

感谢我的母亲，我的机灵鬼，给予我数不清的经济援助。

感谢全国艺术基金会一生中拯救了我两回，谢谢你们，永远感激你们。因为你们，我的生活、我的写作都不一样了。

感谢你，鲁文，无论这份感谢或早或晚，无论它伴随你一次或直到永远。

十一街西的小屋。借来的祝福！感谢你们的慷慨，萨拉·斯丁芬森和理查德·柯林。

我倾心的读者们：海伦娜·维拉蒙德斯、莉莉安娜·巴伦苏埃拉、索尼娅·萨尔迪瓦尔-乌尔、诺尔玛·阿拉尔贡。还有歌曲搜集者们：劳拉·佩雷斯和玛丽亚·埃雷拉-索贝克。向你们所有人表示感谢。

我圣安东尼奥[①]的姐妹们：凯瑟琳·布尔斯特、阿尔芭·德尔雷昂、索菲亚·赫尔利、让·费德里克·但特恩，以及“女强人”特瑞·伊巴涅斯、认真审查我颇具墨西哥味作品的“提加洛人”[②]胡安妮达·露娜-劳恩。谢谢你们。深情地拥吻你们每一个人。

南斯拉夫的姐妹“好家伙”加斯娜·卡劳乌拉。好姐妹，谢谢你[③]。

---

① 美国得克萨斯州南部工商业城市，作者长居于此。

② 指在得克萨斯州独立运动前就住在此地的墨西哥裔或拉美裔人。提加洛(Tejano)，西班牙语的“得克萨斯”。

③ 此处为克罗地亚文。

我圣安东尼奥的兄弟们——伊托·罗摩、丹尼·洛伦索、克莱伊克·本尼尔，“彭奇人”[1]塞萨尔·马丁内斯——朋友们，谢谢你们。

感谢我最重要的伙伴们——兰登书屋的埃若尔·麦克唐纳德和赫妮·埃旺斯。感谢你们的有力支持和深厚信任。

感谢我美丽的主编朱丽叶·格劳乌。啊，朱丽叶，相信我，我永远感激你在这部作品从孕育到诞生过程中表现出的不懈柔情、耐心与体贴。

感谢神圣的上帝赐予我神奇而有力的文字校对人：“勇敢者”苏珊·贝尔哥霍斯。我要点燃蜡烛，向后空翻，为你大声呼喊。用心灵拥抱你，苏珊，感谢你为我所做的一切。

女士们、先生们，请以最最热烈的掌声献给我最特别的读者，最可爱的朋友。丹尼斯·玛提斯，我可爱的小眼睛。

圣母瓜达卢佩·托南琴[2]，无尽的感谢。我将这些小故事献给你，献给我们的人民。献给所有的人。谢谢你们。从心底向你们致以千万次的感谢。

（金薇、夏末 译）

---

① 彭奇，城市名，位于中美洲萨尔瓦多。

② 墨西哥土著的母亲女神。

目录

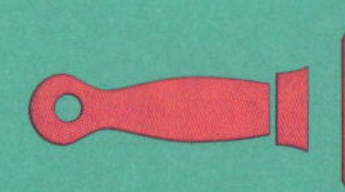

CHAPTER 1

闻起来像玉米的我的朋友露西

CHAPTER 2

神圣的一夜

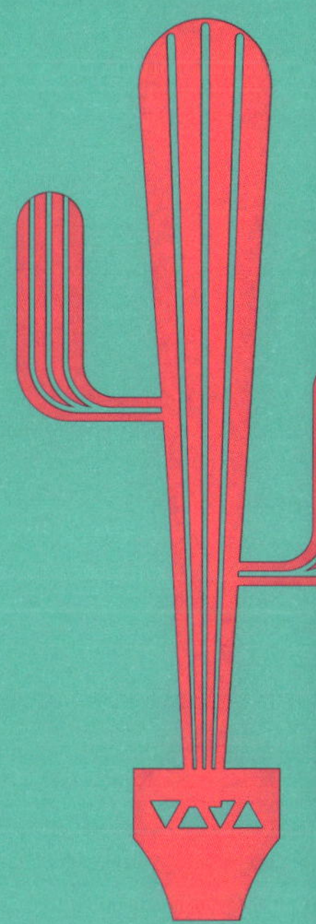

CHAPTER 3

男人，女人

CHAPTER 1

闻起来像玉米的我的朋友露西

MY LUCY FRIEND WHO SMELLS LIKE CORN

我也爱着你，希望你得到幸福。

——克里·克里（弗朗西斯科·加比隆多·索莱尔）

弗朗西斯科·加比隆多·索莱尔（1907—1990），墨西哥儿童音乐作曲家。因在儿童广播节目中创造了克里·克里这一经典形象，被戏称为克里·克里。他所作歌曲闻名拉美，现已被翻译成多种语言。

闻起来像玉米的我的朋友露西

露西·安吉亚诺，得克萨斯州女孩，闻起来像玉米，像弗里托·班迪托玉米片，像玉米煎饼。当她越过纸剪的小人凑近你的时候，当我们坐在走廊上玩弹子，用这颗能在手心映出蓝色星星的漂亮水晶换那块中间有着蚱蜢绿的螺旋花纹的大猫眼石的时候，她头上有一种像玉米羹或玉米面包一样的温热的味道。那猫眼石的颜色就像你开车去边界时挡风玻璃上瓢虫留下的浆汁，就像蝴蝶黄色的血迹。

你们吃过狗粮吗？我吃过。在一阵像嚼冰块一样的嘎嘣响之后，她张开大嘴给我们看，里面只有一条粉红的舌头，像盲眼的蠕虫一样乱探，简妮朝里看着，因为她说了让我看看。但我，我喜欢那个露西，玉米味的头发，和我一样的浅绿色人字拖，我们一起在凯马特超市买的，只要七十九美分。

我要坐在太阳底下，不在乎外面是否有一千万亿度。我要把皮肤晒黑，让皱褶的地方黑得发青，像露西的。她全家人都那样。眼睛眯得像条刀缝。露西和她的妹妹们。诺玛、玛格利塔、奥菲利娅、赫米尼娅、南希、奥利维娅、切丽，还有安波·苏。

没有窗纱的纱门。砰！小黑狗啃咬着自己的毛。走廊上肥胖的沙发。窗户有的漆成了蓝色，有的漆成了粉红色，因为她爸爸那天累了或者忘了。妈妈在厨房里将衣服填进脱水洗衣机，从里面转出来的衣服又板又硬，缠绕在一起，扁得像纸。露西有次把胳膊卡在里面了，大声叫妈——她妈妈只能让机器反转，她的手才退了出来，手指都黑了，后来，指甲也掉了。**但是你的胳膊真的瘪得像衣服一样了吗？后来怎么样了？他们是不是得往里面充气了？**没有，只是手指，而且她也没哭。

靠着走廊上的栏杆，将小宝宝安波·苏粉红色的短袜夹在切丽的花T恤上，奥菲利娅的蓝色牛仔裤夹在奥利维娅罩衫里面的缝边上，罩衫夹在玛格利塔的法兰绒睡衣上，免得它被抻长；然后拿起她们爸爸的工作服，像这样倒挂着；这样，所有的衣服就都不会皱了，也可以节约空间和晾衣夹。姐妹们的衣服都是换着穿的，只有奥利维娅例外，小气的家伙。家里没男孩。只有女孩和一个几乎不着家的父亲和一个**唉！真累啊**总挂在嘴边的母亲，姐妹太多，都没时间去数。

我坐在太阳底下，虽然正是一天中最热的时候，是连街道也晕眩的时候，太阳照在头顶上，烘烤着尘土和野草。汗如雨下，空气闷热，弥漫着甜玉米的味道。

我想和小妹妹们睡在同一张床上，脑袋挤着脑袋，有的睡这头，有的睡那头。我想和妹妹们一起睡会很有趣，你可以随意地骂她们，一次骂一个或者全部都可以，可以不必一个人孤单单地躺在客厅的折叠沙发上。

当我回到家，奶奶说**我没告诉过你吗**的时候，我就会知道她的意思，我明天还得穿这件衣服。但是首先我要从安吉亚诺院里的破垫子上跳下去。露西，我要帮你抓蚊子咬起的包，它们会痒，那么可以用红药水画个笑脸。我们互换了鞋子，套在手上。我们走到简妮·奥缇兹家门口，对她说**我们再也不和你玩了！**我们一起跑回家，倒着跑一段，顺着跑一段，朝老鼠藏身的洞口张望两回，我将一只脚戳进洞里，因为你说我不敢，天空那么蓝，天堂就藏在那些白色的云朵里面。我从膝盖上剥下一块痂，吞进肚子里，冲着猫打喷嚏，给你三粒我从昨天一直留下来给你的玛氏巧克力豆，用手帮你梳头发，把它编成漂亮的小辫子。我们一起冲公交车上我们并不认识的女士挥手。哈罗！我在前廊的栏杆上翻跟斗，尽管我的内裤都露了出来。我们自己做纸人，自己画，自己剪，再用蜡笔给它们的衣服涂上颜色，我的胳膊搭着你的肩膀。

我们看着对方，胳膊被我们分吃的一根橘子冰棍弄得黏黏的，我们可以是姐妹的，是吗？可以的，你和我，一起等待牙齿掉落，等待钱。你附在我耳边轻声笑语，弄得我耳朵直痒痒，我笑得哈哈哈哈的。我和她，闻起来像玉米的我的朋友露西。

十一岁

关于生日，他们不明白也永远不会告诉你的是，当你十一岁的时候，你也是十岁、九岁、八岁、七岁、六岁、五岁、四岁、三岁、两岁和一岁。十一岁生日那天，清晨醒来，你盼望有十一岁的感觉，但是没有。你睁开眼睛，一切恰如昨天，唯一不同的只在于它是今天。你完全感觉不到自己十一岁了。你觉得自己还是十岁。事实上，你是——让你十一岁的那一年还没到。

譬如，某一天你可能会说一些愚蠢的话，那是只有十岁的那部分你。又或者某一天你觉得害怕，想要坐在妈妈的膝头，那是五岁的那部分你。又或者在你完全长大后的某一天，也许你会想哭得像三岁时那样，那也没关系。妈妈难过得想哭的时候我就是这么和她说的。也许她那时觉得自己只有三岁。

因为我们长大的方式就像洋葱，像树干里面的年轮，像我那些一个套一个的木头小娃娃，一年包裹着一年。十一岁也是一样。

你不觉得自己十一岁了。不会立刻觉察。那需要时日，或许几天，或许几个星期，又或许得好几个月，然后在人们问你的时候你才会回答自己十一岁了。而甚至那时，你还是不觉得自己实足有十一岁，直到你快十二岁。事情就是这样。

但是今天，我希望我的身体里不止区区十一年在那里叮当响，像储钱锡罐里的分币。今天我希望我不是十一岁，而是一百零二岁，因为如果我有一百零二岁的话，我就会知道当普莱斯夫人将那件红色毛线衣放到我课桌上时该说些什么。我就会知道该怎么告诉她它不是我的，而不是仅仅坐在那里，脸上露出那样的表情，嘴里却什么也说不出来。

“这是谁的？”普莱斯夫人问，将那件红色毛线衣高举起来让全班人都看得到，“谁的？都在更衣室里放了一个月了。”

“不是我的。”每个人都在说，“不是我的。”

“它肯定是你们当中谁的。”普莱斯夫人不停地强调，但没有人记得。那是一件难看的毛线衣，红色的塑料纽扣，领子和袖子长得都可以用来做跳绳。旧得就像是一千年前的了，就算它是我的，我也不会说出来的。

或许是因为我瘦，又或许是因为她不喜欢我，那个愚蠢的西尔维娅·萨尔迪瓦尔说道：“我想那是瑞切尔的。”那么难看的毛线衣，又破又旧，但是普莱斯夫人信了她。普莱斯夫人把毛线衣拿过来，放在我的课桌上，我张开了嘴，却说不出什么话来。

“那不是，我不，你不……不是我的。”我终于说了出来，声音小得像我四岁的时候。

“当然是你的。”普莱斯夫人说，“我记得你还穿过一次呢。”因为她年龄大，又是老师，所以她是对的，而我错了。

不是我的，不是我的，不是我的，但是普莱斯夫人已经翻到第三十二页第四道数学题了。我不知道为什么，只是突然觉得心里很难过，感觉三岁的那部分我想从眼睛里跑出来，但我使劲地闭上眼睛，用力地咬紧牙齿，想着今天我十一岁了，十一岁了。妈妈在为我做晚上的蛋糕，等爸爸回来了，大家就会一起唱生日快乐，祝你生日快乐。

当那股难过劲过去了，我睁开眼睛时，那件红色毛线衣还在那儿，像一座红色的大山。我用尺子将它推向课桌的一角，将我的铅笔、课本、橡皮擦移到离它尽可能远的地方。我甚至将我的椅子向右移了一点。不是我的，不是我的，不是我的。

我在心里默默地计算着还有多久到午餐时间，到那时我就可以将那件红毛线衣扔到学校操场的栅栏外去，或者把它搭到停车场的计时牌上，或者把它卷成一小团，丢进小巷里。但是，数学课一结束，普莱斯夫人——当着所有人的面——大声说道："够了，瑞切尔。"她看见我已经把那件红毛线衣推到课桌的边角了，它像瀑布一样挂在边上，但我不在乎。

"瑞切尔，"普莱斯夫人喊道，看样子已经生气了，"你立刻把那件毛线衣穿上，别再做那没用的事了。"

"但那不是——"

"穿上！"普莱斯夫人说道。

此刻我希望我不是十一岁，因为我身体里的所有年龄——十岁、九岁、八岁、七岁、六岁、五岁、四岁、三岁、两岁和一岁——都挤到了我的眼皮后面，我将一只胳膊伸进了那闻起来像农家鲜干酪的毛线衣的一只袖子，又将另一只胳膊伸进了另一只袖子，然后站在那儿，两只胳膊撑开，就像那件毛线衣会伤着我似的。它的确会，它让我浑身都痒，上面净是不属于我的细菌。

这时，我整个早上，从普莱斯夫人把那件红毛线衣放到我课桌上开始就憋着的委屈全都释放了出来，我突然哭了起来，当着所有人的面。我希望别人看不见我，但不可能。我十一岁了，而且今天是我的生日，但我在所有人面前哭得像三岁时似的。我趴在课桌上，脸埋在套着那气人的、小丑般的毛线衣的臂弯里。我的脸憋得通红，唾液从嘴里流出来，不停地发出像小动物一样的呜呜声，直到眼睛里再也没有了眼泪，只剩下身体在那里像打嗝似的抽噎，整个头疼得像喝牛奶喝得太快了一样。

但是最糟糕的是，就在午餐铃快要响的时候，那个愚蠢的菲利斯·洛佩兹，比西尔维娅·萨尔迪瓦尔还蠢的菲利斯·洛佩兹，说她记起来那件红毛线衣是她的！我立刻把它脱下来给了她，只是普莱斯夫人却装作没事人似的。

今天我十一岁。妈妈在给我做晚上的蛋糕，等爸爸下班回家我们就会吃它。还会点蜡烛，会有礼物，大家会唱生日快乐，祝你生日快乐，瑞切尔，只是一切都晚了。

今天我十一岁。我十一岁、十岁、九岁、八岁、七岁、六岁、五岁、四岁、三岁、两岁、一岁，但我希望我有一百零二岁。我希望我自己是任何年龄，就是不要是十一岁，因为我希望今天已经远去，远得像只飞掉的气球，像天空中的一个小圆点，小得你必须闭上眼睛才能看得见。

HAPPY
BIRTHDAY
~
RACHEL

有时候早，有时候迟的萨尔瓦多

眼睛是毛毛虫色的萨尔瓦多，长着鬈发和歪牙的萨尔瓦多，老师也记不住他名字的萨尔瓦多，不是任何人的朋友，在某个大致方向上的某个地方奔忙，那里的房子是坏天气的颜色。他生活在一道简陋柴门的背后，在蒙蒙亮的早晨摇醒睡梦中的弟弟们，帮他们系上鞋带，蘸水梳头，喂他们吃锡杯里的牛奶玉米片。

萨尔瓦多，有时早，有时迟，迟迟早早都会带着一众收拾停当的弟弟到达。他要帮他妈妈，她忙着带宝宝。他拽着塞西里欧和亚特瑞托的胳膊，催他们走快点，因为今天，像昨天一样，亚特瑞托又让装蜡笔的雪茄盒掉了，上百支红的、绿的、黄的、蓝的和黑的蜡笔头撒在坑坑洼洼的沥青路上，直到管路口交通的女士阻断来往的车流，萨尔瓦多才能去捡它们。

缩在那件皱巴巴的衣服里的萨尔瓦多；每次说话都要先清一清嗓子并说抱歉的萨尔瓦多；藏在四十磅重男孩身体里的萨尔瓦多——那身体上有疤痕画就的地图，记录着受伤害的历史；那身体的四肢疲软得像由羽毛和破絮填塞而成；在眼神的闪烁中，在心里，在那有东西和拳头上的脉搏一起跳动的胸腔里的萨尔瓦多，只知道萨尔瓦多所知道的萨尔瓦多；在那个小到不能容纳一百个气球的幸福和仅仅一吉他悲伤的身体里的萨尔瓦多，是个小男孩，像所有从门口消失的男孩一样。在学校的大门边，他让弟弟们在那儿等着他。拉起塞西里欧和亚特瑞托的手，急匆匆地撤离，避开校园里的五颜六色，手挽着手，几双鞋子奔跑着。在视线中越来越小，直至融入明亮的地平线，消失之前在空气中最后颤动了一下，像记忆中的风筝。

墨西哥电影

在那部电影里，佩德罗·阿蒙德瑞兹爱上了他老板的妻子，只是她给他带来的除了麻烦之外更无其他，而他的问题在于愚笨。我最喜欢男主角开始脱女主角衣服的那一段，因为那时爸爸会给我们一些两角五分的硬币，打发我们去大厅，催我们快走，直到他们重新把衣服穿上。

大厅里铺着厚厚的地毯，大红色，是用脚在上面擦着走能擦出电花的那种。还有天鹅绒的窗帘，下面缀着将军的肩章上一样的黄流苏。楼梯口拉着一道粗硕的天鹅绒绳子，告诉你不能从那上去。

你可以将一个两角五分的硬币塞进女盥洗室的机器里，得到一副塑料井字棋或像生日蛋糕上的糖玫瑰一样颜色的粉红唇膏。也可以出去，用它在糖果柜台买一袋吉拿棒，或者一个夹火腿和奶酪的墨西哥三明治，或者一盒枣子。如果你买的是枣子，盒子要留着，因为等你吃完了枣子，可以对着那里面吹气，它会发出驴子一样的叫声。在放电影的时候那么做很有趣，因为也许会有人吹响他的枣盒回应你，直到爸爸说别玩了。

我最喜欢佩德罗·因芬特的电影。他总是唱着歌，骑着马，戴着一顶大大的宽边帽。他从不扒掉女人们的衣服，但女人们站在阳台上把花扔向他。通常会有人死掉，但不会是佩德罗·因芬特，因为他得在结束的时候唱那首节奏欢快的歌。

因为奇奇还小，他喜欢在过道里跑来跑去，和其他孩子一起跑来跑去，像一匹匹的小马驹，就像我以前一样，但现在我的任务就是确保他不把他在地上发现的糖捡起来放进嘴里。

有时会有不知谁的小孩爬到台上，在幕布的下端投下双重的侧影，引得众人一阵哄笑。又有时会有哪个小孩哭起来，惹得其他人大叫“吵死人了”。但如果是奇奇，那就意味着是我，因为爸爸在看电影的时候是不会动身的，而妈妈则跪坐在那里，像手风琴一样，她怕老鼠。

电影院闻起来就像爆米花。我们买了一盒，上面画着一个小丑将爆米花抛向空中，然后用嘴接着，还有几个小泡泡，上面写着“营养”、“美味”的字样。我和奇奇也喜欢将爆米花抛向空中，在它们落到或者不落到我们脸上的时候大笑，或者抓一大把捏碎成一个小球塞进嘴里，听它们在牙齿之间被咬碎的声音，最后咬掉它们的核，吐向彼此，就像打西瓜仗一样。

我们喜欢墨西哥电影。即便是很多谈话的那种。我们常常把自己蜷得像个甜甜圈来睡觉，硬邦邦的扶手顶着我们的头，直到妈妈将她的毛线衣垫在那儿。然后电影结束了，灯刹那间亮了。有人把我们抱了起来——我们的鞋子和腿像死人的一样沉沉地晃荡着——抱着我们走进寒冷中，上了那闻起来像烟灰缸的车子。眼皮外面忽明忽暗、忽明忽暗的；这时我们已经醒了，只是还闭着眼睛装睡，因为这才是最美妙的时刻。妈妈和爸爸将我们从后车座上抱出来，抱到三楼前面我们睡觉的地方，帮我们脱掉鞋子和衣服，盖上被子。这样，我们一觉醒来，就是星期六了，我们幸福地躺在床上。

芭比 Q[①]

给莉查

你的是有难看眼睛和马尾辫的：条纹泳衣、高跟鞋、太阳镜和圆圈形金耳环。我的是满头的卷：红泳衣、高跟鞋、珍珠耳环和一个铁丝基座。我们只买得起这些，和一套另外的装扮。你的，“红色潮流”，考究的 A 字形紧身外衣配杰奎琳·肯尼迪式筒形女帽、白色手套、手提包和高跟鞋。我的，“聚光灯下的独唱”，优雅的晚礼服，缀着黑色小亮片的露肩裙，裙子的下摆蓬起来，像美人鱼的尾巴，长款手套、粉红色的雪纺围巾和话筒。因为穿穿脱脱的次数太多，奶头突起处的黑色小亮片都掉了。此外还有一件用旧袜子改造的连衣裙，在这儿那儿剪几个洞，袜口处卷起，就成了一件漂亮而简洁的露肩装。

每次的故事都一样。你的芭比和我的芭比是室友，我的芭比的男朋友来了，你的芭比勾引了他，怎么样？亲嘴亲嘴亲嘴。然后两个芭比打了起来。你这蠢货！他是我的。哦，不，他不是，臭娘们！但肯却不存在，是不是？因为我们没有钱买一个傻乎乎的男娃娃，下一个圣诞节我们都宁愿要一套新的芭比装扮。我们只能用你那难看眼睛的芭比和我满头卷的芭比和各自的一套装扮凑合——短袜裙不算在内。

直到下个星期天，我们走过麦克斯维尔街的跳蚤市场，**那里！**摆在街上，旁边是一些工具、跟被磨平的厚底高跟鞋、荧光绿的柳编垃

① 原文 Barbie-Q 发音同 barbecue，意为“烧烤”。

圾篓、铝箔、毂盖、粉红色长绒毛毯、挡风玻璃刮雨器、落满灰尘的瓦罐、装满生锈铁钉的咖啡罐。**那里**！哪里？两个美泰[1]的盒子。一个是“职业女孩”套盒，漂亮的黑白配职业套装、七分袖的夹克、后面开衩的裙子、红色的无袖外套、手套、话筒，还有配套的帽子。另外一个，“甜美的梦”，漂亮的粉红色和白色格子呢的睡衣和配套的睡袍、蕾丝镶边的拖鞋，还有发梳和带柄的手镜。多少钱？求你们了，求你们了，求你们了，好不好好不好好不好好不好嘛，直到他们说好吧。

表面上你和我蹦蹦跳跳地哼着歌，心里面我们已经转着圈翩翩起舞了。直到下一个摊位，盒装的馅饼、明橙色的马桶刷、橡胶手套、扳手套装、羽毛花束、玻璃的毛巾架、擦锅的钢丝、《艾尔文和花栗鼠》的磁带旁边，**那里**！还有**那里**！还有**那里**！还有**那里**！**那里**！**那里**！**那里**！腿可以弯曲的芭比，新的侍童发型。米奇，芭比最好的朋友。肯，芭比的男朋友。斯奇普，芭比的妹妹。塔缇和托德，芭比和斯奇普的双胞胎弟弟和妹妹。斯奇普的朋友，斯古特和瑞奇。阿兰，肯的好朋友。还有弗朗西，芭比的摩登表妹。

今天每个人都在卖玩具，所有的玩具都有点破损，带着水渍和烟味。因为霍尔斯特德街上的一个大型玩具仓库昨天着火了——看见那里了吗？——丹-赖恩高速公路的那边还有烟冒出来。于是麦克斯维尔街上才有这么多的火灾受损物折价抛售，就今天。

就算我们没有装在九个干净漂亮盒子里的腿可以弯曲的新芭比、米奇、肯、斯奇普、塔缇、托德、斯古特、瑞奇、阿兰和弗朗西，只

---

① 美国著名的玩具公司，芭比娃娃的制造商。

能在麦克斯维尔街上买那些被水浸过、被烟熏过的又怎么样？就算我们的芭比在我们洗了又洗之后，凑到鼻子上还是有烟味又怎么样？就算最漂亮的那个娃娃——芭比的摩登表妹、有真睫毛（还有睫毛刷）的弗朗西——的左脚稍微烊掉了一点，那又怎么样？只要你给她穿上那套新的“粉红舞会”套装，闪亮的绸缎、相配的外套、金色腰带、手抓包、扎成蝴蝶结的发带，只要你不把她的裙子拉起来，是不是？——谁会知道呢。

米国人

我们在外面等着，虔诚的奶奶在里面，往圣坛前的捐款箱里投比索，祈求神灵护佑。点着还愿烛，单膝跪地。在胸前画十字，吻她的大拇指。手指转动着一串水晶念珠。嘴里念念有词，含糊不清。

有那么多事情要做，祈祷，许愿，感谢神，以丈夫的名义、儿子们的名义，还有唯一的女儿的名义，而他们从不去望弥撒。不过没关系，像瓜达卢佩圣母一样，虔诚的奶奶会代他们祈求神的庇佑的。替爷爷，他从第一次墨西哥革命制度党大选之后便不再相信任何事物。替我父亲，佩里奎因，瘦骨嶙峋的他亟需睡眠。替皮肤白皙的姑姑，她在粉红区跳了一整晚的舞，几个小时前才吃过羊脑和羊肉玉米卷饼当早餐。替胖脸的叔叔，罪孽最深重的一个——**祷告的时候别忘了你的胖脸叔叔**。还有孩子气的叔叔——**你代我去，妈妈——神听你的**。

虔诚的奶奶已经去了很长时间。她消失在沉重的皮革外帘和附满灰尘的天鹅绒内帘后面。我们必须待在教堂门口附近。不能去逛那些卖气球和拳球的小摊。不能用零用钱去买油饼或漫画《巴伦一家》或透明的圆锥形棒棒糖——透过它们，看什么都像彩虹。不能跑开，坐到木马上去拍照。不能去爬教堂后面的小山坡，在墓地里你追我赶。我们答应了虔诚的奶奶待在她离开的地方，直到她回来。

有人正一路朝教堂跪拜而来。有的腿上缠着厚厚的布条，有的带着垫子，一个垫在膝下，一个放在前面磕头用。也有裹着黑披巾的女人，有的在身上画十字，有的没有。一队队的忏悔者举着横幅、花拱门，乐师们轻轻地吹着小号，敲着小鼓。

瓜达卢佩圣母在里面，在一道厚厚的玻璃后面等待着。那里还有一个金十字架，曾被炸弹炸过，弯得像牧豆树。瓜达卢佩圣母位于正圣坛，因为她是一个大神迹；弯曲的十字架是个小神迹，在偏圣坛上。

但我们在外面的太阳底下。我的哥哥朱尼尔靠墙蹲坐着，双目紧闭。弟弟齐科斯一圈一圈地跑着。

或许，极有可能，弟弟正把自己想象成飞翔的羽舞者，像圣母生日那天我们看到的从柱子上飞起来的那些。我也想扮羽舞者。但是当他跑过我身边时，他嘴里叫嚷着“我是 B-52 轰炸机，你是德国人”，然后便用想象中的机关枪朝我扫射。我宁愿扮演羽舞者，但如果我告诉弟弟这一点，他就根本不会和我玩。

“**女的**。我们不和女的玩。”**女的**。这是我弟弟目前最喜欢用的羞辱人的词，甚至不是“女里女气”。“你是**女的**，”他们对着彼此大叫道，“你扔球扔得像个**女的**。”

我决定就当德国人时，齐科斯再次旋风般地跑过来，这次叫着：“我是飞侠哥顿。你是邪恶帝王明，是泥族人。[①]”我不介意自己当邪恶帝王明，但是不愿意做泥族人。眼角处有什么东西想冲出来，但我没让。**女的**才哭呢。

---

① 飞侠哥顿和邪恶帝王明、泥族人都是科幻电影《飞侠哥顿》中的人物。泥族人同时也被用于指生活在墨西哥贫民区的墨西哥人。

我丢开兜圈跑的齐科斯——“我是独行侠[①]，你是印第安人坦图”，丢开蹲坐着的朱尼尔，去找虔诚的奶奶。

为什么教堂闻起来像耳朵里面？是香的味道，黑暗的味道还是蓝玻璃里面蜡烛的味道？为什么圣水闻起来像泪水？虔诚的奶奶让我跪下来，两掌合拢。天花板很高，每个人的祈祷都像气球一样撞了上去。

我盯视着那些圣徒的眼睛，久了，它们便动了，朝我眨巴着，让我也有了某种神圣的感觉。厌倦了眨眼睛的圣徒，我开始数虔诚的奶奶上嘴唇上的胡须，她还在祈祷，为大伯，他害了寄生虫病，为库卡姑姑，她经历坎坷，生活扭曲了她的半边脸，又在另外半边上写满忧伤。

肯定有一长串从来没有去过教堂的亲戚的名单。虔诚的奶奶将这些死去的、活着的人的名字编进了长长的祈祷之中，缀着悲惨地出生在这个野蛮国度的孙儿们的名字。

我将身体的重量压在一条腿上，然后是另一条腿。两条腿都跪麻了，像扎着大头钉的垫子，我便用手拍醒它们。**米凯埃拉，你可以和阿尔弗雷迪托和恩里克一起在外面等**。这些话虔诚的奶奶都是用西班牙语讲的，我得集中精神才能听懂。“什么？”我说道，虽然这不恰当也不礼貌。“什么？”被虔诚的奶奶听成了“瓜达？”，但她只看了我一眼，一把把我推向门口。

从灰扑扑、黑乎乎的地方出来，广场上的光线让我的眼睛有点睁

① 墨西哥电影《独行侠》中的主人公，是个戴着面具，骑着白马，惩恶扬善，伸张正义的英雄，印第安人坦图是他的搭档。

不开，就像从电影院里出来一样。我弟弟奇科斯正用脚踩着一块玻璃在混凝土上胡乱地画着曲线，朱尼尔蹲坐在门口，和一男一女说着话。

他们不是本地人。本地的女人不会穿着裤子来教堂。大家也都知道男人不应该穿短裤。

“要口香糖吗？”那个女人用口型夸张的西班牙语问道。

“谢谢。”那个女人白给了他一大把口香糖，用玻璃纸包着的一小方芝兰口香糖，棕色的、淡蓝色的，还有嚼起来没什么味道却极好用来做假龅牙的白色的。

“请帮忙，”那个女人说道，“照个相好吗？”指着她的相机。

“好的。”

她一心忙着给朱尼尔拍照，完全没有注意到我和奇科斯。

“嗨，米歇尔，奇科斯。你们俩小子想要口香糖吗？”

“你会说英语！”

“当然，”我弟弟答道，“我们是米国人。”

我们是米国人，是美国人，我们虔诚的奶奶在里面祈祷。

特佩亚克[①]

当特佩亚克的天空现出最早的寥落星辰，日本蓝墨水般的夜色降临在圣母大教堂的钟塔上，在广场上的照相摊摊主和他们印有瓜达卢佩圣母像的背景布上，在卖气球的摊贩和他们套着纸帽的气球上，在擦鞋摊擎着红色华盖的宝座上，在用油缸炸午餐的女人们的木棚上，在密斯特洛伊斯街和五月五大街转角处的五金店上时；当照相摊摊主收起他们的三脚架和大个头盒式相机，将木马推到不知道什么地方去时；当卖气球的气球卖完，赶着仅剩的几只最难看没卖掉的气球回家时；当擦鞋的在他们的小木箱上蹲得不耐烦了，卖油炸午餐的女人将盘子、罐子和桌布都装进了来时的草编筐时；爷爷便对长着浅灰色头发的男孩说**阿图罗，打烊了**。穿着歪不拉叽的鞋子、紫肘的阿图罗用拉杆将卷帘门拉了下来——先是面朝密斯特洛伊斯街的，然后是面朝五月五大街的——像阖上的眼皮，然后爷爷告诉他他可以走了。

我就是这会儿到的，一只脚，然后另一只脚，踏上洼陷的阶前石——它中间的部分已经磨得相当光滑了，被各种各样的鞋，来买粘胶的，磨剪刀的，要蜡烛、鞋油、一斤一袋的钉子、松节油、带蓝点的调羹、油漆刷、相纸、一卷挂画铁丝、灯油或是绳子的。

① 墨西哥城内一区，因特佩亚克山得名，区内的圣母大教堂是墨西哥宗教圣地。每年瓜达卢佩日，成千上万的墨西哥人会前来朝拜。

爷爷在一个光秃秃的灯泡下，在脏兮兮、苍蝇乱舞的天花板下，抽着雪茄，数着像用过的纸巾一样软塌塌、皱巴巴的钱，其中有广场上用浅口锡盘端上油炸午餐的女人挣的，有照相摊主和他们的瓜达卢佩圣母的背景布挣的，有擦鞋匠在他们华盖高擎的王国里挣的，有卖圣卡、念珠、无袖圣服、塑料小圣坛的小摊贩挣的，有街对面的修道院里好心的修女们挣的，他小声地数了一遍又一遍，然后将它们装进一个纸袋带回家。

我拉着爷爷胖乎乎、肉嘟嘟的手，像情人一样。我们走过大教堂——每个礼拜日奶奶都在里面为爷爷点着蜡烛祈祷。经过当年胡安·迪亚戈将圣迹从山上带下来的地方，当时所有人都俯身下拜，只有我爷爷没有。走过古兹曼先生的裁缝店，店里灯光通明，古兹曼先生还在缝纫机前忙碌着。经过我买牛奶葡萄干果子冻的糖果店。经过普罗维登西亚玉米煎饼店，每天下午我和鲁兹·玛丽亚都被差去送还装中午的煎饼的篮子。经过玛奎芝寡妇的房子，她丈夫去年冬天死于一个她雪白的小拳头般大小的肿瘤。经过穆内卡的妈妈身边，她正用粉红色的橡胶软管射出细长的水柱给她远近闻名的大丽花浇水，去弗图纳街 12 号的房子，我们一直住的房子。绿色的铁门，花草的图案、盘曲如我名字首字母的线条，熟悉的吱呀声和叮当声，被熟悉的常青藤爬满，仅剩一小块空隙容一个我从未见过面的邮递员伸手进去，二十二级台阶，我们一边上一边大声地数——一、二、三——晚饭吃煮面和炖肉——四、五、六——喝一杯牛奶咖啡——七、八、九——将奶奶唠叨没完的声音关在门外——十、十一、十二——像往常一样睡着，任由电视机开在那嗡嗡地响——十三、十四、十五——爷爷的呼噜——十六、十七、十八——这个孙子，即将离开去那个借来的国度的那个——十九、二十、二十一——他不会记得的那个，最不熟悉的那个——二十二、二十三、二十四——许多年后，当弗图纳街12号的房子被卖掉，当密斯特洛伊斯街和五月五大街转角处的五金店换了主人，当饰有花草和盘曲线条的院门的铰链脱落，换上了卷帘门，当玛奎芝寡妇和穆内卡的妈妈都搬走了，当爷爷最后一次睡着——二十五、二十六、二十七——许多年后，当我再回来时，密斯特洛伊斯街和五月五大街转角处的店面被重新粉刷装修，做了药店；大教堂已经颓废，大门紧闭；广场上照相摊、卖气球的摊位和擦鞋的宝座还在，但木棚里为我端上午餐的都是些我不认识的面孔；弗图纳街12号比我们住的时候更小更暗了，房间被隔板隔开，租给了陌生人，街道上汽车的轰鸣声和柴油的气味，令人不知所措，房子的前面破败，后院荒芜，曾经在这里踢球的孩子们都长大了，搬走了。

谁想得到呢，过了这么久，当其他事都被忘却，我还会记起你，你带入坟墓的某样东西，无可追回，无以名之。

CHAPTER 2

神圣的一夜

ONE HOLY NIGHT

我只在乎你，你，只有你，再没有其他的人。

——《肤若凝脂》演唱者：玛丽亚·维多利亚（作曲：波比·加博）

玛丽亚·维多利亚（1933—），墨西哥著名歌手，影星。
波比·加博（1921—1989），原名菲利克斯·马努埃尔·罗德里格斯·加博，波多黎各杰出作曲家，歌手。

神圣的一夜

真相这东西，如果你把它给了某个人，他便有了控制你的能力。如果某个人把它给了你，他们就让自己变成了你的奴隶。它具有强大的魔力。一旦给出，便无法收回。

——恰克·乌斯马尔·帕罗昆

他说他叫恰克。恰克·乌斯马尔·帕罗昆。那是他告诉我的。他是玛雅王族的后裔。这儿，他一边用靴子的后跟在地上画出一幅地图一边说，我就是从这个地方来的，尤卡坦半岛，远古的城。这是波伊·贝比说的。

自从外婆用扫帚把他赶走已经十八个星期了，我要告诉你的这些我从来没有告诉过任何人，除了雷切尔和卢尔德，他们无所不知。他说他会爱我，像爱他的革命、他的宗教。外婆烧掉了手推车，把我送到了这里，离家几里外的这个无名小镇，与一个满脸皱纹、总是用玉摩擦我肚子的老巫婆和十六个爱刨根问底的表姐妹住在一起。

我不知道有多少女孩因为卖黄瓜而变坏。但我知道我不是第一个。我妈妈也走过歪路。我听说，也确信外婆也有她的故事，只是那不是我该问的事。

外婆说这都是拉洛舅舅的错，因为他是一家之主，如果他每天按时回家，按她说的在那几天自己推手推车去卖东西，看好他那个傻到不会照顾自己的教女的话，一切就不会发生，我也不必被送到墨西哥去。但是拉洛舅舅说如果他们当初根本就没有离开墨西哥的话，羞耻感也足以阻止一个女孩做出那些罪恶的事情。

我不想说我不是个坏女孩，也不想说我是个例外。但我并不像奥尔波特街上那些站在门口、和男人钻进小巷的女孩。

我只知道我并不想那样。不想靠在砖墙上，或是藏在某个人的车里。我希望它的到来就像金线的抽出，就像关满小鸟的帐篷豁然打开。应该那样，遇到波伊·贝比的时候我就知道会是那样的。

但你得知道，那时我已不是个小女孩。波伊·贝比也不是个小男孩。恰克·乌斯马尔·帕罗昆。波伊·贝比是个男人。当我问他多大了时，他说他不知道。过去和将来是一回事儿。所以他看上去像个男孩，同时也像个婴儿和男人，至于他怎么看着我，我怎么说呢？

每个星期六，我将手推车停在朱尔食品店前面。第一次他买了一支竹扦插着的芒果。付钱用了一张崭新的二十元纸币。第二个星期六他又来了。两个芒果、酸橙汁和辣椒粉，不用找了。第三个星期六他要了一根黄瓜条，慢慢地吃着。自那以后我就没见着他了，直到有一天，他给我带来一杯用塑料杯装的酷爱[①]。那时我知道我喜欢上他了。

也许你不会喜欢他。在你看来他也许是个无业游民。也许他看上去是很像。也许。断了一截的拇指，烧坏的手指。油腻腻、脏兮兮、从来不剪的厚指甲，还有脏兮兮的头发。每一处骨骼都强壮得像个男人。每个星期六我都穿着同一条蓝色的裙子等着他。在我卖掉所有的

① 一种果珍饮料。

芒果和黄瓜之后，他就会姗姗而来。

关于恰克，我知道的都是他告诉我的，因为似乎没有人知道他是打哪儿来的。只知道他会讲一种没人听得懂的陌生语言，说他的名字翻译过来是男孩，或男婴的意思，于是街上的人就给他取了个绰号，叫波伊·贝比。

我从来没有追问过他的过去。他说就那样，没什么好说的，对他们那儿的人来说过去和将来都是一回事儿。但真相就那么奇怪，它会一直跟着你，跑到你面前，让你听它说它要说的。

夜晚的时光。波伊·贝比用手梳理着我的头发，用他那陌生的语言对我说话，我喜欢听那语言。我喜欢听他讲他怎么会是恰克，太阳族的恰克，神庙里的恰克，他说的听起来有时像裂土，有时像空心的枯枝，像旧羽毛化归尘土。

他住在艾斯帕尔撒－索斯汽车修理铺后面的一个曾经是储藏室的小房间里——一扇挂着粉红色塑料窗帘的狭窄窗户、一张铺着报纸的帆布床、一个装着短袜和锈蚀的工具的硬纸箱。就在那里，在一个光秃秃的灯泡下，在艾斯帕尔撒车库后面的小间里，在那个拉着粉红窗帘的单人间里，他给我看了那些枪——一共二十四支。来复枪、手枪、一支生锈的火枪、一挺机关枪，还有几样有着珍珠母托柄、看上去像玩具的武器。现在你知道我是谁了，他说道，将它们拿出来——放在报纸铺的床上。现在你明白了。但是我并不想知道。

星星预言了一切，他说。我的出生，我儿子的。那个男婴，他将从那些折断我们弓箭的人手里，从那些把古老的石头从它们的基座上推开的人手里恢复我们民族往日的荣光。

然后他告诉我许多年前，当他还是个小孩的时候，他就在神庙里祈祷过，他父亲让他发誓要振兴那个古老的民族。波伊·贝比哭了，在神庙那只有蝙蝠崇敬的黑暗中。那一刻波伊·贝比是个男人，也是个男孩，在摆在报纸上的那些肮脏却神圣的枪支之间，哭了一千年。我伸手去摸他的时候，他看着我，似石头般忧伤。

别告诉任何人我要干什么，他说。我记得那轮月亮，那苍白的月亮和它那只黄色的眼睛，蒂卡尔、图鲁姆和奇琴的月亮，怎样透过粉红的塑料窗帘照进来。然后内心有什么东西咬了我，我发出一声哭声，似乎另一个我，我再也回不去的那个我，跑了出来。

我就这样被一片远古的天空接纳了，被它伟大而强有力的继承人——恰克·乌斯马尔·帕罗昆。我，伊克斯切尔，他的王后。

事实是，那也不是什么了不起的事。那根本不算是什么事。我把染血的内裤藏在T恤里，两手抱着自己跑回了家。一路上我想了很多。我想到了世间万物，想到自己突然变成了历史的一部分，好奇街上的每个人，女裁缝、面包店的女售货员、汽车上带着两个小孩坐着的女人是否都不知道。**我看上去有什么不同吗？她们能看出来吗？**从某种意义上说，我们都是 样的，捂着嘴偷偷地笑，像所有女人 样等着看热闹。等我们明白的时候，才惊异于这个世界和一百万年只是无中生有。

我知道我应该感到羞耻，但我并不觉得羞耻。我想站在最高建筑的顶上，在最最上面一层，大声喊出，**我知道**。

那时我明白了为什么外婆不让我在有很多兄弟的卢尔德家过夜，为什么电影里面的罗马姑娘总是从士兵们身边跑开，当爱情电影里的画面逐渐淡出时发生了什么，还有为什么新娘会红脸，还有性别并不像我们在学校考试时勾的[男]和[女]那么简单。

我是智慧的。街角的女孩们还在玩愚蠢的跳房子游戏。我在心里偷笑着，三步并作两步爬上木楼梯，走到二楼后面我和外婆还有拉洛舅舅住的地方。开门的时候我心里还在笑，外婆问道：手推车呢？

我顿时愣在了那里。

住在治安不好的地方也有好处。你随时可以将自己的过错推到那些无赖身上。虽然事情并非如我所述，但那种情况也不是完全没有可能。我们到处找那些偷了我的手推车的小鬼们。故事不算完美，但我不得不立刻编出来，而外婆一直盯着我看，像能把我看穿似的，所以也不能算太坏。

我不得不在家里待两个星期不出去。外婆担心那些偷了我的手推车的街痞还会找我的麻烦。我盘算着或许可以再去一趟艾斯帕尔撒车库，将手推车拿出来，扔到某个巷子里让警察找到，但是他们根本不让我一个人出去。一点一点地，真相开始像危险的汽油一样漏了出来。

先是住在楼上那个爱管闲事的洗衣店的女人和我外婆说她觉得有件事情有点奇怪，每个星期六天黑以后，那辆手推车都会被推进艾斯帕尔撒车库，太阳下山后，有个黑黑的印第安男人，就是从来不和任何人讲话的那个，和我走在一起，将那辆小车推进车库，就是那边那个。我们于是走了进去，那个叫冈恰的胖女人（她的头发染成了刺目的黑色）伸出一个胖手指指着。

我心中暗自祈祷不要在那遇上波伊·贝比，仁慈的上帝听到了，艾斯帕尔撒说没错，是有那么个男的在那住过，但他已经走了，带走了为数不多的一点行李，将角落里的那辆小推车留下来抵了上个星期的房租。

我们付了二十美元才拿回了我们的手推车。然后外婆追问我小车到底是怎么弄丢的，这次我实话实说了，除了那天晚上的事情，几个星期后，我把这部分也和盘托出了，当时我正祈祷月经能再来，但它再也没来了。

当外婆发现我怀孕了时，她哭了，哭得眼睛都小了，她埋怨拉洛舅舅，拉洛舅舅则埋怨这个国家，外婆又骂男人的臭德行。她就是那时将卖黄瓜的手推车烧掉的，她骂我不知廉耻，我的确是不知廉耻。

然后我也哭了——波伊·贝比将我抛弃了——直到我的头疼起来，脑袋变得滚烫，昏昏沉沉地睡去。等我醒来，那辆手推车已经化为灰烬，外婆在往我头上洒圣水。

外婆每天都早早地起来，去艾斯帕尔撒车库看有没有那个恶棍被找到的消息，看恰克·乌斯马尔·帕罗昆有没有寄信来，任何信；当其他技师听到那个名字时，他们都大笑起来，问那是不是我们编造的，说他们倒是有几封寄给波伊·贝比的信，他走得那么急，也没有留下转寄地址。

一共有三封。第一封，寄“住户”，催住户立刻缴纳拖欠了四个月的电费。第二封我一眼就认了出来——一个棕色的信封，被蛋糕粉礼券和纺织品柔软剂样品塞得鼓鼓的——我们也收到过这样的信。第三封是用细长的西班牙文写给一个叫C. 克鲁斯先生的人的，信封的纸薄到不用拆开对着阳光就可以看清里面。回信地址是坦比科的一个修道院。

照这个地址我外婆写了一封信过去，希望能找到那个能拯救我被毁生活的男人，询问好心的修女是否知道一个叫波伊·贝比的人的下落——并表示如果她们藏匿他，也无济于事，因为上帝的眼睛能看见我们每个人的灵魂。

很长时间我们都没有得到任何回音。当我的校服在腹部逐渐紧起来的时候，外婆让我退了学，说很可惜我不能和其他八年级的同学一起毕业了。

除了卢尔德、雷切尔、外婆和拉洛舅舅，谁也不知道我过去的事。我像以前一样躺在和外婆同睡的一张大床上。我能听到外婆和拉洛舅舅在厨房里压低了嗓子（就像握着念珠祈祷时一样）商量把我送到墨西哥，到特拉特潘戈的圣迪奥尼西奥去，那里有我的表姐妹，我就是在那儿被怀上的，本来也会在那里出生，如果不是我外婆觉得把我妈妈送到美国这里来更好，免得特拉特潘戈的圣迪奥尼西奥的邻居问她的肚子怎么会突然大起来的。

我很高兴。我喜欢待在家里。外婆正教我她在墨西哥时学会的用钩针编织衣物。就在我刚掌握玫瑰花的复杂编织法时，修道院来信了，告诉了我们有关波伊·贝比的真相——不管我们有多么不想知道。

他出生在一个叫密塞里亚[①]的小镇一条没有名字的街上。他爸爸叫欧塞比奥，是个磨刀匠，他妈妈叫莱弗吉亚，她将杏果堆成金字塔状，

① 原文 Miseria 为西班牙语，意为“苦难”。

摆在一块布上在市场上卖。他还有兄弟。也有我几乎没听说过的姐妹。他最小的妹妹，加尔默罗修会的修女，给我写了这封信，并为我的灵魂祈祷，由此我知道这一切都是真的。

波伊·贝比三十七岁了，他的名字叫恰图，“胖脸”的意思。完全没有玛雅的血统。

我想他们不明白作为女孩的感觉。我想他们不知道那样用全部的生命去等待的感觉。我数着孩子出生的月份，它像水波一样在我体内一圈一圈地漾开，直到有一天用自己的牙齿将自己从我身上撕开。

我已经能感觉到那动物在我身体里睡不安分时的动腾。巫婆说我的孩子睡成那样是因为梦见了黄鼠狼。她让我吃牧师祝福过的白面包，但我知道是他的幽灵在我体内盘旋，它不会让我安生的。

奶奶说幸好他们及时把我送到了这里来，因为不久后波伊·贝比回来了，去我们住的地方找我了，她用扫帚把他赶了出去。接下来听到有关他的消息是在他妹妹寄来的剪报上。上面有张他的照片，看上去很像块石头，一边一个警察铐着他的一只胳膊……**在去赫塔昆比尔胡那洞穴的路上，藏匿女孩的洞穴……十一具女孩的尸体……在过去七年里……**

我再也没法读下去，只是盯着那些黑的白的拼出我爱的那个人的脸的小点。

我在这儿的那些表姐妹们要么不和我讲话，要么就问些她们还太小，不知道**不能**问的问题。她们真正想知道的是有个男人到底是怎么回事，因为她们不好意思去问她们那些已婚的姐姐们。

她们不知道静静地躺在那里听他的鼾声逐渐深沉是怎么回事，不知道在黑暗中放肆地看着男人的身躯、脖子，男人的腰和宽厚有力的下巴，那深陷下去的眼眶、硬硬的眉毛和两鬓别扭的卷曲胡须是怎么回事，不知道舔舐那肥厚的、带着烟味的耳垂是怎么回事，不知道男人是多么美妙的东西。

我告诉他们："那只是一个坏笑话。等你知道是怎么回事时你会难过的。"

我会有五个孩子。五个。两个女孩、两个男孩。还有一个婴儿。
女孩叫莉赛特和玛莉察。男孩我要给他们取名巴布罗和桑德罗。
至于我的婴儿。我的婴儿会取名阿里奇[1]，因为生活已经够艰难了。

雷切尔说爱就像一架黑色大钢琴从三层楼顶被推下来，你在下面等着想要抓住它。但卢尔德说根本不是那么回事。它像陀螺，世界上所有的色彩都飞速转动，直到你再也看不到任何颜色，除了嗡嗡响的白。

住在南路密斯的时候，曾经有个男的住在我们楼上，一个疯子。他不会讲话，嘴里整天含着一只口琴到处走来走去。不是吹，只是通过它呼吸，一天到晚，呼哧呼哧的，吸进去呼出来，吸进去呼出来。

这就是我的状况。我是说爱。

---

① 原文 Alegre 为西班牙文，意为"欢快"。

你见过这个女孩吗？在报纸上一定见过。或者后来在小胡桃树路2号的父子玉米卷饼店里。帕特里夏·贝尔纳黛特·本纳薇德兹，和我同名，5英尺，115磅，13岁。

我们不是朋友，也没有任何类似那样的关系。当然我们说过话。但是那是在她死掉和死而复生之前。或许你在报纸上读到过或者在电视上看到过她。她出现在所有的新闻频道里。他们采访了所有认识她的人。甚至是她的体育老师，他不得不讲了些好听的——她精力充沛，好孩子，乖巧。尽管乖巧，还是觉得她有点怪。但是怎么就没人问我呢？

帕特里夏·本纳薇德兹。在2号父子卷饼店的“子”退出之前是“子”那一边的。所以每天放学后，每个周末，这个崔熙[①]都得戴上纸帽，系上白围裙，在客人们像马一样站着吃东西的高大柜台后继续忙碌，烦闷乏味，也有一点点悲伤。

但那还不足以让我为她感到难过，即便她的父亲很刻薄。但谁能怪他呢？一个戴着莱茵石耳环、穿着闪亮的高跟鞋去上学的女孩注定是要惹麻烦的，任谁——即便是上帝或教养院——也没法改变。

我想她在什么地方升了两级，所以到这以后直接就上了高中。

① 帕特里夏的简称。

是的，那种情况的孩子总是过于努力地想融入进来。就像这个同名者——和我的名字一模一样，是不是？但她说自己用帕特、帕缇或者别的通常叫法吗？不，她想显得与众不同。说她的名字是“崔—熙”。还给自己发明了一种仿冒的英国口音，气喘吁吁，性感如英国的玛丽莲·梦露。傻瓜。我是说，谁听说墨西哥人说话带英国腔呢？知道我的意思吗？这个女孩有问题。

但如果你碰到她独自一人时，说，**帕—特—里—夏**——我总是确保自己说的是西班牙文——**帕—特—里—夏，别废话，面对现实**。没有观众时碰到她，我猜她是正常的。

因此，我才能忍受得了她，在我刚认识她的时候，没多久她离家出走了。从玉米卷饼店监狱般的生活中消失了。厌倦了一回家就闻那难闻的脆皮玉米卷的味道。噢，怪不得她会离开。我也不想闻那难闻的味道。

谁知道她还得忍受什么呢。也许她父亲打她。我知道他会打她哥哥。或者说他们互相打过。那些拳头的较量最终带来了严重的后果——将那个男孩永远地赶走了，虽然也许他也是厌倦了玉米卷饼的味道。我是这么想的。

哥哥离开几个星期以后，我的同名者的照片登上了所有的报纸，像牛奶盒上的那些小孩。

寻 人 启 事

帕特里夏·贝尔纳黛特·本纳薇德兹，13岁，于本周二（11月11日）走失，家人非常担心。该女孩是七苦圣母中学的学生，确信系离家出走，有人在她上学的路上，多洛罗萨[1]和索利达[2]附近最后见到过她。帕特里夏身高 5 英尺，重 115 磅，失踪时上身穿牛仔外套，下身穿蓝色苏格兰呢制服裙，白色罩衫，高跟鞋（**可能为光面**）。其母多芬·本纳薇德兹留言：宝贝，给妈妈打电话，想你。

有些人。

我为什么关心本纳薇德兹的失踪？本来不会。如果不是因为马克斯·卢卡斯·鲁纳·鲁纳，一个高年级的学生，我们的兄弟学校圣十字学校的。他们有时候会和我们交换学生。都是些爱捉弄别人的人。我们都叫他们“性犯罪的垃圾”，但修女们的叫法不一样——交换生。有时是她们邀请圣十字学校的男生过来上神学课，有时是我们七苦圣母中学的女生过去。我们装得好像对“受祝福的圣女：当代年轻女士之楷模”、“爱抚：太远，太快，太迟”、“重金属和恶魔”等无聊的课程很感兴趣。

但并不是每天。只是有时候，实验性的。天主教学校不敢让我们经常在一起，由于荷尔蒙的原因。比希尼勒修女说的。如果我们的客人来了你们的举止不能像个淑女的话，我们就会无限期地取消青年交流项目。以后不能吹口哨，抢东西，跺脚。**清楚了吗？！！！**

我所知道的就是他得到了很多小屁股，像他才十二岁时的那么

---

① 原文 Dolorosa 为西班牙语，意为“痛苦”。
② 原文 Soledad 为西班牙语，意为“孤独”。

小。小腰、小屁股，包得漂漂亮亮的，甜得像好时巧克力。他妈的！我记得的就这些。

碰巧马克斯·卢卡斯·鲁纳·鲁纳就住在那个怪人隔壁。我是说，要在以前，我是懒得和帕特里夏·本纳薇德兹说话的，就算我们都在上通用商务的课程。但是有一天在咖啡馆，我正在等我的炸薯条，她走到我面前：

“嗨，同名的，我知道有个人迷上你了。”

“好极了。”我答道，想把她撇开。我不想被人看见和一个怪人说话。

“你知道圣十字有个叫鲁纳的家伙吗，就是过来上神学课的那个交换生，拖着个小辫子的俏皮家伙？”

“怎么了？”

“嗯，他和我哥哥拉尔菲是铁哥们，他让拉尔菲别告诉任何人他觉得帕特里夏·恰薇兹很不错。”

“骗谁呢？”

“我可以对天发誓。如果你不相信，可以打电话问我哥哥拉尔菲。”

见鬼！那已经足以让我成为崔熙·本纳薇德兹一生中最好的女友了，我发誓。自那以后，上通用商务课的时候，我总是提前去。通常她都会有话要和我说，如果她没有，我就会想出些话来让她带给马克斯·卢卡斯·鲁纳·鲁纳。但进展慢得令人痛苦，因为这姑娘有那么多事要做，几乎没有什么社交生活可言。

就这样，帕特里夏·本纳薇德兹有一段时间里成了我们爱的信使，虽然我和马克斯·卢卡斯·鲁纳·鲁纳始终没超越我喜欢你，你喜不喜欢我的阶段。自从交换课之后我们就没怎么见过面，但我在想办法。

我知道他们住在蒙塔维斯塔区。所以我会骑着自行车在那些街上乱转——马格诺里亚、马尔伯里、胡伊撒切、米斯特托——想着我到底是辣还是酷。想到马克斯·卢卡斯·鲁纳·鲁纳可能出现就足以让我心花怒放。

我开始光顾 2 号父子玉米卷饼店的那个星期就是她决定跑掉的时候。我们是在比希尼勒修女课间休息时第一次听到这个消息的：**我要宣布一件很遗憾的事，我们中最小、最可爱的一个学生离家出走。让我们将她记在心里，为她祈祷，直到她回来**。也就是在这时候，她的照片第一次出现在报纸上，还有她妈妈声泪俱下的留言。

说实话，对于她这样干脆利落地逃走，我既没觉得悲痛，也没觉得解脱。她逃走是必然的。但是当它发生的时候，她欠了我的。她失踪就已经够糟的了，整个学校都在议论。更何况，那时我还指望她能兑现诺言，撮合我和马克斯·卢卡斯·鲁纳·鲁纳。但就在我能够再说出她的名字而不啐唾沫时，她却消失了，死了。有些小孩在一条阴沟里发现了一具尸体，没错，就是她。当电视台的摄像机赶到我们学校时，所有人都他妈的莫名其妙地号出了眼泪，甚至那些不认识她的人。恶心。

嗯，一旦她死了，我还是忍不住为她感到糟糕的，是吗？我是说，在我不再为此抓狂之后。直到三天后她死而复生。

就在他们大幅报道她妈妈用皱巴巴的手帕捂着脸痛哭，她爸爸说“她是我的小公主”之后，在学生组织动用我们帕诸岛田野之行的资金给她买了一束白色唐菖蒲，上面的条幅上写着“愿圣母关照她”，全校师生参加了一场以她的名义举行的盛大弥撒之后，我的同名者自动现身了。出现在商业区警察局，说道：我没死。

你相信吗？她父母已经确认了太平间里的尸体和其他所有东西。“我想我们吓坏了，所以认错了。”哈！

我没有遇见过马克斯·卢卡斯·鲁纳·鲁纳，但是管它呢，对吗？我想说的只是她连恰当地死都不能。但《圣安东尼奥之光》、《圣安东尼奥快报》和《南方报道》的封面上那张尽人皆知的脸是谁的？女孩，我在说你。

CHAPTER 3

男人，女人

THERE WAS A MAN, THERE WAS A WOMAN

我正在死去。而你，仿佛从未……

——《背叛》演唱者：洛拉·贝尔特兰（作曲：托马斯·门德斯·索萨）

洛拉·贝尔特兰（1932—1996），原名玛丽亚·露西娅·贝尔特兰·路易斯，墨西哥著名歌手，女演员。

托马斯·门德斯·索萨（1926—1995），墨西哥民间音乐作曲家。

喊女溪

唐·塞拉芬同意胡安·佩德罗·马丁内斯·桑切斯娶克莱奥菲拉斯·恩里克塔·德莱昂·埃尔南得斯为妻，迈出她父亲的门槛，穿越几英里的泥路还有几英里的公路，穿越一条边境线，去 en el otro lado——那边的——小镇的那天，他就已经预言，某日清晨，他的女儿会手搭凉棚，遥望南方，怀念那些没完没了的家务、那六个一无是处的兄弟和他这老头的牢骚。

在分别时的混乱中，他还说过：我是你父亲，我永远不会抛弃你的。他是这么说过的，不是吗，在临别前拥抱她的时候。可那时，她忙着找她的伴娘切拉，准备扔花束。直到后来，她才记起父亲临别时的话。**我是你父亲，我永远不会抛弃你的。**

直到现在，做了母亲，她才想起。此刻，当她和胡安·佩德罗一起坐在溪边时。不管一个男人和一个女人曾经多么爱对方，总有一天那种爱是会变的。但父母对孩子的爱，孩子对父母的爱，却完全是另一回事儿。

这就是克莱奥菲拉斯在胡安·佩德罗不归家的夜晚所想到的。她躺在自己睡的这边床上，听着州际公路上车辆空洞的咆哮、远处某只狗的号叫，和山核桃树发出的如女人硬直的衣裙的窸窣声——簌—簌—簌，簌—簌—簌——渐渐沉入睡梦中。

在她长大的那个小镇，没有多少事情可做，除了和姑姑阿姨教母们这家那家地打牌。或者去电影院将这个星期的电影再看一遍，虽然银幕上会有亮点，有人的头发恼人地晃来晃去。或者去镇中心订一份奶昔，尽管一天半后它会让她背上冒小包包。或者去女友的家里看最新的肥皂剧，学里面的女人梳头、化妆。

但是自从她大到可以斜倚在窗口展示她的那些纱裙、蝴蝶结和蕾丝花边以来，克莱奥菲拉斯所等待的，她为之窃窃私语、叹息、傻笑的，她一直期待的，是激情。但是，不是《警报！》杂志封面上的那种，那照片中的爱人拿着一把用来拯救名声的流血的餐叉。而是最本质意义上的激情。是书、歌和言情剧里的那种，某人终于找到了一生的最爱，然后全身心地投入，不惜任何代价的那种。

Tú o Nadie，《非你不可》。现在最受欢迎的肥皂剧。美丽的露西娅·蒙德兹不得不忍受内心的各种痛苦，分手、背叛，还有爱，爱是无论如何也不能少的，因为**那**是最重要的东西，你看了露西娅·蒙德兹做的拜耳牌阿司匹林的广告吗——她是不是很可爱？你觉得她的头发染过吗？克莱奥菲拉斯要去药房买染发剂，她的女友切拉会用——根本没那么难。

因为你没看昨晚的那集，露西娅已经承认她这辈子最爱的人是他。这辈子呢！她还为这部电视的片头和片尾唱了《非你不可》那首歌。Tú o Nadie，人就应该那样生活，你不觉得吗？非你不可。因为为了爱受苦也是美妙的。苦也是甜的。说到底。

塞金，她喜欢它的发音。遥远可爱。不像蒙克洛瓦、科阿韦拉，难听。

塞金，提加洛。听起来像一串货币叮当作响。像钱币的声音。她会装扮得像电视里的女人们一样，像露西娅·蒙德兹。还会有一座漂亮的房子，切拉一定会嫉妒的。

是的，他们会驱车前往拉雷多取她的婚纱。但那只是他们说的。因为胡安·佩德罗想要立刻结婚，没有漫长的订婚期，因为他不能放下工作太久。他在塞金身居要职，在，在……一个啤酒公司，我想。又或许是个轮胎公司？是的，他必须回去。所以，他们要在春天结婚，趁他脱得开身，然后他们就开着他的新卡车——你看见了吗？——去他们在塞金的新家。嗯，准确地说不是全新的。但他们会把它重新粉刷一遍。你知道新婚夫妇的。新刷的漆，新家具。为什么不呢？反正他有的是钱。以后或许还会再加一两间婴儿房。但愿他们能有很多孩子。

嗯，你瞧，克莱奥菲拉斯一向很会做裁缝。缝纫机嗡嗡嗡嗡一会，然后咔嚓一声，奇迹就出现了。她一向聪慧，这姑娘。可怜的东西。甚至没有母亲来告诉她新婚之夜的事。嗯，愿上帝帮助她。有一个脑袋笨得像驴的父亲和六个傻瓜兄弟，她能怎么样呢？嗯，你觉得怎么样？是的，我要结婚了。确切无疑！赶着那天要穿的衣服只要再改一点点就够时髦了。瞧，昨天晚上我看到了一种新款式，我想可能会适合我。你看了昨天晚上的《富人也会哭》吗？嗯，注意到里面那位妈妈穿的衣服了吗？

喊女[1]。这样一条美丽的溪流，这么一个古怪的名字。但他们就是

① 原文 La Gritona 为西班牙语，意为“喊叫的女人”。

这么叫从屋后流过的那条小溪的。虽然没人能说出那个女人呼喊是出于愤怒还是痛苦。当地人只知道这条流向圣安东尼奥又流回来的小溪叫喊女溪，一个这里的人谁也不会觉得好奇，更没有人明白的名字。再说，印第安人那边，谁知道——谁知道呢，镇上的人耸耸肩，因为不管这涓涓细流叫什么稀奇古怪的名字都和他们的生活无关。

“你要知道这个干什么呢？”自助洗衣店的服务员瞿妮用一贯生硬的西班牙语问道。每次她给克莱奥菲拉斯找零钱或是为了什么事嚷嚷的时候都那样。开始是因为往洗衣机里放了太多肥皂。后来，因为坐在了洗衣机上。再后来，在胡安·小佩德罗出生后，因为不知道在这个国家不能让孩子没裹尿布、光着屁屁在外面走来走去，那样不好。那么，明白了吗？

克莱奥菲拉斯怎么能向这样的女人解释清楚为什么喊女溪这个名字会让她这么着迷呢？嗯，和瞿妮讲没有意义。

好在还有女邻居们，在他们租住的小溪边的房子两边。左边的那个叫索利达[①]，右边的叫多洛莉斯[②]。

女邻居索利达喜欢自称是寡妇，虽然她怎么成为寡妇的是个谜。她丈夫要么是死了，要么就是和冰屋里的妓女跑了，也可能只是在某天下午出去买包烟就再也没回来了。很难说是哪种情况，因为索利达从来不提起他，这是她的原则。

另外一边的房子里住着多洛莉斯太太，为人和气、甜美，但她家

① 原文 Soledad 为西班牙语，意为“孤独”。
② 原文 Dolores 为西班牙语，意为“痛苦”。

里供桌上传来的香和蜡烛的味道太浓了，那是为了她两个死于战事的儿子和因悲痛过度跟着死去的丈夫设的，常年供着香，点着蜡烛。这位邻居多洛莉斯太太将自己的时间分给了回忆这些男人和侍弄园子，她的花园以向日葵闻名——它们长得那么高，得用扫帚柄和旧木板撑着，红艳艳的鸡冠花，像缀着的花边，颜色像是经血，还有玫瑰——它们那难闻的气味总让克莱奥菲拉斯想起死尸。每个周日，多洛莉斯太太都会剪下园中最漂亮的一些花，带到塞金墓地最不起眼的三座坟前。

女邻居们，索利达和多洛莉斯在这条小溪的名字变成英语之前或许曾经知道它，但现在她们不知道了。她们忙着记住那些从她们生活中自愿或被迫消失、一去不返的男人们了。

痛苦还是愤怒，作为新婚夫妇第一次从桥上经过，胡安·佩德罗指给她看时克莱奥菲拉斯就很想知道这一点。喊女溪，他当时说道，她笑了。这么一个古怪的名字，这么一条美丽、欢快的河流。

第一次的时候，她是那么惊异，甚至没有哭，也没有试图反抗。她一直都说如果有哪个男人，任何男人，敢打她的话，她一定会反击的。

但是当那一刻来临，他打她耳光，一次，然后一而再，再而三，直到她的嘴角破裂，流出一朵血色兰花，她也没有反击，没有哭，也没有像她以前看见电视里发生这种情况时所想象的那样跑开。

在她家，她父母从来没有动过彼此或是孩子们一根手指头。虽然她承认作为家中唯一的女儿，她也许从小被娇生惯养惯了——被宠坏的，公主——有些事情是她永远不会容忍的。永远。

但是，当那第一次发生时，当他们只是男人和女人时，她变得那么惊讶，惊讶到一句话也说不出，一动也不知道动，呆在了那里。她什么也没做，只是伸手摸了摸嘴巴上的滚热，盯着手上的血，好像到那时都还没明白似的。

她想不出该说些什么，就什么也没说，只是抚摸着那个男人乌黑的鬈发，他哭着，哭得像个孩子，流出悔恨和羞愧的泪水，每每如此。

冰屋里的男人。在她还是个新婚妻子的第一年里，她也曾应邀陪她丈夫去过，默默地坐在一边听他们聊天，等待着，偶尔呷一小口渐渐变暖的啤酒，将纸巾打成结做成扇子形状、玫瑰花形状，点头，微笑，打哈欠，礼貌地微笑，在适当的时刻笑出声，靠在丈夫的衣袖上，戳戳他的胳膊肘，渐渐地熟悉他们谈话的走向。从这些，从她所知道的，克莱奥菲拉斯知道他们每个人都盲目地想找到躺在瓶底的真相，就像沉落海底的金杯。

他们都想把自己想对自己说的告诉彼此。但是像氢气球一样在他们的大脑中蹦弹的东西找不到出来的路。它咕嘟咕嘟地冒着泡，升上来，在喉咙里徘徊，翻滚到舌头表面，从嘴唇上逃逸出来——一个嗝儿。

如果他们幸运，长夜之后能有眼泪。在很多时候，拳头都跃跃欲试想说话。他们是追赶自己尾巴的狗，直到躺下来睡觉，试图找到某个途径、某种路线、某种出路——最后——得到一些安宁。

早上，有时在他睁开眼睛之前。或者在他们爱完之后。或者在他坐在桌边她对面将食物往嘴里塞，咀嚼食物的时候。克莱奥菲拉斯会想，这就是我等了一辈子的男人。

不是说他不是个好男人。她得提醒自己为什么爱他，在她给小孩换尿布的时候，或者拖浴室地板的时候，或者试图给没有门的门道做一道帘子的时候，或者漂白亚麻布的时候。或者在他用脚踢着冰箱说他讨厌这个乱七八糟的家，要离开这里，再也不要忍受小鬼的啼哭和她疑神疑鬼的盘问，还有要修这修那的唠叨的时候，因为要是她还有一点点脑子的话，她就应该意识到，他每天赚钱填饱她的肚子，让她头顶有一片遮风挡雨的瓦，他已经受够了，何况他第二天还得早起，为什么你就不能让我安静一下呢，女人。

他不是很高，不高，完全不像肥皂剧里的那些男人。脸上还有痘痕。他喝过的那些啤酒让他有点肚子。还有，他的嗓子总是沙哑的。

这个男人会放屁、打嗝儿、打喷嚏，会放声大笑、吻她、抱住她。这就是她的丈夫，每天早上她都会在水池里发现他的胡须，每天晚上她都得将他的鞋放到走廊上去吹风；这就是她的丈夫，他会当众剪手指甲，会放肆地大笑，会骂骂咧咧，要求每天他一回到家，不管早晚，一道道饭菜都已经分开盛好，像他妈妈家一样，他对音乐、肥皂剧、浪漫、玫瑰，以及洒在湖面或者从卧室窗口照进来的月亮的清辉之类的毫不在意。只知道拉上遮帘，蒙头大睡。这个男人，她孩子的爹，她的对手，恩主，老爷，主人，她的丈夫乃至君王。

一丝怀疑。细微如发丝。一只洗过的杯子倒扣在翻面的架子上。她的口红、爽身粉，还有发梳都整齐地摆在卫生间里，和往日不一样。

不。是她的错觉。这房子和往常一样。什么变化也没有。

带着新生的儿子和丈夫一起从医院回来。发现她在家穿的拖鞋还在床底下，在家穿的褪色的便服还在浴室她最初挂它的钩子上，这让她颇感安慰。她的枕头。他们的床。

回家的感觉那么甜蜜。像空气中面霜的香味，茉莉花，黏糊糊的液体。

门上脏兮兮的脚印。玻璃杯中压扁的烟头。心里不由得皱起了眉头。

有时候她会想起父亲的家。但是她怎么能回去呢？多么丢脸。邻居们会怎么说呢？背上背着一个孩子，肚子里还怀着一个，就这样回到家？你丈夫呢？

流言蜚语的小镇。羞辱和绝望的小镇。抛开流言蜚语的小镇她又能换来什么呢？羞辱和绝望的小镇。房子之间或许隔得很远，但那并不意味着有更多的隐私。镇中心没有绿树成荫的中央广场，不过闲言碎语还是照样传播。没有每个礼拜天教堂门前台阶上簇拥在一起的窃窃私语。因为在这儿，窃窃私语开始于日落时的冰屋。

这个为市政厅前那个婴儿车大小的铜铸山核桃自鸣得意的小镇。电视机修理铺、药店、五金店、干洗店、按摩店、酒屋、担保公司、空置的铺面等等等等，没有一处有意思的地方。没有一个可以去走走的地方，没有。这些城镇就是这么建的，让你不得不依赖丈夫。要么就待在家里，要么就开车出去。但前提是你得足够富有，买得起车，还要丈夫肯让你开。

没有地方可去。除了隔壁的女邻居家。这边的索利达，那边的多洛莉斯。再有就是那条小溪。

天黑以后不要去那里，我的小宝贝。就待在房子附近。那对你的健康不利。阴气太重。阴气太重。空气也不好。你会生病的，宝宝也是。乌漆墨黑地到处乱走，你会受到惊吓的。我们说的不会错的。

夏天的时候，那条小溪有时候只是一个泥水坑，不过现在是春天，下了雨，它成了一条宽阔的灵动的溪流，有自己的声音，整日整夜地用那高昂、清脆的声音呼喊着。它是哭女[1]吗？亲手溺死自己孩子的哭女。也许这条小溪的名字就是从哭女那里来的，她想，孩提时代听说的所有故事都涌现了出来。

哭女在对她呼喊。她很肯定。克莱奥菲拉斯将唐老鸭的婴儿毯铺在草地上。听着。天色渐渐转向夜晚。孩子用力拽起一把把草，咯咯地笑着。哭女。是不是这样的宁静让一个女人在树底下坐着，直到天黑。

她所需要的是……做出一个将女人的屁股顶向他的下身的姿势。马克西米利安诺，路对面那个浑身发臭的傻瓜说，惹得那些男人们一阵哄笑，但克莱奥菲拉斯只是咕哝了一句“下流”，便接着洗碗了。

她知道他说那些不仅因为那都是事实，更因为他自己需要和女人睡觉，而不是每天晚上在冰屋喝得醉醺醺的，然后跌跌撞撞地孤身回家。

听人们说，马克西米利安诺在一次冰屋吵架中杀死了自己的妻

① 原文 La Llorona 为西班牙语，意为“哭泣的女人”。

子，当时她拿着一个拖把来找他。我不得不开枪，他强辩道，她带着武器呢。

他们的笑声还在厨房的窗外回荡。她丈夫的，他的朋友们的——马诺洛、贝托、埃弗拉因、佩里科、马克西米利安诺。

克莱奥菲拉斯真像她丈夫总说的那样，太夸张了吗？好像报纸上总是充斥着这样的新闻。在州际公路边发现了一个女人。这人从行驶的车上被推了下来。这人的尸体，这人失去了意识，这人被打得浑身青紫。她前夫、她丈夫、她的情人、她的父亲、她的兄弟、她的叔叔、她的朋友、她的工友。老有。报纸的版面上老有类似的可怕新闻。她把一个杯子放在肥皂水里泡一会儿——打了个冷战。

他一本书砸了过来。她的书。从房间的另一端。脸颊上横亘着一道火辣辣的伤痕。这次她可以原谅。不过更让她伤心的是那是**她的**书，是科琳·特拉多的爱情小说，她现在的最爱，因为生活在美国，她没有电视机，没法看那些肥皂剧。

丈夫不在的时候，她偶尔还能看上一点，在隔壁的女人索利达家里瞄上几集，因为多洛莉斯对那一类电视剧不感兴趣，而索利达则常常会好心地把《不属于任何人的玛丽亚》哪一集演了些什么讲给她听：可怜的阿根廷乡下姑娘不幸爱上阿罗恰家英俊的少爷，而她却是这家的女佣，寄居在他们的屋檐下，为他们的地板除尘。在这个屋檐下，在扫帚和吸尘器的见证下，那个方下巴的唐·卡洛斯·阿罗恰吐露了爱慕，我爱你，玛丽亚，听着，亲爱的，但她却说不行，我们门不当户不对，提醒他无论是他还是她，都不能爱上对方，可想而知，说这些话的时候，她的心都碎了。

克莱奥菲拉斯以为自己的生活会是那样的，像肥皂剧一样，但现在这剧情正变得越来越悲伤。中间甚至没有插播的广告给人片刻欢快的喘息。也看不到有快乐结局的可能。她带着小宝宝坐在屋后的小溪边，想着这些。克莱奥菲拉斯……她得给自己改个名字，托帕西奥或者叶赛尼娅、克利斯塔尔、安德利亚娜、斯泰法尼娅、安德莱亚，得改一个比克莱奥菲拉斯更有诗意的名字。所有故事都发生在了那些有着宝石一样名字的女人身上。叫克莱奥菲拉斯的女人身上发生过什么呢？什么也没有。除了脸上的伤痕。

医生叮嘱过的。她必须去。为了确保新怀的孩子没事，生的时候不会有任何问题，预约卡上写的是下个星期二。他会肯带她去吗？这是唯一的问题。

不，她不会说的。她保证。如果医生问的话，她可以说是她在门前的石阶上摔倒了，或者在后院滑了一跤，仰面滑倒了，她可以那样回答他。下星期二她必须再去，胡安·佩德罗，求你了，为了肚子里的孩子。他们的孩子。

她可以写信给她父亲，问他要点钱，借一点，作新生儿的医疗费。如果他不愿意她那么做。没关系，她就不那么做。求你不要了。不要了。她知道有那么多的账单要付，想存点钱很难，但为了付清那一大堆的债务，他们还能怎么样呢？而且在付了房租、伙食费、电费、煤气费、水费，还有各种零零碎碎的费用之后，基本上就没有钱剩下了。但是，至少医生还是要去看的，求你了。她不会再要别的任何东西了。她必须去。她为什么会这么焦虑呢？因为。

因为她要确保腹中的胎儿这次没有向后移位，不会把她从中间撕开。是的。下星期二五点半。我要让胡安·佩德罗穿得好好的。但他就那么几双鞋。我会把它们擦得亮亮的，我会把一切都准备好的。你一下班我们就去。我们不会让你丢脸的。

菲莉赛吗？是我，格雷西拉。

不，我没法大声说。我在工作。

瞧，我需要你帮个忙。这儿有个病人，一个女人，她碰到了一点问题。

嗯，稍等。你在听我说吗？

我不能大声说，她丈夫就在隔壁。

嗯，你就听着好了？

我要给她做个超声波检查——她怀孕了——她刚刚求我了。天哪，菲莉赛！这个可怜的女人浑身都是青一块紫一块的伤痕。我没有开玩笑。

是她丈夫。还能有谁？又是一个越境过来的新娘。她的家人都在墨西哥。

废话。你觉得他们会来帮助她？得了吧。这个女人连英语都不会说。她丈夫甚至不准她往家里打电话、写信之类的。所以我才给你打电话的。

她需要有人载她一程。

不是去墨西哥，你傻啊。只要把她送到长途汽车站就可以了。在圣安东尼奥。

不，送她过去就行。她自己弄到了钱。你要做的就是回家的时候顺便带上她，到圣安东尼奥的时候放她下来。帮个忙吧，菲莉赛。求你了。如果我们不帮她，谁还能帮她？我本来想自己送她去的，但是她得在她丈夫下班回家前上汽车。怎么样？

我不知道。等一下。

尽快，要不明天。

好的，如果明天你不方便……

说定了，菲莉赛。星期四。在卡什－凯瑞街 1 － 10 号。中午。她会事先准备好的。

哦，她叫克莱奥菲拉斯。

我不知道。一个墨西哥圣徒，我猜。殉道者什么的。

克莱奥菲拉斯。克—莱—奥—菲—拉—斯。克莱—奥—菲—拉—斯。记下来。

谢谢，菲莉赛。她的孩子生下来之后会随我们的名字，怎么样？

是的，没错。有时候像一部肥皂剧。这就是生活啊，姐姐。好，再见。

整个上午在恐惧和疑虑中度过。胡安·佩德罗随时都可能出现在门口。在街上。在卡什－凯瑞街。就像她梦中梦到的那样。

她不住地想着那些，直到那个女人开着皮卡出现。没时间再想别的了，皮卡指向圣安东尼奥市。把包放到后面，上车。

但当他们开过那条小溪时，司机扯开嗓子大喊了一声，像墨西哥流浪艺人的歌声一样响亮。不但克莱奥菲拉斯大吃了一惊，胡安·佩德罗也是。

瞧，多可爱。我吓到你们俩了，是吗？对不起。我应该先提醒你们一下的。每次从那桥上过时，我都会那样。因为那个名字。喊女。然后，我喊了。她用西班牙语说的，但话里夹杂着大量的英语，不时地笑几声。你们注意到了吗？菲莉赛继续说道，这儿几乎没有什么是用女人的名字命名的。真的，圣母例外。我想只有处女才会出名。她又笑了。

这就是我喜欢这条小溪的名字的原因。让你想像泰山一样呼喊，不是吗？

菲莉赛，这个女人的一切都让克莱奥菲拉斯感到惊奇。她开着一辆皮卡。皮卡呢。克莱奥菲拉斯问那是不是她丈夫的，她说她都还没有丈夫。这辆皮卡是她的。她自己挑选的。她自己付的钱。

我以前有一辆庞迪克太阳鸟。但那种车都是给年纪大的人开的。温顺如猫。现在这个才能叫车呢。

从这个女人嘴里说出来的都是些什么话啊？克莱奥菲拉斯想。不过，菲莉赛不像她遇到过的任何女人，你能想象吗，开过那些小溪的时候，她会那样像个疯子似的大叫。她以后要告诉她的父亲和兄弟。就像那样。谁会想得到？

谁会？痛苦或是愤怒，或许吧，但不像菲莉赛刚才发出的那种呼喊。让你想像泰山一样呼喊，菲莉赛说的。

菲莉赛又笑起来了，但那不是菲莉赛在笑。是从她自己的喉咙里发出的咯咯声，一连串的笑声，像流水。

万宝路男人

人们叫他杜兰戈，但那不是他的真名。他的真名我不记得了，但我会想起来的。我家里的电话簿上有。我的女朋友洛美丽娅以前和他同居过。实际上，你认识她。有一次在波里加德餐厅正上第二道菜时，来我们桌边、嘴唇厚厚的、很漂亮的那个。

扎着马尾辫的?

不。那是她朋友。她和他同居了一年，虽然他对她来说实在有点太老了。

真的吗？我还以为那个万宝路男人是个同性恋呢。

是吗？洛美丽娅没和我说过。

是的。事实上，我很肯定。我记得，因为我曾经傻乎乎地迷恋过他；有一天，我看到了“一小时访谈”的一条广告。**特别奉献。就在今晚！万宝路男人**。我记得我对自己说，该死，我可不能错过这个。

也许洛美丽娅暗示过我，但我没注意。

他叫什么名字？“一小时访谈”的那个男的。

安迪·鲁尼？

不是安迪·鲁尼，妞儿。另外一个。总是愁眉苦脸的那个。

丹·拉瑟。

对了，就是他。丹·拉瑟在“一小时访谈”上采访过他。你知道的，就是“万宝路男人身上发生的所有故事”之类的废话。丹·拉瑟采访过他。万宝路男人在艾滋病诊所当志愿者，他自己正是死于此病。

不，不是。他是死于癌症。烟抽多了，我想。

我们说的是同一个万宝路男人吗？

他和洛美丽娅一起住在弗里德里克斯堡郊外山地里一处极好的房产里。一幢建在高坡上的漂亮房子，附近有一些养牛场。你会觉得自己远离文明。野鹿、野火鸡、走鹃、鹰等各种野生动物，但事实上开车十分钟你就可以到镇上。他们曾在那里开过一个盛大的7月4日派对，把能请到的人都请去了。威利·尼尔森、伊斯特班·乔丹、奥吉·梅耶斯，一大堆客人。

别开玩笑了。

他有在公众场合脱光衣服的习惯。我有一次在自由城[①]碰到他们，他穿着一套奢华的西服。非常GQ[②]，明白我的意思吗？非常优雅。嗯，我向洛美丽娅挥手，示意她待会儿到吧台这边来，打个招呼。但是等我的山核桃派上来时，他已经一丝不挂（除了一条鸡尾酒餐巾）地朝门口走了。我发誓，他是个怪人。

上帝！放过我吧。我以前还痴想着要他成为我孩子的爸爸呢。

嗯，是的。如果我们说的是同一个万宝路男人的话，那就不会错。不过万宝路男人有很多。就像有很多神犬拉西、鲸鱼莎穆、游泳猪拉尔夫一样。那么，你说的是哪个，妞儿？有那么多广告牌。有这么多年呢！

他有胡须吗？

有。

他在克林特·伊斯特伍德的西部片里面演过什么吗？

---

① 得克萨斯的一座城市。

② 美国的一本时尚杂志。

我想演过。至少我知道他演过什么银行家。

他是从加利福尼亚北边来的，有一个大脑有点迟钝的弟弟，在万宝路发现他之前拍过一些三级片?

嗯，我只知道他叫杜兰戈。还有他在山地有一个曾经属于波特·约翰逊夫人的牧场。还有他和得克萨斯龙卷风[①]的一些朋友投资录音棚损失了一大笔钱，他们原本计划要有三十六条音轨的，而不是现在的十六条左右。还有他没少让洛美丽娅受罪，总是向穿裙子的年轻姑娘献殷勤……

但丹·拉瑟说他是最早的万宝路男人。

最早的，嗯?……也许我说的和洛美丽娅同居的那个并不真的是万宝路男人……但他的确很老。

① 得克萨斯的一支西班牙乐队。

那美妙的：得克萨斯的一场轻歌剧

她喜欢说自己是“西班牙人”，但像我们其他人一样，她来自拉雷多——或者“拉多”[①]，按我们的说法。她的名字是贝里奥扎巴尔。卡门。在圣安东尼奥一家律师事务所当秘书。

波霸。真的。男人们看得挪不开眼。她也无可奈何。他们和她说话的时候从不看她的眼睛。有点悲哀。

她在萨姆豪斯顿堡认识了这个海军下士。年轻。样貌俊朗。何塞·阿兰彼得。他在家乡有一个高中时代的心上人，在市场卖玉米片，还在等着他回到哈灵根，娶她，分期付款买那卧室三大样。还在痴人做梦呢？

但是，这个何塞却不是卡门生命中的爱。可以说只是她在圣安东尼奥的“物什”。但是你知道男人是怎么样的。除非你帮他们洗脚，用头发把它们擦干，他们是不会当真的。我是说真的。而卡门是一个爱就爱，不爱就拉倒的女人。要是不喜欢，那就请离开。就那样。她有点与众不同。

不够聪明。我是说，她不知道每年洗一次牙齿，或者给自己买一幢双层别墅。但那个海军下士是已经套牢了的。她真正的受控制的爱的奴隶。我不知道为什么，但是当你对男人坏的时候，他们反倒爱你。

① 原文 Lardo 为西班牙语，意为“猪油，油脂”。

是的，没错，他有时候是她的甜心，但那对于一个二十岁、靠姿色混世界的女人来说算得了什么呢？第一次机会，她搭上了得克萨斯州一个有名的、正在往上议院的道路上爬的参议员。将她安置在北奥斯丁一套精致的公寓里。卡米洛·埃斯卡米拉。你或许听说过他。

何塞发现后，用他们的话说，成了一件大丑闻。试图杀了她。试图自杀。但这个卡米洛让所有这些都没有见报。他是个重要人物。何况，他已经有了老婆孩子，每年圣诞节他们派发的日历上都有他们和他的合影。他不可能为了这么点小事将前途置之度外。

从不同的人那里，你会听到不同的说法。何塞的朋友说他用刀子在她那双著名的巨乳上留下了自己姓名的缩写，但这听起来像谣传，不是吗？

我听说他去了阿沃尔。在马塔莫罗斯做了斗牛士，为了像个男人一样死去。也有人说**她才是**想死的那个。

千万别信以为真。她和金刚卡德纳斯跑了，从克里斯托城来的一个专业摔跤手，一个招人喜欢的人。我认识她的表兄莱尔马，我们上星期还在赫洛茨的弗洛乡间酒馆看到过她。见鬼，她请我们喝了一杯啤酒，就踩着两步舞的步子，转身离开了，嘴里哼着《嘿，宝贝，最近怎么样啊》的调子。

记住阿拉莫

古斯塔沃·加林多、埃尔尼·塞普尔维达、杰西·罗伯斯、小伦尼·德霍约斯、克里斯汀·扎莫拉……

小时候，妈妈将米饭倒进热油里，便会响起一阵哧哧的、噼里啪啦的声音，像掌声。那时，我总会鞠个躬，说 Gracias，mi querido publico[①]，谢谢你们，然后向想象中的人群飞吻。我现在还那么做，闹着玩儿。当我做西班牙炒饭和别的什么，将米饭倒进热油里的时候。它们发出热闹的响声，我鞠躬，微微地，没人会觉察出，但是鞠躬了，我也还会飞吻，只不过是在心里。

玛丽·艾丽斯·卢汉、圣地亚哥·萨那弗里亚、蒂莫特奥·埃雷拉……

但表演的时候我不是卢迪。我是说，我不再是从法尔菲里厄斯来的卢迪·坎图了。我是特里斯坦。每个星期四的晚上在特拉维斯提。在阿拉莫教堂后面，很容易找到。一个男人的表演，妞儿。弗拉门戈舞、萨尔萨舞、探戈、方丹戈舞、默朗格舞、康巴舞、恰恰舞。别忘

① 西班牙语，意为“谢谢，我亲爱的人们”。

了。特拉维斯提。别忘了阿拉莫。

利昂内尔・翁蒂韦罗斯、达琳・利蒙、亚力克斯・维吉尔……

也有其他一些表演者，曼博舞的女王们——别误会，并非她们对自己做的事情不在行，只是她们不那么出类拔萃。模仿迪涅拉・洛莫的。长得像卢恰・比利亚的。卡门・米兰德斯。像卖水果的，要我说。但特里斯坦非常——怎么说呢？——优雅。我是说，当他走在街上时，他会像这样转头。激情而粗暴。且傲慢。是的，有一点傲慢。甜心，干这一行你就得那样。

布拉斯・G. 科蒂尼亚斯、阿曼多・萨拉萨尔、弗雷迪・门多萨……

特里斯坦打扮得像个斗牛士。衣着华丽，合身得就像是他的第二层皮肤。人群骚动——特里斯—坦，特里斯—坦，特里斯—坦！！！特里斯坦微微一笑，全场战栗。他张开手臂，像雄鹰的双翼。聚光灯亮如安达卢西亚的明月。观众屏息。片刻之后……**爆响！**鞋跟如猎枪。一场至死方休的舞。我爱你，一直到死，我的生命。你听到了吗？直到死亡。

布伦达・努涅斯、哈辛托・托瓦尔、亨利・包蒂斯塔、南希・罗斯・卢纳……

因为每周四晚上，特里斯坦都和瘦骷髅女人跳舞。特里斯坦卡着这个丑女人的喉咙，让她窒息到不省人事。特里斯坦不怕这个干瘪的女人，干瘪的死神。

阿图罗·多明戈斯、波菲里奥·埃斯卡兰特、格利高里·加列戈斯·杜兰、拉尔夫·G. 索利斯……

特里斯坦领着死神在房间里翩翩起舞。你真的爱我吗，我亲爱的，真是这样吗？一直到死。我会让你知道什么是痛。

保罗·比利亚雷亚尔·绍塞多、莫妮卡·里奥哈斯、巴尔塔萨·M. 洛佩兹……

说啊，说你想要我。你想要我。我爱你。看着我，我让你看着我。不要将你的目光从和我的对视中移开，死神。是是是的。我珍藏的，我宝贝的。我诚实的小佩多。你那样迫切地想要我，让我感到了痛。拔河、戏谑、打击。嘴里冒着烟。一直到死。哈！

多罗西娅·比利亚波波斯、豪尔赫·H. 赫尔、奥罗拉·安吉亚诺·罗曼、亚马多·蒂赫里纳、波比·门迪奥拉……

特里斯坦的家人？不管怎样，他们是爱他的。他妈妈以他为豪——那是我的儿子。他的姐妹们嫉妒他，因为他比她们都漂亮。但她们喜欢他，他会告诉她们一些化妆的诀窍。

开始他父亲并不理解，但后来当报纸上的新闻开始频频出现时，他也没话说了，还将照片寄给墨西哥的亲戚朋友们，不是吗？特里斯坦给他们所有人免费的后排座位票。他们从山谷开车来看他的首场演出。甚至在蒙特莱伊的傲慢亲戚。真是难以置信。上次他请家人来的时候，他们把河上居三楼全包下来了。是真的。

他是圣安东尼奥最出色的现场表演家。受不了胡扯。没门。要么爱你要么恨你。狠狠地，我告诉你。要么极度热烈要么冰冷得像巫婆的乳房。不和任何人亲近，除了家人和朋友。没必要。继续，说啊。我想你说。我来教你。我会教你要怎么做。

看见这个戒指了吗？一个艺术仰慕者和舞迷送的礼物。在他首场演出的时候送了五百美元的红玫瑰。你应该去看看当时的化妆室。玫瑰，玫瑰，全是玫瑰。甜心！后来他又送了这戒指，上面镶着小粒的钻石，得州地图的形状。只是因为他喜欢艺术。就那么回事儿。我爱你，说你想要我。想要我。

那个婊子和特里斯坦就是这样。瘦女人疯狂地迷上了他。很多人都那样爱着特里斯坦。因为特里斯坦敢于特立独行。从人群中超拔而出。有个性，有风度。高雅。特里斯坦就是有那样的魅力。

他不怕开着低底盘汽车出来兜风的那些人，他们出没于绅士酒吧，在那个洞洞里喝啤酒喝到烂醉如泥、憋着尿意，自动唱片机嚎着布伦达·李的《对不起》。你是娘娘腔吗？同性恋？给他们一个剃须刀刮过嘴边的表情。

夏天只穿白色，冬天只穿黑色。没有任何中间的过渡色，除了演出时。他就是这么个人。特里斯坦。但是他非常真诚。心就捧在手上。你知道的。

爱的时候，他会全身心地投入。决不含糊。他的爱会如此完整，你得有所准备。要有勇气。系上安全带，甜心。一次不到终点决不停顿的搭载。你会感到痛的。

一场至死方休的舞。每个星期四的晚上他都和瘦女人翩翩起舞。胳膊拥着她。小死女人咧着嘴露出她难看却由衷的笑容。别折磨他了。死神扭着她那藏起来的裂开的屁股。这姑娘真惨。

天生的一对！两个人像金格和弗瑞德[①]一样在场中跳着探戈。两个天使，美妙的身体脸贴脸地飘飘然。屁股贴着屁股。啊，女孩，我告诉你。当心，女孩。骨头和骨头奏响沙球声和恰恰声，她显得很自然。你真的爱我吗，我亲爱的？真是这样吗？

特里斯坦？从来没有什么比星期四干她的时候感觉更好。在那些时刻，他演活了，他的观众屏息静气，叹息着，在帷幕拉开、灯光亮起、音乐响起的时候尖叫。特里斯坦在这一刻活过来。没有溃疡、没有加油站、没有药费单、没有沾了血迹的床单、水槽也没有阴毛。臂弯里的爱人离你越来越远。干干的壳，咖啡杯。寄回家的信被原封不动地退回。

特里斯坦和难看、平庸是扯不上关系的。坏了纱的纱门、剥落的油漆、寒冷的门厅、脏乱的后院、洗手间里你不愿想起的浑浊的浓痰。汗流浃背，将自己压在你身上，粉红粉红的鸡鸡像盲目的眼睛，粉嫩

① 美国一对著名的探戈舞搭档。

得像老鼠的幼仔，你的手小小的，摩擦它，是的，就像这样，像这样，你的头骨像被那种酸味和疼痛的嘴里的眼泪一样的味道撕裂。

不。特里斯坦没有那样的记忆。只有真心的爱，你买不到的，不是吗？那不会伤害到任何人。不必感到羞耻。爱像一个身体，想给予想奉献，想创造一个干干净净、没有人会受到伤害、没有人会不舒服的宇宙，这就是特里斯坦跳舞的时候想到的。

马里奥·帕切科、里奇·埃斯特拉达、莉莲·阿尔瓦拉多……

说。说你想要我。我爱你。就像我想要你一样。说你爱我。就像我爱你一样。我爱你。我爱你，我公开的爱。我深深地爱着你。全心全意。用我的心，我的身体。

雷·奥古斯丁·韦尔塔、埃尔萨·冈萨雷斯、弗兰克·卡斯特罗、阿韦拉多·罗莫、罗切利·M.加尔萨、纳奇恩齐诺·瓦瓦索斯、内尔达·特塞斯·弗洛雷斯、罗兰·吉列尔莫·佩德拉萨、雷纳托·比利亚、菲莱蒙·古斯曼、苏西·A.亚文奈斯、大卫·蒙德拉贡……

这个躯体。

MEXICO

不要和墨西哥人结婚

不要嫁给墨西哥人，我妈以前总这么说。她这么说是因为我父亲。她这么说，虽然她自己也是墨西哥人。不过她是在这儿，在美国出生的，而他是在那儿出生的，要知道，这是不一样的。

我不会结婚。不会和任何男人结婚。我太了解男人了。我目睹了他们的不忠，并促成了他们的不忠。拉开拉链，解开纽扣，同意那些秘密的安排。我成了他们的同谋，有预谋地犯下罪行。我是有罪的，蓄意给其他的女人造成痛苦。我恶毒、残忍，什么都做得出来。

我承认，曾经有一段时间，我也一心想属于某个男人。左手戴上那枚金戒指，同时像一件贵重的珠宝一样佩戴在他的臂膀上，在光天化日之下熠熠闪光。而不是偷偷摸摸地辗转于各个酒吧之间。所有的酒吧看上去其实都一样，黑色格栅图案的红地毯、植绒壁纸、马车车轮状的木吊灯。避风灯罩是难看的琥珀色，像加油站免费赠送的水杯。

昏暗的酒吧，然后是昏暗的餐厅。要不——就是我的公寓，他的牙刷坚定地插在牙刷座上，像一面插在北极的旗帜。床很大，因为他从不留宿整个晚上。当然不会。

借。这就是我拥有男人的方式。只有撇取上层的奶油。只有水果最甜的部分，没有夫妻日常生活会有的苦涩果皮。他们来找我也是因为想吃甜滋滋的果肉了。

所以，我没结过婚，也永远不会结婚。不是因为不能，而是因为我太风流了，不适合婚姻。也可以说，婚姻在我这失效了。没有一个男人不曾让我失望，没有一个男人可以让我信任，让我可以用我爱过的方式去爱。我不相信婚姻正是因为我太相信它了。与其生活在谎言中还不如不结婚。

墨西哥男人，算了吧。那些长年累月擦桌子的人，那些站在猪肉柜台后面剁肉的人，那些开着载我去学校的巴士的人，他们不是男人。不是我会考虑爱的男人。墨西哥人、波多黎各人、古巴人、智利人、哥伦比亚人、巴拿马人、萨尔瓦多人、玻利维亚人、洪都拉斯人、阿根廷人、多米尼加人、委内瑞拉人、危地马拉人、厄瓜多尔人、尼加拉瓜人、秘鲁人、哥斯达黎加人、巴拉圭人、乌拉圭人，我不关注。我眼里从来没有看到过他们。我母亲让我变成这样的。

我想她那么说是不想让我和希梅娜受她所受过的痛苦。十七岁就嫁给了一个墨西哥人。不得不忍受一个墨西哥家庭所能加在一个女孩身上的所有痛苦，因为她是从 el otro lado[①]，那边来的，而且我父亲娶她是低就了。如果他娶的是一个那边来的白人女人的话，一切就不同了。那样就是他高攀了，即便她很穷。但身为墨西哥女孩，却不会讲西班牙语，不知道吃饭的时候每道菜都要分开盛，不知道怎么叠餐巾，也不知道怎么摆银餐具，还有比这更荒谬的吗?

在我妈家里，盘子都是摆在桌子中间的，刀、叉、汤匙都插在一个陶罐里，自己要自己拿。那些碗碟不是缺了口，便是裂了缝，没有一样是一套的。也没有桌布。切西瓜的时候，外公总在桌上垫上报纸，可

① 西班牙语，意为“另一边，那边”。

以想见，妈妈该有多尴尬，当她的男朋友，我父亲来看到厨房的地上、桌子上都是报纸时。我外公是个勤劳高大的墨西哥男人，他一边招呼着“来来来，吃吃吃”，一边切下一大块深绿色的西瓜，一大块，他在食物方面毫不吝啬。一直都是，即便在大萧条时期。对任何敲响他家后门的人都这么说，来来来，吃吃吃。流浪汉们坐在餐桌旁，孩子们左瞧右瞧。外公从不让家里没有过夜粮。面粉、大米，桶盛着，袋装着。土豆。大袋大袋的斑豆。还有西瓜，一次买三四个。滚到床底下，在你最意想不到的时候拿出来。外公经历过三次战争。墨西哥的一次、美国的两次，他知道吃了上顿没下顿的生活是什么滋味。他知道。

但我父亲，却不知道。没错，刚来这个国家的时候，他撬过蛤蜊、洗过盘子、种过树篱、在小石城的时候坐汽车后排座位，汽车司机冲他嚷道，你——坐这边，然后我父亲怯怯地耸耸肩说，不会英语。

但他不是经济难民，也不是为了躲避战乱来的。我父亲从家里跑出来是因为他害怕面对他的父亲，大学一年级的分数证明他将更多的时间花在了游手好闲而不是学习上。他将一个不算太穷也不算太富，但自认为比两者都强的家抛在了身后的墨西哥城。一个男孩看见自己认识的女孩上了车，却知道自己没钱为她付车费时，会自己跳下车。这便是我父亲抛在身后的世界。

我可以想象出父亲穿他那些浮夸的衣服的样子，因为他就是那种人，一个浮夸的人。母亲听到身后邀请她跳舞的声音转过身去时想到的就是这个。一个爱卖弄的家伙，许多年她还这么说。一无是处，就知道卖弄。她从来没说过自己为什么要嫁给他。父亲穿着他的鲨鱼蓝西服，胸前口袋插着浆过的方巾，戴着软呢帽，套着宽肩的粗花呢大衣，踏着重重的英伦风格的鞋跟和鞋尖有孔的翼尖皮鞋。价格不菲的衣服。昂贵，这是我父亲的东西所说的。Calidad[1]。品质。

我父亲一定觉得在美国的墨西哥人很奇怪，和他在家乡墨西哥城认识的那些那么不一样，简直像外国人。在墨西哥城，仆人用盘子将西瓜和银餐具、餐巾一起端上来，吃芒果也有专用的叉子。不像这里，叉开腿站在院子里，或者在厨房里蹲在报纸上吃。**来来来，吃吃吃**。不，从来不这样。

我的职业说不准。有时我做点翻译。报酬有时按字数算有时按小时算，视情况而定。我白天做这些，晚上就画画。我白天什么都肯干，只为了能继续画画。

我也做过代课的老师，在圣安东尼奥独立学区。那比翻译那些字印得小小的旅游小册子还要糟糕，相信我。我受不了小孩。任何年龄段的。但那能让我有钱付房租。

不管怎么看，我为了生活所做的是某种形式的卖淫。人们说“画家？多好啊”，然后就想邀请我去他们的派对，以我来装点他们的草坪，就像一株租来的奇异兰花。但他们买艺术的账吗？

我是两栖的。是一个不属于任何阶层的人。富人喜欢有我在他们周围，因为他们羡慕我的创造力；他们知道**那**是他们买不到的。穷人不介意我住在他们的地盘内，因为他们知道我像他们一样穷，即便我受过的教育和我的衣着打扮将我们的世界隔开。我不属于任何阶层。

---

① 西班牙语，意为“品质”。

不属于与我为邻的穷人阶层。也不属于来看我的展览、买我的作品的富人阶层。也不属于我和姐姐希梅娜已然逃离的那个中产阶层。

在我年轻的时候，当我刚离开家，和丈夫跑了、带着几个孩子的姐姐一起租下那间公寓的时候，我以为做一个艺术家是一件很荣耀的事。我想像弗里达和提娜一样。我准备好在那间可怕的公寓里和我的相机、画笔一起开始我们的艰苦历程。那间公寓，我们各付了一百五十美元的租金，因为它有高高的天花板，那些漂亮的玻璃天窗也说服我们要租下它。尽管卫生间里没有洗手槽，浴缸像棺材，地板上净是裂缝，过道能把死人吓跑。但那十四英尺高的天花板就足以让我们当场签下支票。我们觉得那一切都很浪漫。你知道那个地方的，就在萨尔萨莫拉街有卡萨索拉画的墨西哥革命的理发店上面。转角处有比利亚·特奥阿提特兰的霓虹灯招牌，两只山羊头顶着头，还有那些墨西哥面包店。星期天，和风餐馆供应乡村煎蛋、猪肉卷饼、烤肉、新鲜的水果圣代和芒果冰棒，西班牙语的招牌多于英语的。我们觉得这一切都很好，很好。这个小区在白天显得可爱，像芝麻街。孩子在人行道上跳房子，幸福的小鬼。还有卖鸵鸟毛掸子的五金店，礼拜天从瓜达卢佩圣母大教堂出来的一家老小，穿着迎风招展的衣服和漆皮皮鞋的女孩和穿着斯达西西服和鲜亮衬衣的男孩。

但是夜晚，就完全不像我们在北部所知道的那些小区了。枪声像疯狂的西部片里一样呼啸着，我、希梅娜和孩子们蜷缩在一张床上，关掉灯，外面各种响声传进来，我们说，睡吧，孩子们，只是放鞭炮的声音。但我们很清楚。希梅娜会说，克莱门西亚，或许我们应该回家。我就会说，胡说！因为我和她都知道我们已经没有家可回了。回不了我们母亲的家，那个有了她再嫁的男人的家。自从爸爸死后，我们似乎就变得不重要了。似乎妈只顾得自己难过，我不知道。我和希梅娜不一样。直到现在，我还是没能搞懂，即便现在妈妈也已经故去。妈妈的继子们生活在本应属于我们——我和希梅娜——的房子里。但——该怎么说呢？——树已成船[①]？我一向弄不清这些成语，尽管我出生在这个国家。我们在家的时候不那么说话的。

爸爸离开以后，妈似乎也就不存在了，就像她也死了一样。我以前养过一只金翅雀，它有次将自己一只红色小爪缠在了鸟笼的栏杆上，谁知道它是怎么弄的。那只爪子就那样干枯脱落了。没了它，我的小鸟活了很长时间，不过是一小截红色的小脚。它活得很好，真的。关于妈妈的记忆就是如此，像一些已经坏死、干枯并脱落的东西，我渐渐不再怀念以前的她。就像我从没有过妈。说出来我也无所谓。当她和那个白人男人结婚的时候，当他和他的儿子们搬进我父亲的房子的时候，似乎她就已经不再是我母亲了。好像我从来就不曾有过母亲一样。

妈妈总是生病，总是只顾得担心她自己的生活，如果可以，她会把我们卖给魔鬼。“因为我结婚太早了，我的孩子。”她会说，“因为你们的父亲，他比我大那么多，我从来就没有机会年轻过。宝贝，要理解……”接下来的我一句也听不进去了。

她工作时认识的那个男人，欧文·兰波特，是照片处理厂的工

① 原文 water under the damn 的正确写法应该是 water under the dam，意为“木已成舟”。

头。我父亲生病的时候她就已经在和他约会了。还在那时候。这是我所不能原谅的。

当我的父亲躺在医院里咳嗽，咳出的痰里带着血丝的时候，当他的半边脸僵硬，舌头厚重到说不出话来的时候，他显得那么瘦小，那么多各种各样的管子和塑料袋子在他面前晃动着。但我记得最清楚的是那种气味，死神已经坐在了他的胸口上。我记得医生用一条白色的毛巾从我父亲嘴里将痰抠出来，弄得他直作呕，我想大声叫出来，住手，你住手，他是我爸爸。见鬼。你要救活他。爸爸，不要。不要，不要，不要。我完全控制不了自己，完全控制不了。好像他们打了我，又好像他们从鼻孔里把我给抽空了，又好像他们往我体内塞满了桂皮和丁香。我两眼干涸，呆呆地站在希梅娜和我母亲旁边，希梅娜站在我们中间，因为我不让她站在我旁边。每个人都一遍一遍地重复说圣母玛利亚和天父。牧师在洒圣水，**永恒之界，阿门**。

德鲁，记得你以前常说我是你的玛丽娜莉[①]吗？那是句玩笑话，是我们之间秘密的游戏，因为你那一撮小胡须让你看上去很像科尔特斯。我是黑皮肤而你是白皮肤。漂亮，你说。你说我漂亮。德鲁，你说这话的时候，我是漂亮的。

我的玛丽娜莉，叛徒，我的情人，你说着，拉着我的发辫把我的头扳过去。唤着我的那个名字，微微地喘息着，粗暴地吻我，笑声从

① 墨西哥沿岸一个酋长的女儿，西班牙征服者科尔特斯的翻译，情人，在西班牙征服墨西哥的过程中起了重要作用。她既被尊为现代墨西哥之母，又被视为墨西哥古代居民的叛徒。

你那黑色的胡须里逸出。

天亮之前，你就会离开，一贯如此，不等我知道。好像你不过是我想象出来的，只有我小腹和乳房上的牙印能证明我错了。

你的皮肤那么苍白，但头发却比海盗的还要黑。玛丽娜莉，你这样叫我，还记得吗？我挚爱的，我喜欢你用我的语言和我说话。那样我会爱我自己并觉得自己值得被爱。

你的儿子。他知道我和他的出生有着怎样的关系吗？是我说服你让他生下来的。你告诉过他吗？当他的母亲仰面躺着生他的时候，我躺在他母亲的床上和你做爱。

没有我就没有你。我用唾沫和红土缔造了你。如果我想，我也能用两根手指将你毁灭。一口气将你吹飞。你只是我决定分娩在帆布上的一块颜色。经过改造之后，你就不再是她的一部分，而是完全属于我了。你如画的躯体如紧绷的鼓。藏在里面的心不停地轻轻敲击着，敲击着。一寸我也不会归还。

我以我认为合适的方式将你画了一遍又一遍，甚至现在。在这么多年之后。你知道吗？小傻瓜。你以为在你回到她身边之后，我会活不下去，像那些哀怨的乡下女人或者西部女人一样哭哭啼啼？但我一直都在等。让全世界都从我的眼睛里看到你。如果这不是一种力量，还有什么是呢？

晚上，我点着家里所有的蜡烛，这几根敬献给瓜达卢佩圣母，那几根敬献给尼诺·菲登西奥[①]、唐·佩德里托·哈拉米略、阿塔恰的圣

① 圣婴教创始人。

婴、湖上的圣胡安的圣母，尤其是桑塔·露西娅[①]，她漂亮的眼睛放在一个盘子上。

你的眼睛很漂亮，你说。你说它们是你见过的最黑亮的眼睛，你一只一只地亲吻它们，好像它们能产生圣迹似的。在你离开之后，我恨不能用勺子将它们挖出来，放在蔚蓝天空下的盘子上，给黑鸟当食物。

那个男孩，你儿子。脸像那个红头发的女人，你的妻子。那个男孩长着像浮在水面的鱼食一样的红色雀斑。那个男孩。

我像蜘蛛一样耐心地等了这么多年，从我十九岁起，从他只不过是盘旋在他母亲脑海里的一个想法起，是我给了他许可，让这一切发生的，瞧。

因为你父亲想要离开你母亲和我一起住。你母亲哭哭啼啼地想要一个孩子，至少要**一个孩子**。而他总是说，以后，以后再看。但一直以来，他都只想和我在一起，只想和我。他说。

晚上你来见我的时候我想告诉你这些。但你却不停地说你想买什么样的衣服，你刚上高中的时候怎么样，现在你快要毕业了你又怎么样。你说大家都知道你是一个摇滚歌手，知道你的乐队、你刚刚得到的新的红吉他（你母亲让你选的，一把吉他或一辆小汽车）。但你不需要小汽车，是吗，因为到哪都是我开车送你去。如果你的皮肤不是那

---

① 也叫圣露西娅，基督教圣徒，西方有个国家有圣露西娅节。她的故事有很多个版本，其中有一个是说有个男人非常爱圣露西娅，特别是她的眼睛，但圣露西娅并不爱他，就把自己的眼睛给了他，但奇迹发生了，圣露西娅又长出了一双更漂亮的眼睛。男人又想要这双眼睛，圣露西娅拒绝了，结果被他杀了。

么白，你都可以做我的儿子了。

这是发生过的。很久以前。在你出生之前。当你还是你母亲心里的一只飞蛾的时候，我是你父亲的学生，是的，就像现在你是我的学生。你父亲一遍又一遍地画我，因为他说，我是他的金色小人儿，金光闪闪，沐浴着阳光，而那是他最喜欢的那种女人，褐色的皮肤如沙滩，是的。他将我卷到他的翼下，到他的床上，这个男人，这个老师，你的父亲。我觉得很荣幸受到他的抬举。我是那么年轻。

我所知道的就是你出生的那个夜晚我在和你的父亲睡觉。在你被怀上的同一张床上。我和你的父亲睡觉，丝毫没有考虑过那个女人，你的母亲。如果她和我一样是个棕色皮肤的女人，或许我内心会感到难过，但她不是，所以我不在乎。我总是先在那里。我一直都在那里，在镜子里，在他的皮肤里，血液里，在你出生之前。而他在我认识他之前就已经在我心里了。你能理解吗？他一直都在那里。一直。像木槿花一样消融，像绳子一样化为灰。我不再在乎什么是对的。不在乎他的妻子。她又不是**我的**姐妹。

那不是我第一次在他们的妻子生孩子的时候和男人们睡觉。我为什么要那么做呢，我也不知道。在他的妻子降下新的生命，被一个双目紧闭的东西耗尽力气的时候和那个男人睡觉。为什么要那么做呢？那总能给我一种疯狂的快感，在她们不知道的时候以那样的方式杀死她们。知道当她们待在蓝色的医院病房的时候我拥有她们的丈夫，她们的屁股翘起来，婴儿们吮吸着她们的乳房，而她们的丈夫却吮吸着我的。所有这些都发生在她们屁股上的缝针还在隐隐作痛的时候。

有一次，凌晨四点，被玛格丽塔鸡尾酒灌醉的我给你父亲打了个电话，吵醒了那个婊子。喂，她应道。我找德鲁。请稍等，她用会客厅里最彬彬有礼的英语答道。请稍等。我笑了几个星期。真是个傻娘们，竟会把电话递给睡在她身边的那个笨蛋。嗨，亲爱的，是找你的。德鲁接过电话时我已经笑得几乎说不出话了。德鲁吗？你老婆还真他妈的笨呢，我说道，我勉强说完了这句。笨蛋笨蛋笨蛋。哪个墨西哥女人的反应会像她那样。嗨，亲爱的。我笑得气都喘不过来了。

他有着同样的皮肤，那个男孩。道道青筋苍白清晰，像他妈的。那皮肤十二月里嫣红如玫瑰。漂亮的男孩。克隆出来的小家伙。小小的细胞分裂分裂分裂出了你。告诉我，孩子，你身上哪些部分是你母亲的？我试图想象出她的嘴唇、下巴、修长的腿，曾经缠绕在那位将我带上床的父亲身上的长腿。

这是发生过的。我熟睡着。或者假装熟睡着。你看着我，德鲁。你坐在床头一角，穿好衣服准备走的时候，我感觉得到你的重量，但现在你只是在那儿看着我熟睡的样子。什么也没做。没有说话。没有亲吻。只是坐着。你将我尽收眼底，审视着。你想到了什么呢？

我一直不停地梦到你。你知道吗？你觉得奇怪吗？不过，我从未说过。我把它藏在心里，将所有对你的思念都藏在心里。

这么多年了。

我不想你看着我。我不想让你在我熟睡的时候将我尽收眼底。我要睁开眼睛将你吓走。

那么。我告诉过你什么？**德鲁？怎么了？**没什么。我知道你会那么说。

我们别说话。那不是我们所擅长的。在你面前我失去了语言能力。就像我得从头开始学说话一样，就像我需要的那些词语还没有被创造出来一样。我们是懦夫。回到床上来吧。至少在那里，我会稍微觉得自己拥有你。虽然只是片刻。只是一次呼吸的工夫。你释放。疼痛，猛地一拉。你抚摸我的肌肤。

不穿衣服的时候你几乎不是个男人。我要怎么解释呢？你那么像我床上的一个小孩。不是别的，纯粹是一个需要被抱着的大男孩。我不会让任何人伤害你的。我的海盗。我的男人，我瘦削的男孩。

这么多年过去了。

这不是我想象出来的，是不是？一条恒河，一个暴风之眼。一小会儿。当我们都忘了自己，你拉过我，我跳入你的身体，将你像苹果一样劈开。彼此敞开给对方看，毫不退避。某样扭曲的东西自动松开了。你的身体没有撒谎。它不像你那样沉默。

你像珍珠一样裸露着。那一团缭绕的烟雾散去。你像雨一样温柔。如果我把你放进嘴里，你会像雪一样消融。

你为这样赤身裸体感到羞愧。缩了回去。但我已经看到了真实的你，在你向我敞开自己的那一刻。在你不经意地流露出真我的时候。我抓住了那一次的呼吸。我没有疯。

在你睡着的时候，你将我拉向你。你在黑暗中寻找我。我没有睡着。每个细胞、每个毛囊、每根神经，都醒着。观察着你叹息、翻转，将我抱紧。我没有睡着。我在那个时候将**你**尽收眼底。

你的母亲？只见过一次。在我和你父亲已经不再相见的许多年后。在一次艺术展览会上。一次尤金·阿捷特的摄影展。那些影像，我可以盯着看几个小时。我带了一群学生在身边。

我首先看见的是你的父亲。那一瞬间，我觉得似乎展厅里的每一个人，所有那些深褐色调的相片、我的学生、穿着西服的男人、穿着高跟鞋的女人、保安，每个人，都能看穿我过去是个什么样的人。我不得不匆匆离开，领着我的学生们去了另一个展厅，但有些事情是命运已经给你安排好了的。

我们在衣帽室又碰上了他，手里挽着一个套着裘皮大衣的红发芭比。吓人的达拉斯造型，头发束成一条马尾辫，光洁的大脸一如内曼化妆品柜台后的女人。这就是她给我的印象。一直以来她都在他身边，但直到那一刻，我才看见她。

从他略微的迟疑中你可以看出他是紧张的，但只是略微的迟疑，因为他是那样的老练。他向我走过来，我不知道该怎么办，呆呆地站在那里，像那些在夜间过马路时被汽车灯照到的动物一样。

我不知道为什么，突然间我看着自己脚上的鞋，为它们看上去那么旧感到羞愧。而他在向我走来，我的爱人，你的父亲，用他的方式，脸上带着让我想揍他一顿、想和他做爱的微笑，他用你听到过的最礼貌不过的声音说道：“嗨，克莱门西亚！**这**是梅根。”没有比这更吝啬的介绍了。**这**是梅根。就那样。

我像个白痴一样咧嘴一笑，伸出我的爪子——“你好，梅根”——微微一笑，以那种当你受不了某人时的方式。然后我离开了那里，回去的一路上像猴子一样和我的学生们喋喋不休地说话。回家后我再也支撑不住地躺倒了，前额上敷着一块冷毛巾，电视呱呱地开着。穿透那毛巾在我脑袋里响着的只有一个声音：这是梅根。

我就那样睡着了，电视开着，房子里的每一盏灯都亮着。醒来的时候已是凌晨三点。我关掉灯和电视，起来去吃了几片阿司匹林，那些猫，原本和我一起睡在沙发上的，也醒来了，跟着我一起进了卫生间，仿佛它们也知道了什么似的。然后它们跟着我爬到了床上，那儿通常是它们不许上的，但是这一次我让它们上来了，管它是会有跳蚤还是什么呢。

这也是发生过的。我发誓这不是我捏造的。全部都是真的。那是我最后一次去见你的父亲。我们达成一致。出于好意。当然我能够明白，不是吗？为了我自己好。不错的消遣。一个像我这么年轻的姑娘。我能理解……责任吗？再说，他也不可能和我结婚的。你不觉得……永远不要和墨西哥人结婚。永远不要和墨西哥人结婚……不，当然不会。我明白。我明白。

那几天里整座房子都是属于我们的，谁知道是怎么弄的。你和你的母亲去了不知什么地方。当时是圣诞节吗？我不记得了。

我记得餐厅桌子上的彩色玻璃灯和牛奶杯。我将一切都印在了脑海里。门铰链上那些埃及莲花的设计。那个狭窄、昏暗、我和你父亲曾经在那里做过爱的客厅。四脚的浴缸，他曾在那里给我洗过头，用锡碗舀水冲干净我的头发。那窗户。那台子。清晨的卧室里的光线，那么柔和，像光亮的硬币上反射的光线。

整座房子都很干净，一如既往，没有一缕掉落的发丝，没有一片脱落的皮屑，没有一条皱巴巴的毛巾。就连餐厅桌子上的玫瑰也都屏着呼吸。所有这些了无生气的整洁总是让我想打喷嚏。

为什么我会对这个和他一起生活的女人这么好奇？每次走进洗手间，我发现自己都会打开药橱，看着里面所有属于她的东西。她雅诗兰黛的口红。珊瑚红的，粉红的。她的指甲油——大胆的淡紫色。她的棉球和金色的发卡。一双骨色的绵羊皮拖鞋，像新买的一样干净。门上挂着——一件带着“意大利造”标签的白色睡袍，还有一件珍珠扣子的丝质男式睡衣。我摸了摸那面料。Calidad。品质。

我不知道如何解释我接下来的举动。当你父亲在厨房里忙的时候，我走到我放背包的地方，从里面拿出来一袋我买的小熊软糖。就在他将碗碟弄得砰砰作响的时候，我在房子里转了一圈，将它们留在了我确信**她**会发现的地方。一颗放在她透明树脂做的放化妆品的架子上。她每个指甲油的瓶子里塞了一颗。我将她那些昂贵的口红一支支地全部旋出来，将一颗小熊软糖弄碎，每支上面撒了一点再重新盖上。我甚至将一颗小熊软糖放在那个月亮形荧光橡胶盒正中间的格子里。

何必这么麻烦呢？德鲁可以承认是自己做的。他也可以说是打扫卫生的女人的墨西哥巫术。我也知道。但没关系。在屋子里转悠，将它们留在只有她才会发现的地方，我感到有一种奇怪的满足感。

就在德鲁大声叫“晚餐就绪！”的时候，我看见了书桌上的它。一套俄罗斯套娃，德鲁出差去俄罗斯的时候买给她的。我知道。他也给我买了一套一模一样的。

我还是那么做了，将那些娃娃一层一层地打开，直到看到装在最里面的那个最小的娃娃，我用一颗小熊软糖换掉了它。然后我把它们装回去，一层套一层，就像我发现它们时一样。但是那个最小的娃娃，我藏在了衣袋里。吃晚饭的时候，我一直把手伸进牛仔夹克的口袋里。每次摸到它，都让我感觉很好。

回家的路上，在瓜达卢佩大街边那条小溪上的桥上，我停下了车，打开了警示灯，下了车，将那个木头玩具扔进了那醉汉尿尿、老鼠游泳的浑浊小溪里。那个芭比娃娃的玩具淹没在一堆垃圾中。那给了我一种前所未有的感觉。

然后我开车回家，睡得跟死人一样。

这些早晨，我只喝咖啡，给那个男孩喝牛奶。我想起了那个女人，我在这个男孩身上看不到一丝我的爱人的痕迹，就像她是圣灵感孕怀了他。

我和这个男孩，他们的儿子睡觉。让这个男孩像我爱他的父亲一样爱上我。让他想我，饥饿，在睡梦中翻转，像吞下了玻璃一样。我将他放进我的嘴里。到这来，我的小心肝。男孩结实的大腿、稀疏的汗毛，和他父亲一样结实、柔滑的小屁股，还有那像情人一样的背脊。来，我的宝贝，到小妈咪这里来。这有大量的烤肉。

我可以从他看着我的样子看出，我已经完全掌控了他。来，小麻雀。我有无限的耐心。到小妈咪这里来。我的小笨鸟。我一动不动。不想惊动他。任由他轻轻地啃咬。是你的，都是你的。抚摸他的腹部。撞击他。在我咬断自己的牙齿之前。

到底体内有什么让我在午夜两点的时候这么疯狂？我不能怪罪于我血液里的酒精，因为那里根本就没有酒精。是某种很可怕的东西。

它毒害了我的血液，完全颠覆了我，在夜不断扩张的时候，我觉得似乎整个天空都在向我的脑袋砸来。

如果我在这样的夜晚杀了某个人呢？如果被杀死的那个人是我自己，我就犯了误入交火区的错，无辜的旁观者，难道不可惜吗？我会脑中思绪万千地走开，离开那个过错。自杀？我不能那么说。我没看见。

除非我想杀的不是我。当星球之间的引力适当的时候，一切可见的平衡都倾斜了，乱了。就是那时候它想从我的眼睛里出来。就是那时候，我抓到了电话，危险如恐怖分子。没有什么可做的了，就让一切都来吧。

那么。你在想什么呢？你现在确信我像郁金香或者计程车一样疯狂了吗？像云朵一样漂泊不定？

有时天空是那么辽阔，让我在夜里觉得自己那么渺小。这就是身为云朵会面临的问题。天空辽阔得可怕。夜晚为什么会更糟，当我迫切地想要表达却找不到合适的言辞时？只有色彩。画。你知道我想要说的并不总是令人愉快的。

哦，爱，那里。我去感受过了。它有什么好呢？不论好与坏，我也已经做了我不得不做，也需要做的。你接了电话，把我像小鸟一样吓跑。现在你可能在低声地咒骂几句，一边回去睡觉，那个妻子在你身旁，温暖，散发着她自己的热量，好好地躺在法兰绒和鸭绒被下，闻起来有点像牛奶和护手霜的味道，你熟悉的、你喜欢的味道，哦。

大街上人群从我身边经过，我想伸出手，像拂过吉他的琴弦一样拂过他们。有时人们会轻轻地撞到我。我只想伸出手，碰碰某个人，说好啦，好啦，没事啦，宝贝，好啦，好啦，好啦。

面包

饿了。我们走进格兰大道一家面包店，买了些面包。堆满了车子的后座。整个车厢里都是面包的味道。大个的酸味面包形状像个肥胖的臀部。肥臀面包，我用西班牙语说道，Nalgona[①]面包。肥臀面包，他用意大利语说，但我忘记他是怎么说的了。

我们用手撕下一大块吃起来。那辆车是珍珠蓝，像我那天下午的心。[②]面包温暖的味道，两个拳头里都握着面包，磁带里传出探戈舞曲，很响，很响，很响，因为我和他，我们是唯一能忍受那样的，好像那些乐音，小提琴、钢琴、吉他、贝斯，都在我们体内，还像他没有结婚，还没有孩子，好像我们都还没有经受那些痛苦。

沿着街道开着车，他说那些建筑让他记得这个城市有多么迷人。我想起我小的时候，一个表兄的小孩就在那样一栋建筑里因为吞下老鼠药死去了。

就是这样。我们就这样开着车。他留下了他新城市的记忆，我记起了我以往的。他在大口大口咬面包的间隙吻我。

---

① 西班牙语，意为“大屁股的女人”。

② 英文里的蓝（blue）也有“忧郁”的意思。

萨帕塔的眼睛

我用鼻子去碰你的眼睫毛。你眼周的皮肤柔嫩如你阴茎上的，凹凸有致的锁骨、紫色的乳头、暗淡的蓝黑色的生殖器、细瘦的腿和修长的脚掌。有一刻我不想想起你的过去或将来。因为你现在在这里，你是我的。

我应该告诉你每个你睡在这里的晚上我都做了些什么吗？在你喝了白兰地、吸了雪茄之后，在我确定你睡着了之后。我不慌不忙地细细检查过你镶着银纽扣的黑裤——两边各五十六对，我数过——马鬃做穗的绣花宽边帽、漂亮的荷兰亚麻衬衣、镶着精致花边的牛仔夹克、好看的黑靴、压花子弹带和银马刺。你是我的将军吗？或者只是我在圣拉扎罗乡村集市上遇到的那个男孩？

一双对男人来说过于漂亮的手。修长、优雅，指间带着哈瓦那雪茄的香甜。我也曾有过好看的手，记得吗？你过去常常说我有着夸乌特拉的女人最漂亮的手。美味的。你这么说，好像它们是什么吃的东西似的。想起来我现在还想笑。

唉，但是现在看看。伤疤、皴裂、老茧——怎么会是手先变老呢？皮肤粗糙得像母鸡的皮。都是因为在山里农田的耕种，像男人一样繁重的劳动，用锄头和大刀平整土地，让衣服变得脏兮兮的脏活，战前没有女人会干的活。

但我不怕繁重的工作，也不怕一个人待在山中。我不怕死也不怕坐牢。我不怕夜晚，不像其他女人在听到政府第一声号召的时候就跑进圣器室。我不是其他女人。

看看你。已经在打呼噜了吗？可怜的东西，睡吧，小爸爸。那里，那里。只有我——伊内斯。睡吧，我的黑人，我的小男孩，我的小宝贝。睡着了，睡着了，睡着了。

你说你在哪儿也不能睡得像在这里一样熟。作为将军艾米里亚诺·萨帕塔让你如此疲惫。紧张的手指蜷缩着，修长的指节一颤，迅速地缩回。总是担心暗杀者的子弹。

每个人都可能成为叛徒，必须制服他们。就像制服一匹马。新的马鞍总要慢慢适应的。要摧毁他们的意志。用鞭子抽，用套索套住，就像当年在马术场一样。

这些天一切都让你烦心。任何响声、任何光线，甚至阳光。你连着几个小时不说什么，说的时候便是爆发，怒气。每个人都怕你，甚至你的人。你将自己藏在黑暗中。你连着几天不睡觉。你再也不笑了。

我不必问，我自己已经看出来了。仗打得不好。我从你的脸上看出来了。这些年它变了那么多，米里亚诺。太多的观察，这张脸已经显出了那样的特征。这些新添的皱纹、这道沟壑、这紧绷着的下巴。眼角因为学着在夜里看东西起了褶子。

他们说水手们的寡妇就有着那样的眼睛，因为总是眯着眼睛遥望海天交接的地方。经历了这场战争的我们也是一样。我们都是寡妇。男人们、女人们，甚至孩子们。一切都拴在我们的领袖萨帕塔的马尾巴上。我们所有人都被这苦难的九年弄怕了——忍耐。

是的。它就写在你的脸上。一直都在那里。从战争之前。从我认识你之前。从你在安内内库尔科出生甚至更早的时候起。那双眼睛里有一种既坚硬又柔软的东西。你比我们任何人都更早知道，不是吗？

今天早上信使来了，带来了你天黑前就到达的消息，但我已经在煮玉米，准备给你做玉米煎饼当晚餐了。我看见你骑着马出现在从阿拉亚村来的路上。就像那天，革命刚刚开始，政府到处找你时，我在安内内库尔科看到你的时候一样。你在为土地契据而担忧，回来把它们从你十八个月前埋藏它们的地方——村教堂的圣坛下面——挖出来，我说的对吗？提醒奇科·佛朗哥要安全地保存它们。**我是要死的**，你说，**迟早。但我们对土地的权利必须得到保证。**

我希望我可以为你抹去痛苦，就像它只是脸上的一个污点。我想将你抱在怀里，跑到山上去，就像你是尼古拉斯或马莱娜。我知道每一个山洞和石缝、每一条小路和沟壑，但我不知道要把你藏在哪里才能躲开你自己。你累了。战争让你如此脆弱、孤独，我不想任何一类的事情再来烦你，米里亚诺。此刻你在这里，这就够了。此刻。又回到我的屋檐下。

睡吧，小爸爸。盘旋在你上空的只是伊内斯，整晚都睁大着眼的伊内斯。我的翅膀悄无声息地扇动，如皱起的天鹅绒斗篷。暖暖的风轻轻拂过你的肌肤。月白色的羽毛展开，仿佛能触及房间的四壁。一点窸窣声，然后轻飘飘地逸出窗外，直到我的鹰翼下是湿润的夜风。点点星辉如你送我的金丝耳环。你疲惫的马如锡铸的一般静静地伫立在瓜穆奇尔树下，之前你把它系在那里。河流唱着雨季以来最响亮的歌。

我侦察过各个大小山头。我青色的影子落在疯长的草上，落在峡谷的林中空地上，落在青色夜幕下静静矗立在庄园里的幽灵身上。从高处望去，这个村庄看上去和战前一样。好像那些屋顶依然完整，墙壁也依然洁白，鹅卵石街道上没有垃圾和杂草。没有什么被破坏被烧毁。我们的生活平静而完整。

绕着青色的田野一圈又一圈地飞，飞过那些烧焦的田地，轻佻的风微微地吹乱了我硬硬的、白色的羽毛，飞过你留守在我们门外的两个士兵，他们一个睡着了，另一个因为一天疲劳的奔波显得无精打采。但我醒着，你在这儿的时候我总是醒着的。没有什么逃得过我的眼睛。山中的野狼，沙地里的蝎子。一切都清晰可辨。你来时留下的马蹄印。夜来香缥缈的甜牛奶的香味。我们的土房子上芦苇叶盖的临时屋顶。我们最小的、才五岁的孩子睡在她的吊床上——**你是个多么可爱的小女人啊，小马莱娜**。溪流和运河的笑声，风在高高的松树树枝间发出忧郁的呜呜声。

我慢慢地转着圈，溜进屋内，带来了夜风的味道，回到自己的身体里。我没有离开你，不会离开你，永远不会。你知道为什么吗？因为当你离开的时候，我会凭记忆重新造出一个你。你皮肤的味道、胡须上面的那颗痣、我的手掌抚摸你的感觉。像红糖一样颜色、一样甜美的皮肤。这张脸捧在我的手里。我思念你。我思念你，即便现在你就躺在我身边。

在你睡着的时候这样看着你，你皮肤的颜色。在朦胧的月光里，你散发着自己的光芒，好像你是用琥珀做成的，米里亚诺。好像你是一盏小灯笼，房间里的所有东西都放着金光。

你以前总是那么诙谐。那么和善，那么爱开玩笑。喝了点酒之后就开玩笑，唱一些走调的歌。**我有三个缺点，我这三个缺点都很顽固；醉酒，赌博，沉溺于爱**……啊，我的生活，记得吗？总是洋溢着爱，不是吗？你还是我在圣拉扎罗集市上遇见的那个男孩吗？我还是你在小鳄梨树下亲吻的那个女孩吗？感觉那些日子都过去那么久了，米里亚诺。

我们拖了三具尸体，那些和你、和我、和原本的我们都没有任何关系的尸体，那些给我们痛苦和快乐的尸体。虽然我已经学会怎样刻意地放开自己，我觉得我们从来没有完全地自由过，直到我们相爱，当我们在彼此中失去自我。然后我们有点明白了什么叫天堂。当我们可以那么亲近时，我们就不再是伊内斯和艾米里亚诺了，而是某种比我们的生命都更强大的东西。我们最终学会了原谅。

你和我，我们向来不太交谈，不是吗？可怜的东西，你不太知道该怎么交谈。你不用你的嘴唇交谈，睡觉的时候你用一条腿护着我，让我知道一切都很好。当我们像那样睡着的时候，一只胳膊或一条腿或一只猴子一样的长脚碰着我。你的脚顶着我的足弓。

我连那样小的事情都没有忘怀，你感到惊讶吗？有那么多的事情我没有忘记，虽然我能够忘记。

伊内斯，想想我是那么爱你。当我的父亲恳求我的时候，你无法想象我当时的感受。痛苦钻进我的心里，像一股冰冷的水，好几天都是。但我什么也没说。

噢，那么，我父亲说道，**愿上帝保佑你。你已经成了你自己所讨厌的婊子**。他转过身，我没了父亲。

我从来没有像那天晚上那样感到孤单过。我将我的东西放进我的包头巾，跑进了黑暗中，在蓝花楹树下等着你。有一刻，所有的勇气都离我而去了。我想转过身，喊一声“阿爸”，乞求他的原谅，然后回到我靠甘蔗渣墙的草席上睡觉，在天亮之前起床为一天的玉米煎饼准备玉米。

婊子。那个词，我父亲吐出那个词时的样子，好像那一个词就能说明我背叛了他这么多年以来给予我的爱，好像他将心里所有的门都已关上。

藏到哪里我才能逃开父亲的愤怒？我可以闭上眼睛，让所有对我横加指责的圣徒们闭嘴，但我没法让我的心不再听到那个词——婊子。我的父亲，我亲爱的父亲，他和我再没任何关系了。

你不喜欢我说起我的父亲，是不是？我知道，你和他永远也不会，噢……记得他左边眉头那道深深的疤痕吗？当他还是个男孩的时候被一头骡子踢的。是的，就是那样。舒沙姨妈说那就是为什么他有时候倔得像头骡子的原因——但你和他一样倔，不是吗，虽然并没有骡子踢到过你。

他从来没有喜欢过你，这是真的。从你开始在各个牧场之间贩卖牲畜时起。直到你到墨西哥城的马场工作，他从未提起过你的名字。因为你从来没有住过茅草屋，他说。因为你是个牛仔，从来不穿农民的白棉布衬衣。然后他会咕哝着说（声音大到我能听得见），**那是个不知道自己的屎有多臭的家伙**。

我总在想，你和他真是天生的对头，你们彼此那么像。只是，他不会当兵，不像你。我从来没有告诉过你政府曾怎样逼迫他参军。他们把他送到了瓜纳华托，当时你正忙着卡兰萨的事，潘乔·维拉的人正在北方滋扰生事。我父亲，从来没有去过比阿梅卡梅卡更远的地方的他，头发斑白、身体羸弱的他，他们抓住了他。那段时间，尸体像石头一样堆积在街角，任何人，不论男女，出门上街都不安全。

家里没有一点吃的了。舒沙姨妈病了，发着烧，我又要照顾全家人。我父亲说最好他去一趟特内赫卡潘找他的兄弟富尔亨西奥，看他们那里会不会有点玉米。**带上小马莱娜**，我说，**带着孩子他们不会找你麻烦**。

于是我父亲就动身去特内赫卡潘了，手里拉着小马莱娜。但直到夜幕开始降临，他们还是没有回来。噢，想想看。来敲我们的门的是寡妇艾尔皮迪娅，她带来了小马莱娜，还有他们把男人都带到了火车站的消息。**往南去囚犯劳动营了，还是往北去打仗了**？舒沙姨妈问。**上帝保佑他平安**，我说道。

那天晚上舒沙姨妈和我做了个梦。我父亲和富尔亨西奥叔叔站在碾米厂的后墙边。**谁活着**？但他们没有回答，怕给错了答案。**先毙了他们，再谈正事**。

就在士兵正要开枪的那一刻，一个军官，我父亲战前的一个熟人，骑马经过，下令放了他们。

然后他们将我父亲和富尔亨西奥叔叔带到了火车站，将他们和其他人一起塞进了车厢，到了瓜纳华托，在那里给他们每个人发了枪，命令他们去打维拉的人，然后才放了他们。

在经过了战火等各种惊吓之后，我父亲的身体就垮了。在瓜纳华托，他被送进了军医院，在那里忍受着严重肺病的折磨。他们移除了他的三根肋骨才治好了他。当他终于恢复到能经受长途奔波的时候，他们把他送回了我们身边。

整个旱季，我父亲就那样过来了，靠着后背上的一个洞呼吸。那些日子里，我得用有黏性的油松为他擦拭，每天早晨用干净的绷带将他包起来。那个开口处会渗出一种像仙人果汁一样的液体，黏黏的，带着一种既甜又难闻的，像烂在树枝上的玉兰花一样的味道。

我们尽了最大的努力护理他，我和舒沙姨妈。然后有一天早晨，一只恰恰拉卡鸟飞进了屋里，在天花板上扑棱着。我们两个人一起又是毯子又是扫帚地才将它赶了出去。我们什么也没说但心里却想了很久。

在又一轮的新月之前，我做了个梦，梦见自己在教堂里握着念珠祈祷。但我手间握着的却不是我那用玻璃珠串成的念珠，而是用人的牙齿做的。我将它一扔，那些牙齿像项链上的珍珠一样在石板上弹跳开了。这梦和那只鸟足以构成某种征兆了。

当我父亲最后一次叫出我母亲的名字后死去的时候，那些音节沙哑，夹杂着咳嗽，像从另一张嘴里发出来的，从一个溺水的人嘴里。他用尽了从那个要了他的命的开口处吸进来的最后一口气。

我们简单地安葬了他，连同那三根被拿掉的肋骨（用我母亲绣了他姓名首字母的手帕包着）和左边眉头下面那个骡子的蹄印。

连续八天人们赶来哀悼。所有的牧师早就已经跑掉了，我们不得不花钱请了一个祈祷师来举行最后的仪式。舒沙姨妈用石灰和沙摆成了十字架，摆放了花，点了一盏祈祷灯，第九天的时候，我姨妈拿起那个十字架，叫出了我父亲的名字——雷米西奥·阿法洛——我父亲的灵魂就那样飞走，离开了我们。

但如果他不肯同意呢。

那只老山羊，到我们死的那天他也不会同意的。我们最好跑走就是了。他总不能生一辈子气吧。

他临终的时候也没有原谅你。我想你也永远不会原谅他把当局叫来的。我确信他只是想用他们来吓唬吓唬你，提醒你你对我的责任，因为我当时已经怀上了你的孩子。谁会想到他们会逼你加入骑兵团呢。

我不能代我父亲向你道歉，但是，唉，我们当时还能想出别的办法吗，米里亚诺？你一去几个月，因为反抗签名、组织政治活动和参与乡村防御的事躲到普韦布拉去了。我的身子庞大得像船，尼古拉斯随时可能出生，而哪都找不到你，没有钱也没有一句话捎回来。我这么年轻，我不知道除了离开我们用石头和土砖做的房子，回到我父亲家之外我还能怎么办。我那么做错了吗？你告诉我。

我可以忍受我父亲的怒气，但我担心那孩子。我将手放在肚子上，轻轻地说——孩子，要在月圆的时候出来啊，就连树也得在满月下修剪才能长得茁壮。然后在月亮又一次变圆的时候，我生了，舒沙姨妈抱着我们漂亮强壮的儿子。

两个耕种的季节来了又去了，我们正在为第三个耕种季节做准备的时候，你从骑兵团回来了，第一次见到了你的儿子。我以为你会从此忘记政治，我们可以继续我们的生活。但到年底的时候，你已经投身选举帕特里西奥·莱伊瓦做州长的运动了，好像所有和政府、和我父亲之间的过节都不算什么。

你给了我一对金耳环作结婚礼物，记得吗？**我从来没说过要娶你，伊内斯。从来没有。**两个金丝做的圆环，缀着几朵小花和链子。政府来的时候我将它们埋了起来，过后再回来找到它们。但是就连这个我也不得不变卖了，在除了煮玉米穗之外实在没什么可吃的时候。它们是最后卖掉的几样东西。

从来没。当你对我说出这话的时候我觉得有点疯了。那些话是那么有力。

但是，米里亚诺，我以为……

你那么以为就太傻了。

那是多少年前了。我们都错了，我们说过一些话，可那些话并不代表我们真正的意思。我从没说过……我知道。你不想听。

我现在对你来说算什么，米里亚诺？在你离开我的时候？在你犹豫的时候？徘徊的时候？上次你那样深深地叹气，又是为了什么呢？

如果我抱怨我作为女人的那些忧虑，我知道你会说——伊内斯，现在不是谈那些的时候——等以后再说。但是，米里亚诺，我已经厌倦了被告知要等待。

啊，你不明白。就算你有话，你也不会告诉我。你不了解自己的心，男人。就算你把它捧在手里说话。

我有自己的牲口，还有我父亲留给我的一点钱。我会在夸乌特拉给我们造一间石头和土砖的房子。我们可以一起生活，我们会过得好的。

尼古拉斯对他那两头牛——幸运和鸽子——着迷了。因为你给他生日礼物的时候说过他已经是个男子汉了。你十三岁的时候，都已经往返各个牧场之间买卖牲畜了。要看牲畜会不会干活，你得从后面胳肢它，知道吗？如果它都不愿动一动，那么，它很懒，不会有什么用的。瞧，我从你那学了这么多。

还记得你在库埃纳瓦卡发现的那匹马吗？有人把它藏在楼上的一间卧室里。被关了那么久，它显得狂躁不安。它从带着金黄色穗子的天鹅绒窗帘中探出脑袋，而你正好骑马从那经过，就那么巧。像一个等待心上人的美人从露台上出现。你笑了，拿那开玩笑，还给它取了个名字叫轻薄的女人，记得吗？轻薄的女人。是的。

当我在圣拉扎罗的乡村集市上遇见你的时候，每个人都知道你是莫雷洛斯最懂马的人。所有的牧场主都想让你为他们工作。就连墨西哥城的人也知道你。牛仔中的牛仔。那些牲口，那些被卖的、被买的马匹。形势缓和的时候种一些庄稼，你兄弟欧费米奥一再向你借钱，因为他已经挥霍掉了自己继承的每一个比索，但你一直为自己的独立感到骄傲，不是吗？你曾经说过你最高兴的时候是有一次西瓜丰收，卖到了六百比索。

而我最快乐的记忆呢？当然是和你住到一起的那个晚上。我记得你的肌肤闻起来那么甜，像西瓜皮，像下过雨之后的田野。我当时想我的生活将从那里开始，从我将你那瘦弱的男孩的身体放在我身上的那一刻起。就像你是轻木材做的，就像你是小船而我是小河。我想，接下来的日子，抹去了父亲的诀别留下的痛苦。

太多的苦难让我们的心麻木得像尸体。我们活下来了，靠吃野菜、玉米棒子芯和烂掉的蔬菜。瘟疫、联邦军、流民、土匪，各种各样的危险。九年了。

夸乌特拉弥漫着死尸的臭味。尼古拉斯会出去玩他收集到的子弹壳，或者去看尸体埋进土坑。有一次佐卡洛堆了五具联邦军的尸体，我们将他们的口袋掏了个遍，看有没有钱、珠宝或任何我们可以卖的东西。他们烧那些尸体的时候，油脂从它们上面流下来，它们动弹着像要挣扎着坐起来。那以后尼古拉斯就经常做噩梦。我也没脸告诉他我做了些什么。

开始我们看到那些尸体挂在树上都受不了。但是几个月后，你就慢慢地适应了它们，日复一日地在太阳的暴晒下变缩变干，直到只剩下一具皮囊，像耳环一样晃荡着，慢慢地它们就不那么吓人了，甚至不再具有任何意义了。也许那才是最可怕的。

你妹妹告诉我这些日子尼古拉斯越来越像你了，神经紧张，说话快得像突如其来的尘暴或一连串的火花。你随第七骑兵团离开的时候，我和舒沙姨妈往他嘴里放过烟，为了让他早点学会说话。当所有其他和他一样大小的孩子都在像猴子一样咿哩哇啦的时候，尼古拉斯总是安安静静的，总是跟在我们身后，带着那双你家族的人都有的眼睛。那不是阿法洛家的眼睛，我记得父亲说过。

从骑兵团回来的那年，你派人来接我们，我和那个男孩，我们一起住在石头和土砖的房子里。从你的沉默中我知道我不应该问我们结婚的事。一切依旧，没有任何改变。想知道我见不到你的那几个星期你去哪了，为什么你只来几个晚上，总是天黑以后来天亮之前就离开。我们的生活像以前一样继续着。这样有丈夫却如同没有丈夫的生活有什么意义？我想。

当你开始忙帕特里西奥·莱伊瓦的竞选时，我们常常几个月都见不到你一次。有时我和孩子会回到我父亲的房子里住，在那里我不会觉得那么孤单。**就几个晚上**，我说，在我以前的角落，打开厨房靠在甘蔗渣墙上的草席。**直到我的丈夫回来**。但几个晚上渐渐地变成了几个星期，几个星期变成了几个月，直到我在父亲茅草顶的房子里住的时间比在我们瓦片顶的房子里住的时间还长。

一个星期又一个星期，一个月又一个月就这样过去了。你获选镇政府议员。为保护土地所有权奔走。分配土地的时候，你的名字渐渐传遍了各个村庄，传遍了夸乌特拉河上下。萨帕塔这个萨帕塔那个。我走到哪都能听到你的名字。每一次，一种恐惧感钻进了我心里，像天上太阳前面飘过的云。

那些日子我就是这么过来的，有苦难言。碾玉米的时候，假装没听见其他在河边洗衣服的女人说的话。你有几样**消遣**。在阿拉亚村你还有一个玛丽亚·约萨法，然后她们就会笑起来。你来的晚上，睡在我旁边的晚上更糟，我整夜都看着你睡不了觉。

白天，我还可以承受得住那痛苦，天不亮就起床，准备白天吃的煎饼，忙各种家务活、母火鸡、庄稼，采集草药。儿子穿上了他的第一条裤子，一不留神他就会惹各种麻烦。白天里各种事情足以让我分神。但是晚上，不堪想象。

舒沙姨妈让我喝花茶——玉兰树的花——它们的花瓣像舌头一样柔软平滑。玉兰花，心之花，带着香子兰和蜂蜜的香味。她将一种补药和干花混在一起，将一种油膏混着蛋清一起涂在我心口柔软的皮肤上。

那是雨季。**吧嗒……吧嗒，吧嗒**。整个晚上我听着这些断线的珠子，一粒一粒、一粒一粒地从我的心光滑的叶子上滚落。

我沮丧地活着，米里亚诺，仿佛根本没有接下来的日子。实在痛苦不过的时候，我就用你的一条手绢包上一只干的蜂鸟去河边，嘴里默念着“可爱的童贞圣母，帮我”，然后吻一下它，将它连手绢一起扔进水里，看它随水面的泡沫一起向下游，旋转一圈消失不见。

那天晚上，我的心在胸口旋转、震颤，眼皮底下有什么东西跳动得厉害，让我睡不着觉。我觉得自己升到了房子的横梁上面，我睁开眼睛。黑暗中我看得非常清楚。在我下面——我们都睡着了。我自己，在那里，在厨房里我靠墙的草席上。我父亲和我的舒沙姨妈睡在房中他们自己的角落里。然后我感觉房间转了一圈，两圈，直到我发现自己在星空下飞在鳄梨树、房子和牲口棚之上。

整个晚上我在悲伤和欢喜的混沌中游转，在我们晒干的甘蔗叶盖的屋顶上盘旋了一圈又一圈，一切清晰如白昼。天亮之前，我便飞回来，我的身体在我离开时的地方，在那张草席上，在我们的尼古拉斯身边，耐心地等待我。

每个晚上我都飞得更远些。一到晚上，又一点点地折回自己体内，生活只为了夜间的游弋。我父亲小声地对我的舒沙姨妈说，眼不见，心不烦。但我的眼睛看到了，我的心感觉到了痛苦。

飞过平地和山里的农田，飞过沟沟渠渠和荆棘密布的矮树林，飞过小木屋的茅草屋顶和女人们浆洗衣服的小溪，飞过明艳的九重葛丛，俯瞰峡谷，飞过生长着稻谷和玉米的田野，我飞着。难看的香蕉树的枝干在我下面摇晃着。我看见几条冷水河和一条苦水河，人们说那水是从大海里流过来的。我不停地飞，直到小镇中央广场上那片沙沙作响的高高的月桂树。所有刷得白白的房子闪着蓝色的光芒，如满月下的鲍鱼。我记得我的翅膀也是蓝色的，无声无息，如猫头鹰的翅膀。

我停在一扇窗户外面的一株罗望子树的枝丫上，看见你睡在那个阿拉亚村的女人身边，那个女人是你的妻子，睡在你的身边。她的皮肤在月光下散发着蓝光，和你的一样。

她完全不是我想象的样子。我靠近她，仔细看着她的头发。没什么特别的，不过是个普通的女人，散发着普通女人的气息。她张开嘴，发出一声呻吟。你便将她拉向你的身边，米里亚诺。那一刻，我感到了体内的巨大痛苦。你们两个就那样睡在一起，你的腿暖暖的，靠着她的腿，你的脚塞在她的足弓处。

他们说是我害了她孩子的命。因为我的嫉妒。你说呢？她的儿子和女儿都是还在吃奶的时候就夭折的。她再也不能给你生孩子了。但是我的儿子、我的女儿还活着。

当买家在你开价后走开，然后又折回来的时候，就是你抬价的时候。当你知道你有他想要的东西的时候。这是我从你做马匹生意的那些年里学来的。

你娶了她，阿拉亚村的那个女人，没错。但是，瞧，你还是回到我这里来了。你每次都会回来。在和一个又一个别的女人好过之后。这就是我的魔力。你会回到我身边的。

上星期四你又来了。我将你从那个女人床上拉过来了。我梦到了你，醒来的时候我很肯定你的灵魂刚从这个房间里离去。我将你从睡梦中拽了来，进入了我的梦乡。将你像一缕头发一样缠绕在我的手指上。亲爱的，你满心雀跃地来了。当你不听从我的命令在我召唤的时候前来时，我会化身猫头鹰之灵守候在你门外的紫色蓝花楹树间，确保没有人会在我的米里亚诺睡着的时候伤害他。

是多少个月后你差信使送了一封信来？信纸又薄又皱，像被泪水浸透过。

我在陶碗里燃起了珂巴脂。深吸一口那烟。用墨西哥语向那些古老的神祇祈祷，向圣母念一篇西班牙语的《圣母经》，拜谢他们。你在回家，回到我们身边来的路上。用石头和土砖造的房子开窗通过风了，打扫干净了，夜晚弥漫着蜡烛的香味，自从我在梦中见到你之后我就经常点着蜡烛。那一天，在尼古拉斯睡着之后，马蹄声。

我们相视无语。当我抓着你的时候，你颤抖着，像雨中的树。啊，米里亚诺，那些我都记得，那让我不觉得日子苦。

你对她是怎么说我的？**那是在我认识你之前，约萨法。我生命中和伊内斯·阿法洛有关的那一章已经结束了**。但我是一个永远不会结束的故事。拉开一个线头，整件衣服都会被拆开。

就在你来带走尼古拉斯之前，他正犯嫉妒呢，他已经是个大男孩了。但是那是真的，我又怀孕了。马莱娜生下来的时候一声都没喊，因为她清楚自己是怎么被怀上的——夜晚如烟雾一般相互交缠。

你和维拉正胜利地行进在墨西哥城的街道上，你的帽子上落满了漂亮姑娘扔向你的鲜花。帽檐沉甸甸地陷下去，像个篮子。

我让我们的女儿随了我妈妈的名字。玛丽亚·伊莲娜。违了我父亲的意愿。

你有你的**消遣**。别人是这么说的，对不？你的许多**消遣**。我知道你会和年龄只有我一半大的姑娘上床。和我们的尼古拉斯一般大小的女人。你让许多的母亲以泪洗面，就像他们说的。

他们说你在霍胡特拉有三个女人，都住在一个屋檐下。而且你的女人们彼此之间非常融洽，从事同一事业、信仰革命的巨大好处的姐妹们。我说他们都可以去死了，那些新闻记者和生下他们的母亲们。他们问过我吗？

那些乡下蠢姑娘，她们怎么拒绝得了你呢？穿着帅气的牛仔夹克、骑着高头大马、风流倜傥的萨帕塔。你的宽边帽犹如光环一般笼罩着你的脸。你对他们来说不是一个男人；你是一个传奇，一个神话，一个神。但你也是我的丈夫。尽管只是有时候。

爱着的女人怎么能幸福呢？像这样爱，爱有多深恨就有多深。这就是我们，我们家族的女人。我们绝不姑息犯错的人。我们知道怎么去爱，也知道怎么去恨。

我在梦中见到过你的孩子们。玛丽亚·露西亚，基拉穆拉的那个乔治亚·苏尼加的，她的孪生姐姐也是你的女人，但没有留下孩子就死了。特拉提萨潘出生的蒂亚戈，那个自称是霍尔赫·皮内伊罗太太的女人的。夸乌特拉的安娜·玛丽亚，母羊佩特拉·托莱斯的。马泰奥是提米尔帕的小人物赫苏萨·佩雷斯的。所有的孩子都有着萨帕塔的眼睛。

我知道我所知道的。你怎样像躺在摇篮里一样躺在我的臂弯里，你怎样爱我爱到喜极而泣，我怎样在你的胸前颤抖，抱着你，抱着你，直到那双眼睛看着我的眼睛。

你的眼睛。啊！你的眼睛。带牙齿的眼睛。像黑曜岩一样可怕。在那双眼睛里，有即将到来的日子，将来，有成为过往的日子。在那种锐利之下，有某种远古、像雨一样温柔的东西。

米里亚诺，米里亚诺。我给你唱尼古拉斯和小马莱娜小时候睡不着觉时我给他们唱的那首歌。

战争的年代，偶尔的、短暂的局部和平，然后战争继续。联邦军来的时候就跑到山上去，等他们走了又再回来。

战前，是酋长们抓年轻姑娘和结了婚的女人。他们几乎无所不抢——土地、法律、女人。还记得他们在金泰罗姑娘的怀里找到那个倒霉的波利卡波·希斯内罗丝的事吗？最纯洁的圣母。可怜的小东西，她才十二岁。而他呢，嗯？至少八十了，我想。

倒霉。凡是军队都是对我们不利的，对不？联邦军，酋长。都一样坏，偷我们的母鸡，晚上偷女人。被他们抓走的时候那些女人的哭喊是那样的凄厉。第二天那些女人就会回来，我们会说你好，就像什么事情也没发生一样。

自从战争开始后，我们就习惯睡在牲口棚里了。或者在山上，树林里，在有蜘蛛和蝎子的山洞里。

联邦军来的时候我们尽可能躲藏起来，岩石后面，或沟里，实在没处藏的时候就躲在松树或是高高的草丛里。有时我用甘蔗杆子在山里给我们搭一个茅棚。有时寒地的人们给我们一些放了蔗糖的开水，我们待在那里直到恢复了一点力气，直到太阳让我们感觉暖和了一点，直到我们可以安全下山。

在战争之前，舒沙姨妈还活着的时候，我们在镇上的各种集市上变卖东西度日——小鸡、母火鸡、布、咖啡、我们在山里采的或在自己园里种的草药。我们就是那样一个星期又一个星期、一个月又一个月地过来的。

我卖过面包和蜡烛，那时我种过玉米和豆子，偶尔也能收到点咖啡豆。我卖过各种各样的东西。我甚至知道怎样买卖牲口。现在我还知道怎么在山里的农田劳作，这是最可怕的——大砍刀和锄头会让你的手脚开裂、肿起来。

有时我会在被抛荒的地里找到甜番薯、南瓜或者玉米。这些东西我们通常是生吃，疲劳和饥饿让我们不愿也等不及将它们煮熟。我们像鸟儿一样，吃树上能摘下的果子——石榴、芒果、杏子，随季节而变。我们做没有玉米的玉米煎饼，有时候连谷子也没有，吃玉米棒子芯，还有花。

我的可可、我好看的披巾、我漂亮的连衣裙，我金丝的耳环，任何我能卖的东西，我都卖了。半升玉米要卖一比索半。我找到一把时，将它们浸泡了、煮了，然后不等它们凉下来就磨成粉，做一些玉米煎饼给小马莱娜吃，她总是饿；如果还有剩，我就用来填自己的肚子。

舒沙姨妈在闷热的乡下得了风病，我用尽了她的方法或我的，金刚鹦鹉的毛、鸡蛋、可可豆、甘菊油、迷迭香，但无一见效。我觉得自己很想哭，妈妈那边的人都离开了我，但还有个女儿让我牵挂。没有办法只能过下去，忍受，直到我淡忘那种痛苦。啊，那段时间真是太可怕了。

我继续苟活着，到处躲藏，到处找吃的，只为了小马莱娜。我们少得可怜的庄稼，我们就靠那对付着。政府带走了我们的玉米、小鸡、我宝贝的母火鸡和兔子。每个人都轮流来伤害我们。

现在我要告诉你他们烧我们的房子的事情，你给我们买的房子。

我发着烧。头痛，腿肚子疼得厉害。跳蚤、哭喊的婴儿、远处的枪声，有人叫喊着政府，脑袋里乱哄哄的，有人嚷嚷着加入军队，有人嚷嚷着留下。我只能勉强拖着身子上山。小马莱娜正闹脾气，不肯走，咬着罩衫的领子一个劲地哭。我只好把她背在背上，她的小脚一路踢着我，直到我给了她半块硬煎饼吃，她才忘记生气睡着了。阳光强烈起来时，我们还没有走出危险，但我已经撑不住了。我沉沉地睡着了，梦都没做，搂着小马莱娜冰凉的身体贴着我滚烫的身体。等我醒来，已经是繁星满天的时候了，星星照着我回到村里，让我看到了那一切。

那景象。村子已经不像我们的村子了。那些树、夜幕下的山峦、土地，是的，那些还是我们记忆中的模样，但村子已经不再是村子了。什么都被毁了。屋顶上的瓦没了。墙皮剥落，被烟熏得黑乎乎的。罐子、锅、壶、碗碟全被砸烂了；我们的披巾、毯子都被扯烂了，被人踩了。我们留的种子，我们那年攒下来的所有种子都撒了，鸟雀们欢享着盛宴。

鸡、牛、猪、羊、兔子，都被宰了。甚至连狗也没有幸免，被吊死在树上。卡兰萨分子毁了一切，因为他们说，**这儿就连石头也是萨帕塔的**。没有被毁的东西都被他们的女人带走了，她们像一群兀鹫一样跟在他们后面，将我们掠夺得一干二净。

都怪**她**，村里人回来后说。纳瓜[①]，巫婆。那一刻我明白了自己有多么孤立无援。

米里亚诺，我现在要告诉你的，只有对你我才会说，我对谁都没

---

① 懂巫术的人。

有坦白说过。我必须说出来；不说出来，我内心得不到安宁。

他们说我还是个孩子的时候引发过雹暴，把地里的玉米都给毁了，那时我还太小都不记得。特拉辛科的人都那么说。

因为那个原因，那些年的收成都不好，日子过得很艰难。他们想用湿木柴烧死我。但结果他们杀死的却是我母亲，不过不是用湿木柴。他们把她送到家门口时，我哭得昏了过去。然后就病倒了，病了好几天，他们说我呕了虫子出来，但我不记得。只记得发烧的时候我做的那些噩梦。

我的舒沙姨妈用胡椒树的树枝和金雀花治好了我。之后很长一段时间里，我都觉得腿里像塞满了破絮，经常看见眼面前有紫色的小星星一闪一闪的，但又抓不到。

直到我恢复到又可以出门了，我才注意到村里各家门前和玉米地里放着的万寿菊扎的十字架。自那以后，村里人都避开我，好像他们想以不说话来惩罚我似的，就像他们用砸坏玉米的冰雹一样的语言惩罚我母亲。

因为这个原因，我们只好从特拉辛科搬到七公里外的夸乌特拉，就好像夸乌特拉才是我们的家，而不是特拉辛科。自那以后，我们就和我的舒沙姨妈住在一起了，渐渐地她取代了我妈妈教育我们，后来又取代了她作为我父亲的妻子。

我的舒沙姨妈，是她教会了我怎么用自己的视力，就像当年她母亲教她一样。我们家族的女人，我们全都有这样的能力，能看到我们的眼睛所看不到的。我母亲，舒沙姨妈，我。还有我们的小马莱娜。

他们在我背后窃窃私语地说着巫婆、纳瓜，就像当年他们将同样的词掷向我母亲一样，直到那时，我才意识到我和母亲的命运是那么相似。语言自有它们自己的魔力。它们可以让人陶醉，也可以取人性命。这下我明白了。

好女色的。我不喜欢这个词。为什么不是好男色的？为什么不是？这个词已经失去了它的魅力。好男色。我是吗？我母亲呢？但是在男人嘴里，这个词硬邦邦、沉甸甸的，是丰腴的身体，是可以伤害甚至杀害的。

对你来说我算什么呢？偶尔的妻子？情人？妓女？是哪种？其中任何一种身份都不会像同时具有所有这些身份那么可怕。

我需要从你这里听到。证实我一直觉得我知道的事情。你会说我干草、玉米穗吃多了，神经了。但我发誓我从来没有像这些天这样看得这么清楚过。

啊，米里亚诺，你不明白吗？战争是从这里开始的，从我们心里，从我们床上。你也有一个女儿。你想别人怎么待她呢？像你待我一样吗？

我想要的只是一句话，它具有能让我心里舒服一点的魔力，那是你给不了我的。

我消失的几个月，我想你不会明白其中的原因的。我想你不会觉得有什么不同。只有尼古拉斯才重要。所以你把他从我身边带走了。

当尼古拉斯脱掉他最后一颗乳牙时，你派人来带走他，让你妹妹带。他像鹿一样生长在群山中，有时跟在你身后，有时在你打仗前和你见上一面，总在你能随时见到的范围内。我知道。我让他去。我同意，是的，因为男孩应该跟着父亲，我说。但事实上，我想的是让我的一部分一直跟着你，在你旁边。让尼古拉斯离开对你来说肯定是非常艰难的。不过，他永远都是你的，永远。

当联邦军抓了尼古拉斯，把他带到泰帕尔特辛托，你兄弟和奇科·佛朗哥把他救出来之后，你抱着睡着了的他来找我。如果这孩子出什么事，你说，如果……然后便哭了起来。我什么也没说，米里亚诺，但你无法想象，那一刻，我多么希望我能小到能进入你的心里，我希望能像那个男孩一样属于你，知道你爱我。

如果我是个巫婆，那就可以那样了，我说。我开始吃黑色的东西——黑玉米蘑菇[1]、咖啡、黑辣椒、水果坏掉的部分，颜色最暗、最黑的东西，让我坚强起来，狠起来。

你很少说话。你的声音，米里亚诺，像女人的一样细腻轻柔，甚至纤弱。说起来干脆利落，像跳动的水。但我知道你声音的力量。

我记得在特拉提萨潘屠杀之后，二百八十六个男人、女人和孩子惨遭卡兰萨分子屠杀。你瘦削的身躯显得憔悴，你的脸在宽宽的宽边帽下显得又小又黑。我记得在那尘土飞扬、炎热的六月里的一天，甚至你的马也显得饥饿狂躁。

痛苦似乎在嘲笑我们。就连天空也显得难过，天色灰暗，空气湿热，到处都是苍蝇。街上满是在尸体中间寻找她们丈夫尸体的女人。

每个人都觉得累了，为了躲避卡兰萨分子已经筋疲力尽了。政府几乎把我们赶到了霍胡特拉。但你用墨西哥语讲话了，你用我们的语

① 墨西哥玉米黑粉菌，玉米上长出的黑色蘑菇。

言对我们讲话了，那么诚恳，米里亚诺，正因为那样，我们听你的。大家都累了，但还是听着。厌倦了逃命，厌倦了生活，厌倦了忍受。许多人都放弃了，想回到自己的村庄。**如果你们不想再战斗了**，你说，**我们就都完蛋了。你们说累了是什么意思？你们选我的时候，我说过如果你们支持我的话我会支持你们的。但现在你们必须支持我，我说话算数。你们想要一个穿裤子的男人，我就是那个男人。现在，如果你们不想战斗了，我就什么也做不了了。**

我们脏、饿、筋疲力尽，但我们跟着你。

在我父亲房子后面的小鳄梨树下，你第一次吻了我。一个不成熟的吻，全错了，在嘴角边上。**现在你属于我了**，你说，的确是的。

圣拉扎罗集会的那天上午你骑在一匹漂亮的马上的样子，那马像你的眼睛一样黑。天空是红褐色的，记得吗？一切都膨胀了，散发着雨的气息。一个酷酷的影子从村里经过。你全身黑色装束，你的习惯。一个优雅倜傥的男人，瘦削高挑。

你穿着黑色的亚麻短牛仔外套、黑色饰有银扣子的开司米长裤、领口处用蓝色丝绸打领结的淡紫色罩衫。你的宽边帽饰有马尾辫、流苏，帽檐上绣着一圈康乃馨，用金线、银线缝的。你的宽边帽向前倾斜——不像别人一样戴在脑后——遮住了你的眼睛，那双观察着、等待着的眼睛。就在那时我知道那是很配我的一只动物。

万一我爸爸不让呢？

我们就逃走，他不能生一辈子气。

等庄稼收割完了再说。

在那棵小鳄梨树下，你把我拉进怀里，吻了我。一个带着暖暖的啤酒和威士忌味道的吻。现在你是我的了。

我们相遇在李子成熟的季节。我在圣拉扎罗的乡村集市上看见了你。我的辫子用明艳的发带高高地盘起。我的头发刚洗过，用曼密苹果核榨出来的油梳过。我的连衣裙——我记得是白色的——的开领衬显出我的脖子和锁骨。

你骑着一匹漂亮的马，银马鞍上镶着红色和黑色的丝质流苏；还有你的手，漂亮的手，修长细腻，轻轻地挽着缰绳。开始我是怕你的，但我没有表现出来。你让你的马那样昂首阔步地走着。

我穿过广场的时候你掉转了马头，我记得。我假装没有看见你，直到你骑着马挡了我的道，我试着向一边躲开，然后另一边，像马术场上的一头小牛。我可以听见你的伙伴们在拱廊的阴影下放声大笑。当我明显没法避开你的时候，我抬起头看着你，说了句借过。你没有坚持，用手碰了一下帽檐，让我过去了，我听见你的朋友弗朗西斯科·佛朗哥，我后来知道了他叫奇科，说道，小，但比你人，米里亚诺。

这么说你答应了？我不知道该说什么。我还那么小，只是笑了笑，然后你那样吻了我，我的牙齿。

好吗？把我抵在那棵鳄梨树上。不愿意吗？我说了愿意，然后又说了不，然后又说好，每次你的吻都落了下来。

爱？我们不说那个字。对你来说和那个字有关的是看见让你眼前一亮的，抛出套索，套上马具，然后关上围栏。将容易套住的拽回家。

但不适合我。从一开始就不。没错，你是很英俊，但我不喜欢英俊的男人，觉得他们想得到谁就能得到谁。当时，我想成为你得不到的那个。当我感到你在看着我的时候，我不像其他姑娘一样垂下目光。

我会给我们盖一座房子。我们可以生活在一起，过得很好。

但如果有一天你离开我呢。

永远不会有那一天的。

等庄稼收割完了再说。

我记得你的肌肤摸起来有多么滚烫。你身上散发着柠檬草和烟的味道。我将你那瘦削如男孩般的身躯放在我的上面。

有些东西自己会散开——慢慢地，像散开的辫子。我说，唉，我的好小子，我的好小子，我的好小子，一遍又一遍。

多少个早上和夜晚，我觉得你的味道依然在毯子里，醒来才记起你在某个地方纠缠于时梦时醒之中。你皮肤的香味，你浓密的髭须上方的那颗痣，你在我手掌中的感觉。

我应该告诉你吗，每天晚上你喝完白兰地，抽完雪茄，在这里睡的时候，在我确定你终于睡着了之后，我都会闻你的肌肤。你的手指带着烟草的甜味。突出的锁骨、紫色的乳头、深紫红色的生殖器、修长的腿、瘦削的脚掌。

我从容不迫地查看你缀着银纽扣的黑裤、漂亮的衬衣、绣花的宽边帽、牛仔外套上精致的镶边，欣赏那做工、马刺、护腿、帅气的黑靴。

你离开我，我凭记忆重新造出一个你。擦暖你的指尖。将你那带着酒窝的下巴放在我的牙齿间。你身体所有的部分都在，除了你的肚子。我想在那上面蹭我的脸，说不不不不，啊。感觉它的温度留在我的左脸颊、右脸颊上。将我的舌头探进空空的喉咙，在你平滑如石头的胸前，一直下行到你的肚脐眼下，在你阴暗的生殖器的芬芳中迷失自己。在你睡着的时候看着你，你皮肤的颜色。在朦胧的月光下，你散发着自己的光芒，仿佛你是琥珀做成的。

你是我的将军吗？或者只是我的米里亚诺？我想，我不知道你会怎么说，你不属于我，也不属于阿拉亚村的那个女人。你不属于任何人，是不？除了土地。承载和照料着我们的大地母亲。我们中的每一个。

我升得越来越高，房子像眼睛一样自己闭上了。我飞得比以前任何时候都远，比云朵还高，比月亮的丈夫，我们的太阳神还高。直到我突然地看见了下面的自己，看见我们的生活，清晰而寂静，遥远而真切。

我还看见了我们的将来和过去，米里亚诺，已经经历了的和还没有做过什么的都在一条线上。我还看清了那个将会背叛你的人的脸。

地点和时间。一匹土黄色的马作礼物。早餐时温暖的啤酒在你肚子里打转。庄园的大门开了。响亮的军号吹响了。嘀哩哩嘀哩哩。子弹像一场突然的石头雨。那一刻，几乎是解脱的感觉。孤独，像另一种孤独一样滋生。

我看见我干净的连衣裙和星期天披的丝绸披巾。我的念珠握在两手间，还有一个被赐福过的掌十字架。八天里人们纷纷前来祭拜。第九天，石灰和沙的十字架被抬起来，有人叫了我的名字——伊内斯·阿法洛。脖子扭转的公鸡，用玉米叶包着的粉蒸肉。化装舞会上的人开始跳起舞来，男人打扮成女人，女人装扮成男人。小提琴、吉他、一面响鼓。

我还看见了其他人的脸和其他人的生活。我妈妈在一块开满金盏花的地里，和一个不是我父亲的男人。她的披肩在他们身下展开。被压碎的草和大蒜的味道。她的情人一个暗示，其他人都退下了。云朵也迅速飘走了。一根像砍刀一样锋利的甘蔗杆涂上了猪油，插入了泥土中。那些男人像抬一包玉米一样抬起我母亲。甘蔗杆刺过她的时候，她尖利的叫喊刺破无边的苍穹。每个人都等着用冰雹一样的语言撕开她的皮肤。就像之前他们轻轻诉说情话一样。

她的生殖器朝天空袒露着。云朵无声无息地移开了，天空变换了颜色。几个小时。早上他们发现她的时候眼睛还盯着天上的云——发辫散开，一个男人的宽边帽戴在她头上，一支雪茄含在她嘴里，似乎在说，这就是我们对待一个想像男人一样行事的女人的做法。

一个小小的黑色包裹。我母亲就那样被送到了我父亲的门口。我父亲没有问一句“谁”或者是“怎么”。他像所有人一样清楚。

天上怎么下了一阵石头雨。玉米的收成被毁了。因此我们从特拉辛科搬到了夸乌特拉我舒沙姨妈那里。

我还看到了我们的孩子。小马莱娜带着她的双胞胎孩子，她们一辈子都不会结婚，两个勇敢的老姑娘，靠在墨西哥城的梅尔塞市场[①]卖草药为生。

还有我们的尼古拉斯，他已长大成人。尼古拉斯会给萨帕塔这个名字带来痛苦和耻辱。政府给他一块土地的时候他大发牢骚，说那不够，远远不够，说一个伟大人物的儿子不应该过得像个农民。当他把萨帕塔这个名字卖给革命制度党的竞选活动时，安内内库尔科的老人们都直摇头。

我还看见了那些古老的地契，他们在那个多雾的早晨在那瓦特画的，画在树皮做的纸上——**兹以为据，1607 年 9 月 25 日新西班牙总督**。这些土地授予证证明这片土地永远是我们的。

我看到了安内内库尔科政府开始搜寻你的那个斑驳的下午。我看见你将埋在村里教堂主圣坛下面的坚实的盒子挖出来，交给奇科·佛朗哥——**你要是把这个弄丢了，我会把你吊到最高的那棵树上的，伙计。在那之前他们早把我打成筛子了**，奇科说道，然后大笑。

到了晚上，已经是老人的奇科·佛朗哥在狼谷里拼命地跑，老狼，老狐狸，尼古拉斯派来的政府的人在他后面叫着，他年幼的儿子，比卢洛和胡利安，倒在后院冰凉的花砖上，像九重葛花，不管怎样也没用，因为契据被埋在一个叫天意的酒馆的地板下，子弹穿透奇科的

① 墨西哥最大的食品贸易市场。

身体后就没人知道它们在那里了。无所谓比以前更好还是更糟，也无所谓和以前相同还是不同。

我看见星河和宽阔的发出悲鸣的大海，还有海底游动的、很高兴做自己的绿色小鱼。钟塔、蓝色的森林、摆满了帽子的橱窗。一只烧焦的像李子内部的脚。一把有两只虱子的篦梳。女人衣服上的蕾丝花边。雪茄冒出的紫烟。一个朝锡罐里撒尿的男孩。瞎子浊白的眼睛。圣伊西德罗雕像碎掉一片的手指。怀孕的黑人妇女黄褐色的腹部。

更多的生命、更多的血，那些新生下来的和那些死去的，问问题的和保持沉默的，痛苦的时光和如花一样鲜艳的快乐。

唉，小爸爸呀，我心爱的小天使呀。驴子开始抱怨了，公鸡开始打鸣了。已经早晨了？等等，我想在你离开我之前记住这一切。

在圣拉扎罗集市你怎么看着我。在我父亲的鳄梨树下你怎么吻我。夜晚你欢快地啜泣着爱我，我怎么在你怀中止住颤抖，抱紧你，抱紧你，抱紧你。米里亚诺，小米里亚诺。

我的天空，我的生命，我的眼睛。让我看着你。在你睁开你的眼睛之前。日子来而复去。在我们恢复一直以来的样子之前。

安吉亚诺宗教用品店
念珠　圣像　像章
香　蜡烛　护身符
香料　油　草药

你知道索利达街上卫生玉米卷饼对面的那家宗教商店吗？离婚事务所隔壁的。别去那儿。那家店的店主是个混蛋。我不是唯一一个这么说的。他是出了名的混蛋。

我听说过他，但我还是走了进去。因为我想要一个瓜达卢佩圣母像，南拉雷多的普雷西亚多修女那儿的东西没有一样不像是有人用脚做出来的。

我想要的是一尊雕像，或者那种漂亮的3D画像，就是用一条条的硬纸板做的那种，从一边看去，你能看到圣婴尼诺·阿洛恰；从正面看是圣母像；从另一边看又是眼睛放在盘子上的圣露西，也有的是圣马丁·卡瓦列罗，正用剑将自己的罗马披风劈成两半，将一半给了一个乞丐，只是我想知道他怎么不把披风**整个地**给那个乞丐，如果他真那么仁慈的话？

噢，那就是我要找的。一幅带框的画像，上下镶着铝箔做的银色镶边，木框上画着好看的粉红色或青绿色。你可以在对面买到更便宜的，但我没时间去新拉雷多，因为我星期二才发现邓恰的事。他们把她放在圣罗莎医院。我不得不误了半天的工，搭了公交车去，嗯，怎么办呢？不是安吉亚诺宗教用品店就是普雷西亚多修女神物店。

在我顶着烈日从圣罗莎一路走到那里之后，你猜怎么着？安吉亚诺店关门了，虽然我能看见他就在里面阴影里坐着。我用一枚二十五美分的硬币不停地敲玻璃，敲啊敲啊敲的。知道他开锁前做什么了吗？将我上上下下打量了一番，就像我是仙人掌旅馆或是法院典当行或是西部服装店来的女人，是来打劫的似的。

我原来想的是橱窗里闪闪发光的带框圣像。但随后我看到了一些带真睫毛的瓜达卢佩圣母雕像。嗯，也不是真的毛发，是某种看上去像刷子的硬硬的黑色东西，但我不喜欢圣母有毛茸茸的睫毛的样子——很难看。像大街上的爱情。不行。

我看遍了他所有的瓜达卢佩圣母。雕像、带框的画像、神卡，还有蜡烛。因为我只有十美元。那时候，已经有其他人也进来了。但你知道他对我说了什么吗？——你不会相信的——他说，我看得出来你什么也不会买。声音很大，用西班牙语说的。我看得出来你什么也不会买。

呵，但我就是来买的，我说，我只是需要一点时间考虑。

噢，如果你想要考虑，你应该去街对面的教堂里去思考——你这是在浪费我的时间和你的思考。

上帝啊。瞧他说得有多么难听。嗯，去街对面的教堂里去思考——你这是在浪费我的时间和你的思考。

我应该对他说，去死吧。但是何必呢？他离死已经不远了。

小神迹，还愿

为了还愿敬献

1988年12月20日，我们在去科珀斯克里斯蒂市的路上遭遇了一场可怕的事故。我们搭乘的汽车打滑，在罗布斯敦附近翻车了，有一位女士和她的小女儿遇难。多谢瓜达卢佩圣母保佑，我们还活着，并且奇迹般地没受伤，没留下可见的疤痕，只是我们再也不敢坐汽车了。我们将这幅画连同我们的爱、感激和永远的忠诚敬献给圣母。

阿尔泰阿加一家

得克萨斯，艾丽斯

感谢您的恩典

我主福佑的圣婴：

感谢您在恰帕的卡车被偷了的时候帮助我们。我们当时真不知道该怎么办了。他工作离不开那辆车，而那份工作，嗯，自从我们让他戒酒后他还在试用期呢。拉奎尔和孩子们已经不再害怕他了，我们作为父母也为他感到自豪。我们不知道怎样才能报答您对我们一家的恩赐。我们每个星期六都会为您点一支蜡烛的，我们永远也不会忘记您。

西德罗尼奥·蒂赫里纳

布伦达·A.卡玛乔·德·蒂赫里纳

得克萨斯，圣安吉洛

亲爱的圣马丁：

请赐予我们衣服、家具、鞋子、碗碟。除了食物以外的东西我们都需要。大火之后我们不得不从头开始，拉罗的残疾抚恤金不多，支持不了多久。祖雷玛想辍学，但我让她现在别想这些。她是我们的老大，她在这个家里的任务是让我们有出头之日，我告诉过她。请让她明白这个道理。她是我们的一切。

感谢您，

阿德尔法·巴斯克斯

得克萨斯，埃斯科巴

亲爱的圣安东尼奥：

求你保佑我找到一个不让人头痛的男人。得克萨斯是没有了，我确定。特别是圣安东尼奥。

求你对所有前去加利福尼亚找工作的受过教育的墨西哥裔美国人做点什么。我猜我姐姐伊尔玛说的是对的："如果你在上大学期间没有找到丈夫的话，那你这辈子也别想找到了。"

如果您能给我送个会讲西班牙语的男人——至少要能标准地说出他的名字，我会非常感激的。一个只在向政府申请补贴时才说自己是"西班牙裔"的男人就算了。

请送一个像男人的男人给我。我是说某个不会因为煮饭、洗衣或照顾自己而感到难为情的。换句话说，一个行为举止像个成人的男人。不是那种不能独立生活，不会自己买内裤，不会自己烫衬衣，从来不自己热玉米煎饼的男人。再换句话说，不要给我像我兄弟一样的男人，他们已经被我妈妈给宠坏了，那样的男人给我我也会扔回去的。

你要把那个男人送给我，我会把你的雕像摆正的。我已经忍得够多够久了，现在我学聪明了，强大了，美丽了，知道自己是谁，不应该得到那么差的。

巴巴拉·伊瓦涅斯女士

得州，圣安东尼奥

亲爱的尼诺·菲登西奥：

我希望您帮我得到一份报酬高、福利好、有退休金的工作。如果您帮了我的话，我保证我会到埃斯皮纳索您的墓前祭拜你，给您献花。非常感谢。

赛萨尔·埃斯坎东

得克萨斯，法尔

亲爱的唐·佩德里托·哈拉米略医者之神：

我叫恩里盖塔·安东尼娅·桑多瓦尔住在得州圣马可斯我病了他们给我开了刀从我肾上切除一个恶性肿瘤但是感谢上帝我还活着但我得接受一年的治疗我两岁半但我奶奶告诉我你和我们在天堂的主会治好我在读了这封我寄出的信之后正写着这个的是我奶奶我希望每个看到这封信的人都花一分钟的时间为我的健康祈祷一下。

恩里盖塔·安东尼娅·桑多瓦尔

两岁半

我得州圣马可斯的莱奥卡迪亚·迪马斯·贝达向您祈祷求唐·佩德里托保佑我孙女从手术中恢复得好感谢上帝还有那些伸出援手的人那么好的医生工作做得好其他的就都在上帝手中了他也尽力了我衷心地感谢。

您永远的虔诚的仆人

莱奥卡迪亚

哦万能的波德罗索，我主福佑的强大之神：

你们是天堂受封的王，与我们神圣的救世主离得近，我求你们代我向万能的主求情。我想要精神上的宁静和富足，挡我道的恶魔是我所有苦恼的缘由，请让他们都消失不要再来折磨我。请怜悯我的这个请求，保佑我，我会继续全心全意地赞颂您的事迹——最神圣的尼诺·菲登西奥、伟大的将军潘丘·维拉、受主祝福的唐·佩德里托·哈拉米略、道德高尚的约翰·肯尼迪和受主赐福的教皇约翰·保罗。阿门。

赫特鲁迪斯·帕拉

得克萨斯，尤瓦尔迪

万能的圣父：

教会我再爱上我丈夫吧。原谅我。

S.

圣体节

围绕在我们的救世主身边的七位非洲之神——奥巴塔拉、耶玛亚、奥存、俄伦拉、奥刚、埃拉瓜和山戈——为什么你们不对我仁慈点呢？哦非洲七神，来吧，别那么冷酷。让我的伊利诺伊奖券中奖吧，还有别让我表弟，芝加哥的西里洛把我的奖金骗了去，因为我才是掏钱买彩票的，他不过是每个星期去帮我买一下而已——还不知道他到底买了没有。他是我表弟，但是就像《圣经》上说的，要讲就讲好话，要么就索性别讲话。

别让我给嫉妒迷了心窍，也别让别人伤害我，因为我从来没有主动伤害过别人。救救这个善良的被坏蛋利用了的基督徒吧。

七神，请以好运回报我的虔诚。保佑我，你们为什么不呢？还有，别忘了我，因为我从来没有忘记过你们。

摩伊赛斯·伊尔德封索·马塔

得克萨斯，圣安东尼奥

瓜达卢佩圣母：

我答应我回来的第一天就一路跪拜到你的神殿。我发誓，如果你能让面包房做玉米饼的女人将她们欠我的253.72美元，两个星期的工钱给我的话。第一个星期我干了67.5个小时，第二个星期79小时，不过我没有什么可以证明的。我算的时候已经把税减掉了。我可以拿到253.72美元。我所要求的就这些。我应得的253.72美元。

我问过老板布朗基塔和卢迪·蒙达拉贡，他们总说下个星期，下个星期，下个星期。现在第三个星期都已经过去一半了，我不知道要怎么付这个星期的房租，因为我已经拖欠了，能借钱给我的人都已经尽可能借给我了，我不知道我该怎么办了，我不知道我应该怎么办了。

我的妻子和孩子还有我的姻亲们都指望着我寄钱回去呢。我们都是卑微的人，圣母。您知道我不是十恶不赦的人。我不是。对我来说，生活在这么远的地方，见不到妻子的日子很难熬，您知道的。而且人有时总是会被诱惑的，但不，不，不。我不是那样的人。求您了，圣母，我想要的只是我的253.72美元。在这国家没有别的人可以让我求助了，如果您不能帮我，那，那我就没办法了。

阿尔努尔福·贡特雷拉斯

得州，圣安东尼奥

受到迫害被箭射却活下来了的圣徒塞巴斯蒂安，感谢您应了我的祈祷！所有那些迫害我的箭，我妹夫厄尼和我妹妹阿尔巴还有他们的孩子尤尼尔、拉格洛芮和斯凯勒——全都走了。现在我的家，甜蜜的家又是我的了，还有我最心爱的小迪亚娜，我的孩子们除了谁打了谁之外还有别的事情要和我说。

这是我答应敬献给您的小神迹，一座小房子，看见了吗？这可不是那种便宜的金盘子。既然现在我给您这个了，我们就扯平了，对不？因为我不喜欢有人说维克特·拉扎诺欠债不还。我是当场给现钱的，兄弟。维克特·拉扎诺说话做事都是说一不二的。

维克特·A.拉扎诺

得州，休斯敦

亲爱的圣拉扎罗：

我妈妈的姐妹德梅特里亚说如果我向你祈祷的话，你或许能帮我，因为你是从死亡中超升的，常常显灵，也许如果我连续七晚每晚都点上蜡烛祈祷的话，你或许能帮我弄掉脸上冒出来的那么多红包包。感谢您。

卢文·莱德斯马

得克萨斯，埃布隆维尔

湖上的圣胡安的最神圣的圣母：

自从他们将你带到圣安东尼奥以来我们已经来看过你两次了，我妈妈和我妹妹约兰达，还有我的两位姨妈，埃奈迪娜姨妈和佩尔拉姨妈，我们从比维尔一路开车来拜你，来向你祈祷。

我不知道埃奈迪娜姨妈祈祷了一些什么，她总是很神秘，但也许和她什么也不干，只知道游手好闲闯祸的儿子贝托有关。佩尔拉姨妈无疑在抱怨她的妇科问题——她发痒的卵巢、她紊乱的输卵管、让她犯晕的子宫。而自称只是顺便搭车来的妈咪点了三支蜡烛求你保佑我们所有人，让我们的心摆脱嫉妒和痛苦，因为她白天黑夜念叨的就是那些。我妹妹约利求你帮她减肥，因为我不想到头来像佩尔拉姨妈一样，绣铺在圣坛上的布和圣徒服。

但那是一年前了，圣母。从我表弟贝托因为扔过去的一个红色大玻璃瓶砸死了邻居的公鸡被罚之后，佩尔拉姨妈坚信她的子宫落下去了，因为她走路的时候感觉体内有什么东西像沙球一样响，我妈妈和姨妈像往常一样正在争吵。而我愚蠢的妹妹约利还在函购那些更蠢的产品，如脂肪消，保证能燃烧掉脂肪——真的有用，泰莱，只要在你看电视的时候涂上一些就行——但是她只是比以前任何时候都更胖，更沮丧了。

我意识到的是，我们远道来到圣安东尼奥都是为了从你这得到些什么。圣母，我们都需要你倾听。请倾听我们每个人的话。我的妈妈和约利妹妹，还有埃奈迪娜姨妈和佩尔拉姨妈，我们所有人，你应了我的请求，就像我要求的给我一个只爱我一个的小伙子，因为我已经厌倦了看见那些比我年轻的姑娘走在街上，或者坐在车里，或者站在学校前门，和小伙子们搂搂抱抱。

那么我想要的是什么呢？求您了，圣母。请将这个沉重的十字架从我肩膀上取下来，让我像以前一样，露出脖子，让我的手臂可以自由地摆动，别让人告诉我我应该要怎么样。

泰莱萨·加利翁多

得克萨斯，比维尔

万能的黑基督埃斯基普拉斯：

请让我的孙子对我好点，远离毒品。救救他，让他找到一份工作从我们这搬走。谢谢。

爷爷奶奶

哈灵根

万能的黑基都艾丝基普了丝：

主阿，我千成地球您保右曼你·本了为的丝，他在锅外。我很哎他，哎到我心里从满了痛苦和羞鬼，我不知到要杂办。

T. 本节明

的克撒丝的里月[①]

神奇的埃斯基普拉斯黑基督：

我将孩子们的相片呈奉给您。神圣的神明啊，请看看他们吧，如果您能帮助我的孩子们渡过难关，我发誓会为您祈祷。神啊，请您在经济上援助我们，希望支票可以快些到来使我们偿清债务。请赐予我们美好的生活，帮助孩子们改变他们的生活方式。您是如此仁慈，倾听我发自肺腑的请愿。我的主啊，请发发慈悲吧。我的名字是阿德拉·O。

埃利松多

得克萨斯州，科图拉

神奇的黑基督：

感谢您保佑我从高中顺利毕业。我向您献上我的毕业照作为感谢。

费多·摩洛雷斯

得克萨斯州，罗克波特

黑基督：

我们从很远的地方前来。神啊，无尽地感谢您。感谢您聆听我们

① 此处原文用了大量数字代替字母，应是写的人不太识字，所以译文也相应地用了一些错别字。

的倾诉。

阿尔门达理斯·G.一家

墨西哥，塔毛利帕斯州，马塔莫罗斯

耶稣基督：

请让黛博拉·阿布雷戈和拉尔夫·S.乌雷阿永远在一起。

爱你

黛博拉·阿布雷戈

得克萨斯，萨比纳尔

我主福佑的雷梅迪奥斯圣母：

多洛莉斯·阿尔卡拉·德·科尔查多夫人因为上星期四做的一次高难度手术导致的并发症病得很重。本来她一直都恢复得很好的，直到这个星期二上午开始出血。请代她求主庇佑。我们将她交到上帝手中了，他会保佑他的，我们眼见她受苦，不知道她会死还是能继续活下去。她四十八岁的丈夫诚心祈祷。

古斯塔沃·科尔查多·B.先生

得克萨斯，拉雷多

圣母：

感谢你。我们的孩子健康出生了！

莱奈和哈尼埃·加尔萨

得克萨斯，洪多

圣犹大，绝望处境的守护神：

请保佑我通过英语考试，拿到三百二十分，英国王政复辟时期文学课和其他课都考好。

埃利贝尔托·冈萨雷斯

达拉斯

圣母……

我已按我承诺的将我的头发剪下，挂在您的圣像旁边。在一个写着“伊佐尔”的玩具反斗城的标牌上边。在几个医用病患手镯旁边。紧挨着一张塞吉奥美容院的名片。多明戈·雷娜的驾驶执照。印在信封封口上的只言片语。丝绸做的玫瑰、塑料玫瑰、纸玫瑰、用明橙色的纱线钩的玫瑰。一个印有小孩像的纽扣徽章，小孩头上戴着一顶墨西哥骑手帽。酱色皮肤、戴着白色毕业礼帽和穿着礼服的女人。包着印花头巾、文着文身的讨厌家伙。一直没结婚的伤心大叔护照上椭圆形的黑白照。一位穿着无袖衫、正给走廊上的植物浇水的妈妈。新长出胡子、新穿上士兵服的可爱男孩。膝头坐着从她身上掉下来的那个小肉团的少女。像连体婴一样紧紧靠在一起的丈夫和妻子的模糊照片。拉乔西和拉玛丽·海伦表姐妹的黑白照，摄于1942年。塞尔维亚·里奥斯的宝丽来一次成像照——第一次领圣餐，九岁。

这么多的小神迹用别针钉在这里，这么多小小的神迹在红绳上晃动——金质的圣心、小小的铜手臂、银质的跪姿男子像、瓶子、铜卡车、脚、房子、手、小孩、猫、胸、牙齿、肚脐、邪恶的眼睛。这么多的请求，许愿的、还愿的。我没有什么可以献给您的，除了这根像玻璃杯里的咖啡一样颜色的辫子。

查约，你这是做什么！那么漂亮的头发。

小查约，你怎么能把你母亲花了几年的时间才创造出来的东西一下子毁了呢?

你可以像圣露西一样把你的眼珠子也挖出来。那么漂亮的头发！

我母亲哭了，我告诉你了吗？那么漂亮的头发……

我已经把头发剪下来了。自出生后就再也没剪过的头发。生日游戏上的驴尾巴。披散的时候如蛇皮。

我的头像从水下浮出时一般轻。我的心也轻了，像我把神圣的心戴在敞开的胸口前一样。我痛苦得可以一把火把整个教堂都烧了。

我是一座没了钟锤的钟。一个一只脚在这个世界一只脚在另外一个世界的女人。一个叉开脚横跨两个世界的女人。我双腿之间的东西，不宜提及。

我是一条吞下自己尾巴的蛇。我是我自己的历史和未来。我所有祖先的祖先在我自己的腹中。我所有的未来，所有的过去。

我不得不硬起心肠，躲起来一个人思考。我不得不把家具推过来挡在门后，不让你进来。

你不开灯坐在里面干什么呢?

我在思考。

思考什么?

就是……思考。

你疯了。查约，来打个招呼。亲戚们都来了。你出来招待大家。

是否只有男孩才思考，女孩只是白日做梦?是否只有女孩才得出来招待亲戚、陪笑脸，装友善，乖乖的?

独自一人待太久不好。

她一个人坐在那干什么?看来不对啊。

小查约，你什么时候结婚?看看你表妹莱提西亚。她比你还小。

你长大后想要几个孩子?

等我做了妈妈……

你会改变的。你瞧吧。等你遇见你的心上人的时候。

查约，告诉大家你又在研究什么。

瞧我们的小查约。她就喜欢画点小画。她会成为画家的。

画家!告诉她我有五个房间需要刷漆。

等你做了母亲……

感谢您让令我提心吊胆的那几个月不是我肚子里有了孩子，而只是我喉咙得了甲状腺肿。

我不能做母亲。现在不能。也许永远都不能。这不是我选择的，就像我没有选择做女人一样。就像我没有选择成为一个艺术家——这不是你可以选择的事情。是事情自己就这样了，只是我无法解释。

我不想做母亲。

我不介意做一位父亲。至少父亲还可以是艺术家，可以爱某样东西而不是某个人，而且没人会说那是自私的。

我把我的辫子留在这儿，感谢您相信我做的事情是重要的。虽然我家里没有别人，没有别的女人，或者朋友或者亲戚，或者我认识的人，甚或肥皂剧里的女主人公，没有女人想一个人生活。

我想。

瓜达卢佩圣母，很长时间以来我不能让你进入我的房间。看见你，我就看见我妈妈，每次父亲醉醺醺地回到家，大喊大叫，将他生活中的一切错误都怪到妈妈头上。

看见你合拢的双手，我就看见我奶奶喃喃自语道："我的儿子，我的儿子，我的儿子……"看见你，我就会怪你，为我母亲、我母亲的母亲以及所有母亲的母亲以上帝的名义所忍受的痛苦。不能让你进入我的房间。

我想让你袒露你的胸部，手里抓着蛇。我想让你跳起来，翻身骑上公牛的背脊。我想让你生吞下心，搅动火山的灰烬。我不会像我母亲或是奶奶那样的。那样自我牺牲，那样默默忍受。见鬼，不，不，我不。

别以为没有你我过得很逍遥。别以为我没有受到每个人的指责。异教徒。无神论者。叛逆。顶嘴。但我不会闭嘴的。我的嘴巴总是给我惹麻烦。那就是他们在大学里教你的吗？自命清高，不可一世。装得像个肉团，白人姑娘。叛徒。别以为被人叫作叛徒不会受伤。试着向我妈，向我奶奶解释，为什么我不想像她们一样。

我不知道一切是怎么回事儿。我终于明白了你是谁。不再是温顺的玛利亚，而是我们的母亲托南琴。你在特佩亚克的教堂就建在她的庙宇原址上。不管是谁的女神所有，那是一片神圣的土地。

你有召集整个民族的力量，在一个国家诞生的时候，在内战的时候，在加利福尼亚的农民罢工的时候，这让我想到也许在我母亲的耐心，在我奶奶的忍耐中也有某种力量。因为受苦的人有种特殊的力量，是不是？一种理解别人的痛苦的力量。而理解就是伤愈的开始。

当我知道你真实的名字是制服了羽蛇神的圣母Coatlaxopeuh时，当我认出你是托南琴时，当我知道你的名字也叫Teteoinnan, Toci, Xochiquetzal, Tlazolteotl, Coatlicue, Chalchiuhtlicue, Coyolxauhqui, Huixtocihuatl, Chicomecoatl, Cihuacoatl时，当我能在孤寂圣母、雷梅迪奥斯圣母、永助圣母、湖上的圣胡安的圣母、卢德圣母、加尔莫罗圣母、玫瑰圣母、七苦圣母身上看到你时，我不再为自己是我母亲的女儿，我奶奶的孙女，我祖先的孩子感到羞愧。

当我可以从多个方面——佛、道、耶稣、耶和华、真主安拉、天空之神、土地之神、远近之神、鬼、光、宇宙——了解你的时候，我可以爱你，并最终学会爱自己。

全能的瓜达卢佩·Coatlaxopeuh·托南琴:

我能把什么样的“小神迹”钉在这里呢？辫子已经在那了，您知道我感激您。

罗萨里奥（查约）·德·利昂

得克萨斯，奥斯丁

平脚短内裤

哇！你的汽水倒出来了。瞧。你瞧。妈妈，来看你的老小。瞧她，她打赤脚，可能会割到自己的脚的。知道你得擦什么吗，嗯？我很久没有掉过东西了。从我很小的时候开始，我想。我不记得上次倒掉汽水是什么时候了。“大红色”很黏，是不是？沾到衣服上就洗不掉，还会让小孩的嘴巴沾得像小丑，是不？她好看是肯定的。肯定的。但是孩子们，嗯，小的时候很可爱，但等到她们开始变丑的时候，就已经太晚了，你已经爱上她们了。

得注意下次别给他们买玻璃瓶装的汽水。特别是不要“大红色”。但那是他们最喜欢争的，是不？你肯定可以把我的篮子拿去。我的东西还没准备好。

我妻子死的时候，我经常去卡拉维斯路上一个比这大的地方。这地方不算什么。那个地方有这两倍多的机器。他们还有两角五分钱用十五分钟的烘干机，那样你就不需要为那些很容易干的衣物比如说聚酯纤维的衣服多浪费两角五分钱。不过，一共只有两台——你得眼疾手快，它们一空下来就去占着。

这里所有衣物都是五十分三十分钟。很贵，只见一个又一个的两角五分的硬币被扔进去。有时，如果够幸运的话，你或许能找到一台还有时间没用掉的，喏。将需要烘干的轻便衣服像那样扔进去。袜子、桌布、含棉 50% 的衬衣，免得弄皱，对不？

不过，我的牛仔裤需要三十多分钟。三十分钟不够，但我宁愿将它们湿着拿回去，挂在窗台上，也不会花五十分钱的。因为我用低温烘干它们。以前我常常用高温烘干，然后我再穿的时候就会显得紧。凯马特超市的小姐说。你得试试用低温烘干你的牛仔裤，否则它们都会缩水的。她说得没错。现在我总是用低温烘干，瞧，虽然那需要更长的时间，并且三十分钟后它们还是湿的。不过至少穿得合身。我学到了这些。

你还知道别的吗？洗衣服的时候，单把衣服按照需要的温度分开是不够的。你需要把它们按重量分开。毛巾和毛巾。牛仔裤和牛仔裤。床单和床单。每次都要记得用足量的水。那是个秘诀。就算只有几件东西在机子里。大量的水，知道吗？那样衣服才能洗得更干净，不会搅坏，瞧，还更耐穿。那是我学到的另一个诀窍。

确定现在你没有让那些衣服留在烘干机里。不客气。要看着它们，是不？它们一停止转动，就把衣服拿出来。否则后面还要辛苦。

我的 T 恤皱了，即便我冷烘热烘了它们十五分钟。那是你的 T 恤。总是有点皱的，不是这里就是那里。它们很搞笑，那些 T 恤。

你知道怎么去污渍吗？猜。用冰块。对。我妻子教我的。我以前觉得她疯了。每次我泼了什么在桌布上的时候，她都会跳起来跑到冰箱那去。我的衬衫上溅到了巧克力酱，用冰块。毛巾上染到了血迹，用冰块。起居室毛毯上的啤酒被踢翻，没错，冰块。

哦，乖乖，她很干净。房子里的一切看上去都像新的，虽然它们是旧的。毛巾、床单、绣花的枕套，还有桌旗、小布垫之类的小玩意，椅子上用来靠头的东西。那些东西，她都洗得发白了，硬得像修女的衣领。真的。什么东西都浆，都熨。我的短袜、T 恤。甚至我的平脚短内裤。嗯，她的冰块都快逼疯我了。但现在她死了，噢，那才是生活。

男人，女人

有一个男人，还有一个女人。每个发薪水的日子，每隔一个星期的星期五，男人会跑到友谊酒吧去喝酒，花钱。每个发薪水的日子，每隔一个星期的星期五，女人会跑到友谊酒吧去喝酒，花钱。男人每个月第二和第四个星期五发薪水。女人每个月第一和第三个星期五发薪水。因此，男人和女人不认识对方。

男人和他的朋友喝啊喝啊，相信自己喝着喝着，心里的话就能更流畅地流出来，但通常他是光喝酒，一言不发。女人和她的朋友喝啊喝啊，相信她喝着喝着，心里的话就能更流畅地流出来，但通常她是光喝酒，一言不发。每隔一个星期的星期五，男人喝着啤酒，放声大笑。中间一个星期的星期五，女人喝着啤酒，放声大笑。

在家里，当夜幕降临，月亮升起来的时候，女人抬起灰色的眼睛看着月亮，哭了。男人在他的床上凝视着同一轮月亮，想着在他之前望着这轮明月的人，那些在这同一轮宁静可爱的月亮前许愿、相爱或死去的人。那一泓清辉照进他的窗户，与床单的光泽纠缠在一起。那月亮，同一个圆圆的0。男人看着，咽了口唾沫。

叮咚咚

你抛弃了我，女人，因为我很穷，
还因为我不幸已经结了婚。
被抛弃的人儿该如何？
愿被抛弃的人儿是受上帝的眷顾。

——《被抛弃的人儿》

我心灵深处的一根小刺，鞋子里的一颗小石子，生命中的一颗宝石，将我的心撕成两半的激情宝贝，告诉我，我心所爱慕的残忍美人，你为什么要折磨我。我何其不幸，不名一文，又得不到你的垂青。得到你爱抚的希望在我心里开花，幸福之花开在我的未来。但现在你将我金灿灿的梦夺走，疼痛让我颤抖得如雨中一朵柔弱的白花。将我的生活还给我，结束这荒唐的痛苦。否则，洛基里欧·韦拉斯科的爱完全是徒劳。

直到死亡将我们分开，你的眼睛在说，但你的心却没有。一切，一切都是幻觉。一个惯常调情的女人的心血来潮。我承认我在苦闷和忘却之间迷失了。现在，如果我轻易抛洒泪珠，知道吗，我的女王，那只能怪你。我受伤的心灵再也无法治愈。

上帝才知道什么在等着我，那天我一无所知地来到你的门口。穿着我的制服，带着我的专业工具，完全不知道命运正等着我。我敲响了门。你张开了你的怀抱，我的神，但却紧闭着你珍贵的心扉。

如果上帝怜悯，这些感伤的话或能打动你。或许我能消除侵入你房子的怀疑虫。或许我给予的纯真的爱还不够，而另一个人现在却正品尝着你甘甜的酒酿。但是再没有人会像洛基里欧·韦拉斯科一样真诚地爱你了。

他们说每个人都有一点像诗人和疯子。为你精致的珠宝，我愿付出我的生命。但我一文不名。虽然别人也许会用珠宝或金钱诱惑你，但我能给你的只有这卑微的诗行。

寂寞。身处偌大世界中的寂寞，渺小而忧伤，像夜莺在歌唱无限。怎么如此温柔、甜蜜的爱人会变成我痛苦的十字架。不，不，我不能想象我再也得不到你珍贵的吻。我的眼睛已经厌倦了流泪，我的心已经厌倦了跳动。如果某个拂晓或日暮的澄静时刻你记起了我，只请你带一束泪珠来我干涸的墓前。

咚咚

很漂亮

我已经去了，

我在圣安东尼奥对你说。

——弗拉戈·希梅内斯[①]

除非你爱着他，否则不会觉得他漂亮。然后，任何时候不管你碰到谁，只要他有着那猴子样的眼睛、焦糖般的肤色，扁扁的脸庞，呵呵，你都会喜欢。

他的家在米却肯。一家人都是小个子，无一例外——即便按照墨西哥的标准也是如此——但在我眼里他却如此完美。

是我不好。在遇到我之前，弗拉维奥·曼古亚不过是普通的弗拉维奥。我用一百万零一次的爱抚充塞了他的头脑。从此，他就被毁了。走路的样子变了。说话的时候看着别人的眼睛。一双眼睛总喜欢去扫描别人的胸部和臀部。是我不好。

一旦你告诉一个男人他很漂亮，那他便会灿烂得一发而不可收。他们会一直觉得自己很漂亮。而且我觉得，他们还真就漂亮起来了。关键是要相信。就像我曾经相信我很漂亮一样。直到弗拉维奥·曼古亚把我的良好感觉消磨殆尽。

① 得克萨斯手风琴师，曾获格莱美奖。

别以为我没注意到那些找了漂亮人儿的家乡女朋友，她们看上去比自己的年龄老一倍，衰老是因为全部的怒火在她们心中、肚中炸裂。

因为一个漂亮男人就像一辆太炫目的车、一套高品质的音响或一个微波炉。迟早，或早晚，你都会要一件的。知道我的意思吗？

弗拉维奥，他写诗，署名“洛基里欧·韦拉斯科”。要不是他已经和两个女人结过婚，或许我还会爱着他。那两个女人，一个在谭比哥，另一个在马塔莫罗斯。不过，这都是他们说的。

谁知道宇宙这么大，却让我一个人独身。卢普·阿伦东都，所有女人当中最愚蠢的艺术品。我曾经坚毅得像行船摇摆时仍能平稳行走的水手，日子在我的身下飞逝而去，然后——弗拉维奥·曼古亚出现了。

弗拉维奥进入我的生活，是通过插在前门花饰上的一张卷成筒状的粉色传单：

$ 特别促销 $

矮胖蟑螂害虫控制

超十年丰富经验

如果你像许许多多人一样厌烦和憎恨蟑螂，但又付不起许多钞票 $ $ $ $ 去让自己的房子远离蟑螂蟑螂蟑螂！！！现在，只要花 20 美元，我们将为你清理你的厨房，冰箱和烤炉背后、底下，橱柜内部等各种角落，甚至你的客厅。不要被这个价钱吓到。现在就打电话。555-2049 或呼叫 555-5912。我们还可以杀灭蜘蛛、臭虫、蝎子、蚂蚁、跳蚤，以及各种虫子。

！！所以不要犹豫，赶快拨打我们的电话！！

你将为此而高兴，非常感谢你。

你的蟑螂将必死无疑

（另外每清扫一个房间只需再加5美元）

下面还画有一只仰面朝天的死蟑螂。

都是因为河流、棕榈树和美洲小核桃，以及潮湿的缘故，我们才会有这么多的棕榈臭虫、蟑螂，它们都大得像更新世的动物。我之前从来没有看到这样的东西。我们在加利福尼亚没有这样的虫子，至少在加利福尼亚的海湾没有。但就像他们说的，在得克萨斯，什么东西都更大更好，尤其是臭虫。

我住在离河不远的房子里，那些房子都有着可口可乐颜色的木地板。那不是我的房子。房子是伊拉塞玛・伊索拉・科洛娜多的，她是得克萨斯有名的女诗人，她觉得自己是伊赫塔西乌阿特尔或别的什么的转世。她丈夫是一个虔诚的维乔巫师，而她也不逊色，她拥有索邦大学的博士学位。

他们拿了一笔富尔布莱特基金的资助，要到纳里亚特州去待一年。因此我得以在这根特尔东路的翠蓝色房子里住着。确切地说，这里并不是载入史册的威廉王地区的中心——那是在南阿拉莫河的另一边，那边住的都是农民——但是离皇家的宫室却不远，宫墙门前不时地会有刷着粉色胃药广告的旅游巴士载着戴墨西哥宽边帽的游客经过。

在我下榻她老人家的房子的第一个月，我拨打了矮胖蟑螂害虫控制的电话。和我同处一室的还有：

八件奥阿哈康黑陶工艺品

迭戈·里维拉签名的版画

立式钢琴

五串红辣椒灯

古典西班牙披肩

海地的圣雅克大教堂伏都教令旗

卡布奇诺咖啡机

奥利纳拉柠檬木桌

复制的大地之母科阿特立库女神像

混凝纸浆做的真人尺寸的骨架，上面有利纳雷斯家族的签名

弗里达·卡罗的圣坛

手工锡制的瓜达卢佩圣母枝形吊灯

铺着墨西哥毛毯的藤制躺椅

靠垫

17 世纪西班牙神画像

生命之树的烛台

圣菲的餐盘架

两套一样的墨西哥塔拉韦拉时期的餐盘

上帝之眼耶稣受难像

布满瘤节的松木衣橱

客厅储藏柜

嘴巴微微张开的帕奇奥·维拉死亡面具

得克萨斯椅，上面铺着牛皮，椅脚和扶手上镶着长角牛的角

七块阿富汗小地毯

一张铁架子床，上面装着蚊帐

在这些虚浮的西南艺术品，花边、丝绸和瓷器的下面，在绣着“睡吧，亲爱的”的枕头、埃及棉床单和针织床罩上面，叹息般的微风轻轻地吹拂着卧室中的轻纱窗帘、蓝色的庭园、粉色的绣球花、镀金边的茶具、石决明做柄的银器、黑曜石梳子、木兰花散发出的咳嗽药水和糖粉味的黏滞气息，当然，还有蟑螂。

我不敢拉开那些抽屉。天黑之后，也从来都不敢走进厨房。它们和可乐色的地板浑然一体，除非它们自己慌乱逃窜起来，否则很难看得见。

最糟糕的还不是它们的体形，也不是一脚踩到时那嘎吱的声音，不是从它们内脏里冒出来的黄色黏质，不是它们蜕下来的爆米花壳一样的表皮，不是它们可能长出翅膀飞到你头发里去。都不是。

让人无法忍受的是它们深更半夜跑来跑去的声音。它们丑陋的“罗圈儿腿”发出的刺耳声音就像是在地板上拖动什么死物一样，它们同类相残时的咀嚼声巨响无比，一阵紧张的噼里啪啦声。然后又匆匆地从爱尔兰亚麻布的桌旗上跑过去，留下一些黑色的粪便，像是咖啡渣。黏糊糊的脚踩在抽屉里一堆干净的打字机纸、我上好底色的画布、那套韦吉伍德牌玫瑰图案的茶杯、卧室墙上的维多利亚蕾丝婚纱、满天星干花、白色柳条编的梳妆台、雕绣的枕套、你乌黑发蓝散发着润发油芬芳的头发上，发出沙沙的声音。

弗拉维奥，这是真的，这座房子像过去一样让我迷恋。那些民间艺术品、橘红色的墙壁、夕阳西下时的喜鹊。但如果你是我，你会怎么做呢？我一路驱车从北加利福尼亚来到得克萨斯州腹地，过去的一切删减到一辆货车便塞得下。一个日式床垫。一个不锈钢的工作台。祖母传下的石臼和石杵。一双跳弗拉门戈舞的歪跟舞鞋。十一条韦皮尔衫。两条长围巾——丝绸上串满小珠。跆拳道运动服。水晶和珂巴脂。一台便携式录音机和我所有的拉丁歌曲磁带——鲁本·布雷兹、阿斯托尔·皮亚佐拉、吉卜赛国王乐队、印迪·伊易玛尼乐团、比奥莱塔·帕拉、梅赛德斯·索萨、阿古斯汀·拉腊、潘乔三重唱、佩德罗·因芬特、莉迪亚·门多萨、帕克德鲁西亚、罗拉·贝尔特兰、希尔维多·罗德里格斯、赛莉娅·克鲁斯、“莱夫里哈人”胡安、灰狼一族合唱团、路卡·比亚、“狂人博士”及他的布吉舞曲原创乐队。

当然，从我答应来得克萨斯的那天起我就知道我是在自找麻烦。但是当弗拉维奥·曼古亚开着一辆害虫控制的卡车过来的时候，即便是《易经》也没有告诉我我将面临的是什么样的处境。

“得克—萨斯！你去**那里**干**什么**？”比阿特丽斯·索利斯问我。她白天是一个刑案律师，晚上则是一个阿兹台克舞蹈教练，而且在任何时候都是我最亲密的死党。比阿特丽斯和我相识很久。可以早到在伯克利西夫韦杂货店前的葡萄抵制示威游行。我说的是**第一次**葡萄大罢工。

“我想我或许会给得克萨斯一年的时间。至少一年。不会**那么**糟的。”

“一年！！！卢普，你是不是疯了？他们那儿现在还对墨西哥人动私刑呢。每个人都准备着链锯、枪架、皮卡和联邦旗帜。**你不怕吗？**”

“朋友，你是约翰·韦恩的电影看多了。”

说实话，得克萨斯确实把我吓坏了。我只知道得克萨斯很大，很热，也很糟糕。除此之外，还有妈妈说 teja-NO-te，而不是 tejano，意思差不多相当于红脖子乡下佬所说的 Texcessive。“都是一个 teja-NO-te 起的头，”妈妈会说，“你知道这些人。总是想找人打架。”

我将接受圣安东尼奥市一个社区文化中心的艺术指导工作。爱德华多和我分手了。永远。结束了。伙计，路已到尽头。别了，祝你好运。旧金山实在太小了，不适合一个人带着颗三条腿的心走来走去。流浪汉咖啡店成了禁地，因为它是埃迪的至爱。我也开始避免经常去波希米亚咖啡店。错过了画廊几场很好的开幕式。不是因为我担心碰到埃迪，而是因为我害怕遇见“另一个女人”。或者说她是我的复仇女神。她是梅里尔·林奇的理财顾问。一个金发女郎。

埃迪。我曾经靠做女侍者养活他。那年夏天我们两个都在努力赚钱，还我们念大学的贷款，和付我们在巴尔密租的那间窄小公寓的租金——当我们两个相亲相爱的时候，那间公寓还足够大，但当我们的爱淡薄下来的时候，就显得太小了。埃迪。在我去社区大学教书的前一年，他放弃社区组织工作开始做业余的律师助理的那年，我们相遇了。埃迪教会了我跳萨尔萨舞，还整日整夜地跟我讲危地马拉、萨尔瓦多、智利、阿根廷、南非的人权，但是从来一字不提俄克拉荷马州的黑人、田德隆区的孩子和那些在他床上睡觉的女人们的人权。爱德华多。我的埃迪。那个埃迪。和一个金发碧眼在一起。他甚至从来没想过去找个有色女人。

把自己的行李从小货车上卸下来还不到一个月，我就已经相信选择来圣安东尼奥是个错误了。我无法理解，任何一个脑筋正常的西班牙牧师怎么会在这样一个四周一片荒凉的地方安定下来，在一个方圆几英里都没有大的水源的地方建造教堂。我一直都居住在靠近海洋的地方。我感到被陆地所包围，周围都是尘土。灯光太炽，照得我头晕；太阳白得像洋葱。

住在海湾，不管什么时候感到不开心了，我总是开着车来到海岸边。静静地坐一会儿。然后，也不知道为什么，我看着潮水不断地涌啊涌啊涌啊，就会觉得十分宽慰。好像我会随着那每一朵浪花，一直翻涌着、翻涌着，直到彼岸。

但是我在圣安东尼奥没有找到任何东西来替代它。我不知道圣安东尼奥的本地人是怎样做的。

我在艺术中心一周要工作六十个小时。回到家里根本没有时间从事艺术创作。我养成了一个坏习惯，工作之后便瘫在沙发里，拿半瓶科拉纳啤酒、一袋夏威夷土豆条当晚餐。当我半夜醒来的时候，房子里所有的电灯都亮着，头发乱得像把扫帚，脸皱得像个纸团，衣服皱得像巴士站的流浪汉。

粉色传单出现的那天，我照旧醒来，发现一只虫子从夏威夷土豆条上逃走，还有一只虫子泡在我的啤酒瓶子里。我第二天早上打通了矮胖蟑螂的电话。

你对着护壁板喷着药水，软管嗞嗞地响着，金色的压力泵咯吱咯吱地，弯到壁橱里，探到水池底下，皮革的功能腰带松弛地绕在你的屁股上，我便想着。想着你或许是我脑海所构思的一幅画中最佳的波波王子。

我一直想画一张升级版的波波卡特佩特尔王子 / 伊赫塔西乌阿特尔王妃的火山神话——那个爱情悲剧已经从经典蜕变成了粗糙的挂历艺术，就像你从希梅内斯肉店或瓜达卢佩女郎玉米饼店那里得来的一样。波波王子，身形像约翰尼·维斯穆勒的半裸的印第安战士，悲伤地蹲伏在他睡着的公主伊赫塔西乌阿特尔身边。她体态丰满，好似印第安的简·曼斯菲尔德。在他们身后，与他们的形象相呼应的是以他们的名字命名的火山。

见鬼，我能比他们画得好。这会很有意思。你或许正是我一直等待的那个波波王子。你的脸像是睡着的奥尔麦克人，沉重的东方人的眼睛、厚厚的嘴唇、宽大的鼻子，就像那个从缟玛瑙石中雕刻出来的侧像。我越想越是喜欢这个想法。

“你愿意做我的模特儿吗？”

“什么？”

“我说我是个艺术家。我需要模特儿。有时候。摆造型，你知道的。为了一幅画。我想。你很适合。因为你有一张很好看的。脸。”

弗拉维奥笑了。我也笑了。我们都笑。我们笑着笑着就停不下来了。就在我们笑的当口儿，他收拾起他的灭蚁器、喷汽箱、钢丝球，扣上、闩上和锁上各种抽屉、工具箱，关上小货车的门。大笑着开车走了。

在根特尔东路的房子里，什么都有，**就是没有**洗衣机和烘干机。所以，每个星期天早上，我把我所有的脏衣服都塞进枕头套，然后拖到小货车里，开到南普莱萨的奎克洗衣店。我并不介意这样，真的。

我甚至喜欢那个地方。因为街对面就是托勒司卷饼屋。“这是卷饼之乡”。如果我起得够早，我可以把五台洗衣机都塞满，然后去喝杯咖啡，吃个卷饼——土豆、辣椒和芝士。过会儿，把所有东西都扔进烘干机，然后再回去喝第二杯咖啡，吃上一份托勒司特惠套餐——豆子、芝士、鳄梨色拉、培根、玉米粉圆饼，谢了。

但是一天早上，在洗衣服烘衣服的过程中，当我跑出去把衣服装进烘干机的时候，有人占去了我的桌子——临窗的台子，紧邻着点唱机。我正要生气并发作出来的时候，我意识到这是王子。

“记得我吗？根特尔路 618 号。”

他看着我，仿佛记不起来我希望他记起来的东西——然后就发出那样的笑声，就像乌鸫被玉米吓着了一样。

“仍旧是一个好笑话，但是我是认真的。我真的是个画家。”

“在现实中，我是个诗人，”他说，“诗人和疯子我都有那么一点，不是吗？但是如果你问我妈妈，她会说我更像诗人。不幸的是，诗歌只能滋养心灵，却不能填饱肚子，所以我和叔叔一起成了臭虫杀手。”

“我能坐下来吗？”

“请坐，请坐。”

我点了我的第二杯咖啡和一份托勒司特惠套餐。两个人默默无语。

“你最喜欢的课程是什么？”

“艺术史。”

“不不不不，不。”他说道，典型的墨西哥风格——一连串的“不”飞快地迸出来，像从杯中喷出来的香槟。“**马**，不是**课程**。”然后学马嘶叫了一声。

“哦——马。我不知道。爱德先生？”蠢。我不认识任何一匹马。但弗拉维奥还是微笑着，我说话的时候他总是那种表情，像在欣赏我的牙齿。“那么，哦。你愿意当模特吗？嗯？当然我会付你钱的。”

“得脱衣服吗？”

“不，不需要。你只要坐着就可以。或者站在那里，或者做任何事情。就是摆个造型。我在车库有个工作室。你可以得到你现在的工作同样的报酬。”

“嗯，我有什么理由说不呢？”他在一张餐巾纸上写下了自己的名字，一连串紧挨着的卷曲的黑色字母。“我给你留的是我叔叔婶婶家的电话。我和他们住在一起。”

“但是你到底叫什么？”我一边卷起那张餐巾纸让它正面朝上一边问道。

“弗拉维奥。弗拉维奥·曼古亚·加林多为您效劳。”他说道。

弗拉维奥家很穷，他父母对他的最高期望是他们的儿子能找到一份不会弄脏手的工作。他们怎么知道命运会让弗拉维奥来到北部的科珀斯克里斯蒂市在露比咖啡厅做了一名洗碗工。

至少比他和表兄在伊莎贝尔港口做捕虾工的那个月强。那以后，他现在还是看不得虾。那时你回家时皮肤上、衣服上都是虾的气味，甚至连汗都开始带虾味了，你知道的。手上满是伤痕，根本没机会好——盐水从手套里渗进去，生生地啮噬着里面的肌肉，泡得起泡。在虾处理厂工作更糟——整天就是他妈的掐掉虾的头部，传送带永无休止。手总是湿漉漉的，肿胀的，机器的轰鸣声让你的头都快裂开了。

田地里的活，他也做过。包菜、土豆、洋葱。土豆比包菜好，包菜比洋葱好。挖土豆是干净活。他喜欢土豆。春天的田地，上午是凉爽的、美丽的，你一边干活还可以一边想起几行诗来，想啊想啊想，它们不就是为此而受苦的吗？他伸出那双又粗又短的手，不是这里，他摸了摸自己的心。

但洋葱属于恶魔和狗。你不停地忙活着，剪掉须和绿色的部分，身后的麻袋渐渐地鼓起来。想赚到钱，你的活儿得干得快，你得用非常锋利的剪刀，瞧，手指经常被划到。这活儿会让你感觉很脏——洋葱的味道、嘴里的泥屑、眼睛里的刺痛感，还有地里满耳咔嚓咔嚓的剪刀声，在回到家灌下两杯啤酒后它们还在你耳边挥之不去。

就在那时候弗拉维奥想起了他妈妈临别时的愿望——一个不会弄脏你的手指甲的工作，儿子。最低要求。于是他来到了科珀斯，来到了露比咖啡厅。

所以当弗拉维奥的叔叔罗兰德叫他来圣安东尼奥帮他打理灭虫生意时——你能学会一个行当、一样谋生的手艺。臭虫是什么时候都会有的——弗拉维奥同意了。虽然那些毒药和杀虫剂会让他头痛；虽然他得在屋子的旮旯里钻来钻去，有时撞上猫儿的产床的话，还得用橡胶软管冲洗头发；虽然有时候他会看见不想看见的东西——负鼠、老鼠、蛇——但那总比洗酥炸牛排和土豆泥的盘子强，总比像女人一样一双手总是浸在肥皂水里强。不过他用的是“老太婆”，这个词更糟糕。

我从阿拉莫寄了一张穿着伍尔沃斯牌毛衣的照片给比阿特丽斯·索利斯。一张自拍照，我坐在弯弯扭扭的S形长台旁吃星期二特惠套餐 2.99 元一份的辣热狗 + 薯条 + 可乐。在一张“别惹得克萨斯”的明信片后面写着：**很高兴地向你报告我又开始工作了。真正的工作。不是能够满足我的好吃的。是能够满足我的精神需求的。筋疲力尽地回到家，很不容易，但他妈的，我开始画画了。每隔一个星期的星期天。有点像在拼命。至少是在努力。照顾好自己，姑娘。拥抱，卢普。**

所以每隔一个星期的星期天，我都得从被窝里爬起来，去车库的工作室，希望能让自己的生活有点意义。弗拉维奥总是比我早到，仿佛他才是那个画画的，而被画的是我。

和弗拉维奥一起工作，我最喜欢的是那些故事。有时在他摆造型的时候，我们会比赛讲故事。“你最爱的悲伤”。“吃过的最难吃的食物”。“一个可怕的人”。我记得有一个是“善恶终有报”一类的故事。那其实是他奶奶的故事，但他讲得很好。

我奶奶查维拉原来是这儿的人。我是说圣安东尼奥。她有过五个丈夫，第二个叫费托，全名费里博托。他们在一起生下了我叔叔罗兰德，当时他只有九个月大。他们住在旧农贸市场旁边一个两室的公寓里，就在科曼斯街和圣罗莎街那边。我奶奶说她有漂亮的碟子、古老的壁橱、一张小桌子、两把椅子、一个炉子、一盏灯、一个挂满了绣花桌布和毛巾的杉木柜子，和卧室三件套。

然后有个星期天，她想去看望她的妹妹尤拉里亚了，尤拉里亚住在镇子的另一头。她丈夫留了一美元多钱在桌上，给她叫车用，和她吻别，然后出门了。我奶奶计划带一袋糖去，因为尤拉里亚喜欢吃墨西哥糖——焦奶条糖、核桃果仁糖、南瓜脯、糖葫芦，还有那些染上了红白绿三色、像墨西哥国旗的好看的椰子方糖——甜得让你停不了嘴。

于是我奶奶去了“我的土地”面包房。也就在那时，她朝街上望了一眼，看见她丈夫正和一个女人亲嘴。她说，两个人的身体紧紧贴着，仿佛要用身体为彼此熨衣服。我奶奶冲费托挥了挥手，费托也冲我奶奶挥了挥手。然后我奶奶就带着孩子走回了家，收拾好所有的衣服、那套漂亮的碟子、她的桌布和毛巾，请一个邻居开车送她去了她妹妹尤拉里亚家。在这拐弯。在那拐弯。**我们在什么街上了？**没关系——就按我说的做。

第二天费托到尤拉里亚家找她，向我奶奶解释说那个女人只是他的一个老朋友，有一段时间——很长很长一段时间——没见了。三天后，我奶奶查维拉、尤拉里亚带着还是孩子的罗兰德开车去了怀俄明州的夏延市。他们在那里待了十四年。

费托 1935 年死于阴茎癌。我想是梅毒。他身边的女人常常多得可以组成一支棒球队。他热衷于在裤裆里打快球。

我在解释阴和阳。解释性的和谐怎么可以和大自然的无穷力量贯通。瞧，大地是阴的，女性的，而天空则是男性的，是阳的。阴阳的组合可以适用于世间万物。缺少其中之一，另一个也就不存在。否则就会失去平衡。吸入，呼出。月亮，太阳。火，水。男人，女人。一切力量都是成对出现的。

“啊，”弗拉维奥说道，“就像墨西哥语里的‘天与地’。”

“你在哪儿知道这些的？《玛雅圣书》？”

“不，”弗拉维奥断然否定，“是从我外婆奥拉利亚那里。”

我说：“我们生活在一个强大的时代。我们必须忘记我们现在的生活方式，去追溯我们的过去，记得我们的使命。就像《易经》说的，回归根本就是回归天命。”

弗拉维奥什么也没说，只是盯着他的啤酒看了好一会儿。“你们美国人对于时间有一种奇怪的思维方式。”他开口说道。在我可以拒绝被灌输北美的观点之前，他接着说道：“你认为过去的时代结束了，但事实并非如此。认为一个时代可以战胜另外一个是很荒唐的。美国的时代是按阳历算的，尽管你们的世界并不知道。”

为了让这一击更富成效，他将啤酒杯举到嘴边，加了一句：“但我知道什么呢，是不是？我不过是个灭虫的。”

弗拉维奥说道：“我对道教一类的事情一窍不通，但我相信爱是永恒的。即便那永恒只有五分钟。”

弗拉维奥·曼古亚要来吃晚饭。我做了丰盛的平锅菜饭，有褐色的米饭、豆腐，还有一壶桑格里厄汽酒。录音机里放着吉卜赛国王乐团的歌。我穿着我的莱卡迷你裙、银色的牛仔靴，丹士金[①]紧身衣上披着一条带流苏的披巾，像电影里卡洛斯·索拉演的卡门。

吃饭的时候我谈到我曾经由一个奥克兰的女治疗师做过香氛治疗，一种用作精神治疗的非洲－巴西舞蹈，在圣安东尼奥的哪里我可以找到很好的汉式点心，以及白人妇女是否有资格做印第安女萨满师。

---

① 美国一个服装品牌，主要产品为跳舞或运动时穿的紧身衣、短裤、上衣等。

弗拉维奥谈到一起工作的艾里克斯·艾尔·迦耶罗那天上午作为FM 107 K-Suave第九个打进电话的人得到了一台录音机，他姨妈邓恰做的牛肚汤最好吃，在离开科珀斯之前他和约翰尼·卡纳莱斯秀的约翰尼·卡纳莱斯曾经很要好，直到一个关于“孩童”乐队的赌让他们彼此不再说话，每个星期四晚上他都去卡拉比利亚斯的健身房锻炼，想让自己的身体比密尔·马斯卡拉斯[①]的还结实，还有英语中有没有和la fulana[②]对应的词?

我端上了雪利酒，放着阿斯托尔·皮亚佐拉[③]的音乐。弗拉维奥说他更喜欢“纯粹的探戈舞”，像加戴尔[④]那样经典浪漫的，而不是这样猫嚎一样的烂歌。他转回那块阿富汗小地毯，一把将我拉了起来，示范着哈巴涅拉舞、方丹戈舞、米隆加舞，解释它们分别怎么促成了探戈的诞生。

然后他向外面他的卡车跑去，从我身边和奥利纳拉咖啡桌边经过时，大腿后部从我膝盖上擦过。我感到身上所有的毛发都摆了一下，仿佛我是长在水里的植物，一股水流带得我摇动起来。在我站稳之前，他已经将一盒磁带塞进了录音机。“咔”的一声轻响。甜蜜的音符随即升起，像被鸽子衔起的一道蓝色绸缎横幅。

“小提琴、大提琴、钢琴、竖琴。我爷爷奶奶时代的音乐。这舞是我奶奶教的——乔地斯舞、康康舞、华尔兹。消逝时代的一切，”

① 墨西哥摔跤名将。
② 西班牙语，意为“妓女、妓院”。
③ 阿根廷探戈之父，被称为“探戈音乐界的巴赫”。
④ 卡洛斯·加戴尔，人称“探戈之王”。

他说，“但那是很久很久以前了，在所有的狗被叫作伍德罗·威尔逊之前。”

“你就不知道什么本地舞吗？”我最后问道，“像小老头们跳的舞？”

弗拉维奥转了转眼睛。我们的舞蹈课就那样结束了。

“谁给你穿的衣服？”

“西尔沃。”

“那是什么？商店还是马？”

“都不是。西尔沃·格林多。我在圣安东尼奥的表兄。”

“怎么会叫西尔沃这样的名字？”

“是译成英语的叫法，”弗拉维奥说道，“原本是西尔维斯特。”

我说：“宝贝，**你**现在这样就是美帝国主义的产物。”戳了戳他衬衣上的鳄鱼皮。

我不一定要披着披肩毛毯，戴着墨西哥宽边帽来显示自己是个墨西哥人。弗拉维奥说道：“我**知道**我是谁。”

我想从桌子上跳过去，将奥阿哈康的黑瓷器扔过去，在枝形锡吊灯下吊一下，朝他的锐步鞋上开一枪，强迫他跳舞。那一刻，我想做个墨西哥人，但这是现实。我不是墨西哥人。我最后丢过去的不是我打算的连番侮辱的轰炸，而仅仅是一小块土坷垃，撞上的那一刻便散开了——perro[1]。“狗。”这也不是我想甩过去的话。

① 西班牙语，意为“狗”。

我该怎么说呢，你有某种特别的东西。某种我说不来的特别之处。一动一静都只属于弗拉维奥·曼古亚。好像你的身体和骨骼时刻都记得你是由一个爱你的上帝创造的，妈妈故事里讲的那个。

上帝造人，将他们放在炉子里烘烤，但做第一批的时候他忘了，于是世界上有了黑人。做第二批的时候他太着急了，太早就把他们从炉子里拿了出来，于是世界上有了白人。但是第三批他烤得金黄金黄的，亲爱的，那就是你和我。

上帝用红土亲手创造了你，弗拉维奥。你这张脸像极了他们在特奥蒂瓦坎出土的小小的泥头像。捏出了这个颧骨，然后那个。用黑曜岩的石头做了眼睛，那些眼睛幽暗得像他们将处女投进去的献祭井。为你挑选了像猫须一样粗的头发。这鼻子定是经过了深思熟虑的，这么优雅宽大。还有这张嘴，啊！沉默、坚毅、骄傲，一切都揉进了这张嘴里。然后他赐予了你，弗拉维奥，像焦奶糖一样香甜、像河水一样平滑的肌肤。他造就了这般漂亮的你，虽然我一直都不知道。是的，他造就了你。

洛美丽娅。永远。这是你手臂上刻着的。永远的洛美丽娅，用黑墨水刻的，现在褪色变成蓝色了。洛美丽娅。洛美丽娅。七个纤细的字母，像血管一样的青蓝色。洛美丽娅，在他的前臂上，那里的肌肉鼓胀起来像坚硬的石头。当他抱着我的时候，洛美丽娅也会颤抖。床头上的灯光照射下的洛美丽娅。但当我解开他的衬衣，他左胸前一个缠绕着飘带的十字架镌刻着“艾尔莎”。

我以前从未用西班牙语做过爱。我是说没有和任何**母语**是西班牙语的人。以前是有过疯狂的格雷厄姆，一个教会我吃辣椒和像卡车修理工一样骂脏话的无政府主义的工会组织者，但他是威尔士人，是在运送枪支到玻利维亚的途中学会西班牙语的。

当然，还有埃迪。但埃迪和我都是美国教育的产物。任何轻柔的东西都会被我们漏掉，像布努埃尔电影的字幕。

但弗拉维奥。当弗拉维奥不小心敲到大拇指的时候，他从不"嗷"地叫。他只是"啊"的一声。判断一个人是不是以西班牙语为母语，这一招很灵。

啊！用西班牙语做爱，以某种如阿尔罕布拉宫一样繁复和虔诚的方式。听爱人轻叹我的生命，我珍贵的，我的小姑娘，轻轻诉说，那语言听起来像对婴儿的低声哼唱，像祖母咕咕哝哝的抱怨，那些词语闻起来像你的房子，像面粉煎饼，像爸爸帽子里的味道，像厨房里大家七嘴八舌的交谈，或开着窗户睡觉，像在妈妈和爸爸去西尔斯百货购物后从她藏在内衣抽屉里的皱巴巴的四分之一磅袋子里偷腰果。

那种语言。棕榈树叶和流苏披巾拂过。那种受惊的震颤，如金翅雀的心脏、电扇的中心。没有听起来肮脏的、伤人的或是猥琐的成分。我怎能想象再用英语做爱？充斥着 r 音和 g 音的英语。有着像亚麻一样挺括的音节的英语。像苹果一样嘎吱嘎吱响、像帆布一样坚韧硬板的英语。

但西班牙语却像丝绸一样轻柔，能卷成卷、缩成团，发出咝咝的声音。我将弗拉维奥抱紧，贴在我的胸口，锁在我的手腕中。

难以置信的快乐。一声叹息自动逸出，一声呻吟从我的胸腔艰难擦出，那么嘶哑，充满灰尘，把我吓了一跳。我在哭。我们两个都吃了一惊。

“亲爱的，我弄疼你了吗？”弗拉维奥用另一种语言问道。

我努力紧闭着双唇，摇着头，但另一波的啜泣接踵而至。弗拉维奥摇了摇我，低声说了点什么，又摇了摇我。哦，哦，哦，这呢，这呢，这呢。

我想说的很多，但能想起来的只有一句，几年前在乔治亚·欧吉芙的信里看到的，那一刻它突然浮现在我脑海中。弗拉维奥……你有没有觉得自己像花?

我们取了我的货车和一瓶啤酒。弗拉维奥开车。看着弗拉维奥的轮廓，他那张漂亮的塔拉斯卡人的脸，应该用玉雕刻出来。一路上我们什么也没说，但感觉很舒服，我们轮流喝着那一瓶啤酒，你一口我一口，我一口你一口，在眼角的余光里看彼此，嘴角上挂着微笑。

我到底怎么了？弗拉维奥还是弗拉维奥，一个以前我不会看第二眼的男人。但现在任何人都会让我想起他，有着同样蔗糖肌肤的婴儿，在汉迪安迪店排队的圆脸女人，有着紧实的屁股、帮我将所购货物拎到车边的拎包小弟，或者奎克洗衣店里有着海贝壳一样精致螺纹耳朵的小孩，我发现自己会久久地、留恋地、欣赏地看着。从今往后，直到永远。直到无穷。

当我和埃迪在一起的时候，我们做着爱，然后我会突然地想起那管钛黄颜料上黑白的标签。或者我以前的一个米老鼠塑料零钱包，那上面有一双超级能催眠的眼睛，你晃它的时候它们会一开一合、一开一合地眨动。或者小学五年级时我曾经疯狂爱上的一个叫埃利贝尔托·布利赛诺、下巴上有一小道连指手套形状疤痕的小男孩。

但是和弗拉维奥却正好相反。我可能正在画一幅木炭素描画，嘴里嚼着一小块我心不在焉的时候塞进嘴里的揉过的橡皮擦，然后突然想起弗拉维奥那厚厚的耳垂在我齿间的感觉。或者美国酒吧某人的雪茄升起的一缕紫罗兰色的烟灰让我想起弗拉维奥迷人的手臂从腕到肘那一段扭曲的肌肉。或者瓜达卢佩大众艺术和礼品商店的丹尼和克雷格正在演示南美雨棍怎么用，怎么发出低沉的声音——会响起弗拉维奥像大海的潮水退潮时将一切拖走时一样的声音——那种砾石、木炭、贝壳和玻璃摩擦的声音。难以置信。

卷饼屋像往常的星期天早晨一样客满为患，穿着各自的好衣服的老祖母和小婴儿，早晨刚洗过澡、头发还湿着的男孩，把衬衣绷得紧紧的粗壮丈夫和教训顽皮孩子守规矩的粗暴妈妈。

三个保安腾出了我在窗边的位置，我们赶紧占了。弗拉维奥点了酱浇玉米片[①]，我点了早点墨西哥煎玉米卷。我们要了些自动唱片机用的二十五美分的硬币，和往常一样。五首歌五十美分，我点了132，《我的老情人都在得克萨斯》，乔治·斯崔特；140，《我不幸福》，罗拉·贝尔特朗；233，《灰尘和被忘的》，卢恰·维拉；118，《坏男

① 墨西哥的一种传统早餐，做法是在炸玉米片上浇辣酱，并淋以汤汁。

人》，利迪亚·门多萨；167，《好动的女人》，因为我知道弗拉维奥喜欢弗拉格·希梅内斯。

弗拉维奥像往常一样安静，但吃到一半的时候，他宣布："亲爱的，我得走了。"

"我们才来啊。"

"不。我是说我。我得走了。去墨西哥。"

"你在说什么啊？"

"我母亲给我来信了。我也不得不妥协。"

"但你还会回来的。对吗？"

"天晓得。"

一只红色硬毛狗在路缘围栏边蹒跚而行。

"你想告诉我什么？"

像可可色的门垫和你在温迪克斯超市买的木柄刷子一样的红色。

"我是说我也有家庭义务。"长时间的沉默。

看得出来那狗病得厉害。大块大块秃毛的地方。黯淡的眼睛像葡萄一样淌出黏液。

"我母亲信里说我的儿子们——"

"儿子们……几个？"

"四个。我第一个老婆的。我第二个老婆三个。"

"第一个。第二个。什么？你结婚了？"

"不，只结过一次。另外一次不算，因为我们没有在教堂结婚。"

"天主教徒。"

看着那么个东西真让人作呕，那样一跛一跛地四处蹒跚走动，像在倒着跳舞，而且只有三条腿。

“但这和你没什么关系，卢普。瞧，你也爱你的父亲母亲的，是不是？”

那条狗在吃着什么，下巴在粗重的喘息中忙活着。是个黄豆奶酪煎玉米卷，我想。

“爱一个人并不妨碍你爱另外一个人。这就是我对爱的理解。这个爱人关那个爱人什么事呢？我可以很严肃地、坦诚地告诉你这些，卢普。”

肯定是有人可怜它，扔给了它一顿最后的大餐，那仁慈的施舍很可能会要了它的命。

“就这么回事儿。”

“没别的办法。阴和阳，你知道的。”弗拉维奥说道，他是认真的。

“噢，是的。”我说道。我感觉我的托勒司特惠套餐想从我的胃里涌上来——“我想你最好现在离开。我要把衣服从烘干机里拿出来了，否则它们该皱了。”

“好极了。”弗拉维奥说道，从座位上和我生活中溜走了。“那么，再见了。”

我四处找我的粉晶，想象疗伤的能量环绕着我。我点着珂巴脂，燃起鼠尾草，净化房子里的空气。我放起了亚马逊长笛、西藏锣鼓和阿兹台克陶笛的磁带，试图将思维集中在我的七轮能量上，只想积极的想法、爱、包容和宽恕。但四十分钟后，我还是有一股无法抑制的强烈愿望，想带上我祖母的臼杵开车去弗拉维奥·曼古亚的家，砸碎他的脑壳。

要命的是你的沉默。那么笃定，那么坚决。没有一张便条或是卡片。没有一个电话，或是电话号码让我可以打给你。没有地址让我可以给你写信。没有同意或是反对。

只有空虚。这些日子简单空旷得像旱季湛蓝的天空。空荡无物。这才是伤人的。

没有什么想从眼睛里冲出来。当你是个小孩的时候，那很容易。你搬出一个木垫脚凳坐在黑暗的大厅里，等待着。我们住过的每座房子的过道都有派素清洁剂的味道，而且不管我们多么频繁地一到星期六就打扫它，它看上去总是脏兮兮的。墙漆剥落，墙壁上难看的划痕和坑坑点点，一个世纪以来，自行车、小孩的鞋子和楼下的房客留下的。扶手很陈旧了，从来就没有漂亮过，我敢打赌新的时候它们也不曾漂亮过。当房子被隔成若干个公寓的时候，黑暗便侵入了墙壁的灰泥和木头中。扫帚够不到的角落里积起了一球球的灰尘和头发。耳边时不时地传来老鼠的吱吱声。

那些声音，黑暗，充满着灰尘和头发，就那样从我的喉咙、眼睛里泄出，混杂了吐唾沫的声音、咳嗽声、打嗝儿声和鼻涕吹起泡的声音。大海从我的眼睛里细细流出，仿佛我一直把它蓄在体内，如一颗海贝等待被捧到耳边。

这些天我们躲着太阳。飞快地穿过街道。拣凉篷底下走。像走钢索的人一样举着一把伞。红色白色蓝色的尼龙花。红绿条纹相间的哔叽布。浅栗色带琥珀手柄的。巴士女司机们都压低了帽子，用报纸或一方印花手帕挡着太阳。

坏消息。今天天气又是晴朗，明天还会是晴朗。云朵只有广袤无垠的牧场上的长角牛那么大。热，像有个丈夫睡在你身边，像有人凑在你耳边呼吸，让你恨不得用力一把推开，说道："闭嘴！"

上大学的时候，我从卡萨·普雷西亚多宗教用品商店——就是南拉雷多的一家墨西哥神物店——买过一些"粉"。我记得我选了**"你被我抓牢钉紧和回到我身边来"**——就为了那包装。我发现今天早上想找它们的时候，却找不到了，只好特地去了一趟那个闻起来像甘菊和黑香蕉的商店。

里面，奉烛是这么安排的。教堂许可的诸神在一边：波莱斯的圣马丁、阿托查的圣尼诺、圣心、神圣的天意、湖上的圣胡安的圣母。民间诸神在另一边——伟大的潘丘·维拉将军、阿霍·马丘、加尔利克·马丘、最神圣的死者、赌博好运气、法律靠边站、庭审两倍力。两排神灵背对着背，以免产生任何不敬。我选择了异教这边的"我比你更能"和基督教那边的瓜达卢佩圣母。

神油、魔法香水和肥皂、奉烛、神迹、神卡、磁铁的车用神像、石膏圣像（眼睫毛是用人的头发做的）、圣马丁·卡瓦的幸运马靴、香料和珂巴脂、一束的沉香木（用红绳绑着，订在一扇门上）。草药藏在贴着标签的抽屉里，从地板一直顶到天花板。

鳄梨、罗勒、香艾、破布木、玉米须、策桩子、郊狼、鼠李、

印度巧克力、尤加利、草药花、橙花、柳树花、椴树花、万寿菊、薄荷、蚂蚁、合金欢、母菊、苦薄荷、桃金娘、胡桃、蓝树、和他草、母牛蹄、飞蛾、胡椒树、老鼠、醉鱼草、蝰蛇、人心果、黑莓。

蛇、老鼠、蚂蚁、郊狼、牛蹄。那些抽屉里真的塞着死动物吗?用绵纸包着的一张皮、一只干耳朵、一个印着皱缩的黑色字母的锥形纸筒，婴儿食品罐里被磨成了颗粒的骨头。或者它们只是**看上去**像动物的草药?

这些蜡烛、草药之类的东西，它们真的有用吗? 普雷西亚多修女指了指她们治疗女神的供台上方的一块牌子。VENDEMOS, NO HACEMOS RECETAS. 只卖药，不开处方。

白天我尚能勇敢面对，但夜晚就是我的客西马尼园[1]。像被狗咬了一样疼痛。一种厉害的南美疥疮，在我不能够到的地方。洗澡水在流进下水道之前形成的小激流。

似乎世界一直都在平静地运转着，没有碰撞，没有咯吱的声音，直到爱情介入。于是整台机器崩溃了，像一台超重负荷的洗衣机失去了平衡——蜂鸣器的声音响彻云霄，警示灯闪烁不停。

不对。这个世界的屁股后面总是拖着一溜叽咯叽咯响的锡罐。我不停地爱上男人。

① 耶稣的伤心之地，是他被叛徒犹大出卖的地方，也是他被钉上十字架的前夜和门徒祷告的地方。

一切都和以前一样。只有这点例外。我看着镜子里的自己，难看。以前我怎么就没注意到呢?

我在米拉多喝着德拉斯卡浓汤，读着亲爱的艾比的来信。一封“迟到”的信，写信人在他父亲死后才幡然悔悟，没有为伤害过他请求他的原谅，也从来没有告诉过他父亲“我爱你”。

我将装汤的碗推开，用纸巾擤了擤鼻涕。我也从来没有为伤害过弗拉维奥请求过他的原谅。而且，我也没有说过“我爱你”。我从没说过。虽然那些词就在我脑袋里叽叽喳喳地，像竹子里的喜鹊。

几个星期以来，这两种遗憾就像牡蛎中的两粒沙子一样停留在我心里，直到一天晚上听到卡洛斯·加戴尔唱：**“生活就是一道荒唐的伤口。”**我意识到自己错了。哦。

今天，后院的威博锅终于歇菜了。它已经冒了三天的白烟了，细细的，像风筝线。我将弗拉维奥所有的信和诗和照片和卡片，还有我画的所有他的素描和试画都塞了进去，然后点着了一根火柴。我没想到纸要烧那么久，不过确实堆了好几层。我不得不用棍子不时地捅一捅。我到底还是留了一首诗，他离开前给我的最后一首。用西班牙语读起来很美。但你得用我的语言读。用英语读，它听起来很傻。

颜料的味道开始让我头疼。我没法看着自己的画布。我打开电视。西班牙语电视频道。告诉自己我正在搜寻墨西哥老电影。玛丽亚·菲利克斯、乔吉·尼格里特、佩德罗·因芬特，任何片子，拜托，只要有人骑在马背上唱歌就行。

几天后我看起了肥皂剧。躲避董事局会议，下班就赶回家，路上在托勒司卷饼屋买一些煎玉米卷带走。一切只是为了能及时赶回家坐在电视前看《野玫瑰》，贝罗妮卡·卡斯特罗在里面演片名中提到的野玫瑰露丝。或者丹尼尔拉·罗莫演的《爱之泉》。或者阿德拉·诺拉加的《温柔的决斗》。我全看过了。以研究的名义。

我开始梦见露丝、布里安达斯、卢赛罗斯那些人。在梦中，我扇了女主角的耳光，让她们清醒，因为我想让她们成为让事情发生的女人，而不是任凭事情发生在她们身上。所有的爱情都那么一波三折。男人都强大而充满激情，而女人不是阴险暴躁就是温顺可人。但女人。真正的女人。那些我全身心地热爱着的女人。**如果你不喜欢就走开，亲爱的**。那些女人。那些我随处可见，就是在电视上、书上和杂志里见不到的女人。我的女朋友们。我的女同事们。我们的妈妈们和阿姨们。充满激情、强大、温柔、暴躁、勇敢。最重要的，凶猛。

“真漂亮，你的披巾。是在圣安东尼奥买的吧？”圣特洛的墨西哥超市。收银员对我说。

“不，是秘鲁货。我想可能是在圣菲买的。也可能是在纽约。我不记得了。”

“很漂亮。你看上去真迷人。”

带穗花的塑料发梳。用有光泽的毛线钩的紫色罩衫，没有塞在牛仔裤里面而是罩在它外面，为了遮住小肚子。我知道——我也做过同样的事。

她年龄和我一样大，但看上去显得老些。神情疲惫。别计较那红艳的嘴唇和只会让她更难看的眼妆。皱纹从嘴角一直延伸到鼻翼，因愤怒或眼泪而生的皱纹。或者两者兼有。她正往收银机里录入我的《名利场》杂志。《特别策划》、《朱莉欧承认渴望爱情》、《还是爸爸的乖乖女？——做自由的自己！》、《十五种方式用眼睛说我爱你》、《阿根廷球星马拉多纳的超豪华婚礼（豪掷三百万美元！）》、《〈海边夏日〉，科林·特拉多倾情奉献》。

“利伯塔德·帕洛马雷斯。”她说道，看着封面。

“爱即活着。”我不假思索地应道，仿佛那就是我的座右铭。利伯塔德·帕洛马雷斯，委内瑞拉大牌肥皂剧明星。惯演哭戏。每一集里她都哭得像个改邪归正的妓女。我可不会那样。如果我得靠那个生活我才不会哭呢。

“她演得很好是不是？”

“我一集都没落。”这是事实。

“我也是。如果上帝愿意，我今天得赶回去看。真是好看。”

“好像快要演完了。”

“不会吧。一共有多少集来着？我可能也会买一套。三块五！真贵啊。”

也许曾经有过。也许从未有过。也许每次在方丹戈俱乐部都有人问**想跳舞吗**？星期六在南米勋路的资产大厅夜总会的晚上。或者在萨尔萨莫拉的莱尔玛夜总会。在瑞基伯格罗格俱乐部或踢鞋跟沙龙抛媚眼。或者，像我一样，在车库里搞艺术。

爱即活着。它能给我、给圣特洛超市的那个女人什么呢？让我们每天六点半准时打开电视，每天一集，每天一次感动。重新体验当宇宙像河床上流淌着河水一样流动着热血时的生活。活着。不是日复一日地写授权报告或者站在收银机后四十小时将一罐罐的炸豆子扫进塑料袋。见鬼，不。那不是我们来到这个星球上的目的。从来不是。

不是罗拉·贝尔特朗伤心地喝下四罐啤酒唱的《我不幸福》。而是丹尼尔拉·罗莫唱的“**已经不了，我真的爱你，但我更爱我自己**”。我爱你，亲爱的，但我更爱自己。

非此即彼。虽然那只是热播的白痴肥皂剧里的歌。我们要纠正这个世界和我们的生活。我是说要按我们应该的方式生活。有喉咙和手腕。有愤怒也有欲望，有快乐也有痛苦，或许还能爱到痛为止。但是，该死的，女孩。生活。

回到那两座火山的画。我有了灵感，整个地从头开始。波波王子和伊赫塔王妃换了个位置。毕竟，谁规定睡着的山就不能是王子，而那个探秘者就不能是王妃呢，是不是？我按我的方式画了。波波卡佩特尔王子仰面躺着，而不是王妃。当然，为了凸显出地理的轮廓，我得作一些结构上的调整。我想我会叫它波波的鸡鸡。我有点喜欢它了。

不管走到哪儿，都是我和我。一半的我在生活，另一半在旁边看着我生活。已经是一月份了。天空开阔得像海洋，有时灰白如鲨鱼的肚皮，然后又瞬间蓝得如此温柔，让你记不起就在几个月前炎热曾炙烤得你差点像核桃壳一样裂开，什么也不再记得起来。

每个日落时分，我都发现自己手忙脚乱的，洗画笔，赶赶急急的，脚步在通往车库顶的铝梯上敲出欢快的拍子。

因为成千上万只喜鹊就要从各个方向飞来，停在河边的那些树上。这个季节，树上的叶子都掉了，光秃秃地像海葵。停在枝头的鸟儿们黑而突兀，像乐谱上的高音符号，那么活跃，那么壮观，那么整齐，仿佛是有人用锋利的剪刀在黑纸上剪出来，用图书馆的浆糊粘上去的。

喜鹊，鹩哥。喜鹊。同一种鸟，不同的叫法。城里人叫它们鹩哥，但我更喜欢叫喜鹊（urraca）。翻转的 r 音是那么美妙。

喜鹊，和乌鸦一样大，和渡鸦一样亮，旋风一样扑下来又呼的一声飞上去，像节日里的醉汉。喜鹊发出一声高叫，像钢琴琴键上升起的滑音，小提琴的琴弦上飞快的一拨。然后在它们的喉咙里发出裂片似的叽叽咕咕声。咕咕—咕咕—咕咕—咕咕。

不时地有一小群椋鸟划过天空。全都保持着一个方向。然后远处另一群又飞来，像一粒粒的胡椒。风吹得树上的核桃咯咯地响。叽咯叽咯。像坏小孩把石子扔到你的屋顶上。潮湿的泥土闻起来像茶水沸腾的味道。

喜鹊划过一圈，落在树梢。宽阔的翅膀映着蓝天。枝头在它们降落的时候颤动，在它们又飞起的时候又是一颤。领飞的那些虔诚地朝着一个方向——它们心中的麦加。

其他的成员纷纷飞起，越升越高。有的一直朝一个方向飞，有的飞来飞去，像中场休息时的啦啦队。但它们彼此从来不会撞上。喜鹊飞得离地面更近些，椋鸟高些因为它们个小。每一天。每一个日落时分。没有人注意到过，只是偶尔有人看着地面，说道：“谁来清理这些鸟屎啊！”

天空一直在变化。蓝色、紫罗兰色、桃色，没有一刻停留。太阳一点点地西沉，整个世界笼罩在柔和的暮色中，像珍珠母、像卡纳列托的画、像杏子、像耳垂。

天空中的每只鸟都鸣叫着，叽叽喳喳、咕咕哝哝、啾啾、嘎嘎，狂欢着，因为上帝保佑一天又结束了，好像从来没有昨天，也不会再有明天。因为今天就是今天。不用想将来或过去。今天。欢呼。欢呼！

咚咚！

For my mama,

Elvira Cordero Anguiano,

who gave me the fierce language.

Y para mi papá,

Alfredo Cisneros Del Moral,

quien me dió el lenguaje de la ternura.

Estos cuentitos se los dedico

con todo mi corazón.

Los Acknowledgments

Mi Querido Público,

Some of the early stories in this collection were written while I was living in the guest bedroom of my brother and *hermana*-in-law's house, Alfred Cisneros, Jr., and Julie Parrales-Cisneros. For the open-door policy, for the luxury of that room when I needed to be writer, thank you.

Gracias to my mother, *la* smart cookie, my S&L financial bailout more times than I'd like to admit.

To the National Endowment for the Arts for twice saving me in one lifetime. Thank you. Always, thank you. My life, my writing, have never been the same since.

Rubén, late or early, *una vez o siempre — gracias.*

La casita on West Eleventh Street. A borrowed blessing! Thank you, Sara Stevenson and Richard Queen, for your generosity.

Las readers *de conciencia*—Helena Viramontes, Liliana Valenzuela, Sonia Saldívar-Hull, Norma Alarcón. Song researchers—Laura Pérez y María Herrera-Sobek. *A todas, gracias.*

Las San Antonio girlfriends—Catherine Burst, Alba DeLeon, Sophia Healy, Joan Frederick Denton, *y la* Terry "*Mujer de Fuerza*" Ybañez. Tex-Mex text inspected by Juanita "*La Tejanita*" Luna-Lawhn. *Agradec-imientos. Un beso y apretón para cada una.*

La Yugo sister—Jasna "Caramba" Karaula. Sister, *hvala.*

Los San Antonio *vatos*—Ito Romo, Danny Lozano, Craig Pennel, César "*Ponqui*" Martínez—*gracias, muchachos.*

My thanks to *los mero meros—El* Erroll McDonald *y la* Joni Evans *de* Random House. For fierce support and fierce faith.

Praise to *la bien bien linda* Julie Grau, my editor. *Ay*, Julie, believe me, I am eternally grateful for your unflagging *cariño*, patience, and sensitivity through the labor and delivery of this book.

Gracias a la Divina Providencia que me mandó la muy powerful *y* miraculous literary *protectora*, Susan Bergholz *la brava. Hay que hechar gritos, prender velitas, hacer* backflips. *Te abrazo con mi corazón*, Susan. *Por todo.*

Damas y caballeros, un fuerte fuerte aplauso for my most special reader, the most special friend. *El* Dennis Mathis. *Mi Ojitos.*

Virgen de Guadalupe Tonantzín,infinitas gracias. Estos cuentitos te los ofrezco a tí, a nuestra gente. A toditos. Mil gracias. A thousand thanks from *el corazón.*

CONTENTS

CHAPTER 1

MY LUCY FRIEND WHO SMELLS LIKE CORN

CHAPTER 2

ONE HOLY NIGHT

CHAPTER 3

THERE WAS A MAN, THERE WAS A WOMAN

CHAPTER 1

MY LUCY FRIEND WHO SMELLS LIKE CORN

También yo te quiero y te quiero feliz.

—CRI CRÍ

(FRANCISCO GABILONDO SOLER)

My Lucy Friend Who Smells Like Corn

Lucy Anguiano, Texas girl who smells like corn, like Frito Bandito chips, like tortillas, something like that warm smell of *nixtamal* or bread the way her head smells when she's leaning close to you over a paper cut-out doll or on the porch when we are squatting over marbles trading this pretty crystal that leaves a blue star on your hand for that giant cat-eye with a grasshopper green spiral in the center like the juice of bugs on the windshield when you drive to the border, like the yellow blood of butterflies.

Have you ever eated dog food? I have. After crunching like ice, she opens her big mouth to prove it, only a pink tongue rolling around in there like a blind worm, and Janey looking in because she said Show me. But me I like that Lucy, corn smell hair and aqua flip-flops just like mine that we bought at the K mart for only 79 cents same time.

I'm going to sit in the sun, don't care if it's a million trillion degrees outside, so my skin can get so dark it's blue where it bends like Lucy's. Her whole family like that. Eyes like knife slits. Lucy and her sisters. Norma, Margarita, Ofelia, Herminia,

Nancy, Olivia, Cheli, *y la* Amber Sue.

Screen door with no screen. *Bang!* Little black dog biting his fur. Fat couch on the porch. Some of the windows painted blue, some pink, because her daddy got tired that day or forgot. Mama in the kitchen feeding clothes into the wringer washer and clothes rolling out all stiff and twisted and flat like paper. Lucy got her arm stuck once and had to yell Maaa! and her mama had to put the machine in reverse and then her hand rolled back, the finger black and later, her nail fell off. *But did your arm get flat like the clothes? What happened to your arm? Did they have to pump it with air?* No, only the finger, and she didn't cry neither.

Lean across the porch rail and pin the pink sock of the baby Amber Sue on top of Cheli's flowered T-shirt, and the blue jeans of *la* Ofelia over the inside seam of Olivia's blouse, over the flannel nightgown of Margarita so it don't stretch out, and then you take the work shirts of their daddy and hang them upside down like this, and this way all the clothes don't get so wrinkled and take up less space and you don't waste pins. The girls all wear each other's clothes, except Olivia, who is stingy. There ain't no boys here. Only girls and one father who is never home hardly and one mother who says *Ay! I'm real tired* and so many sisters there's no time to count them.

I'm sitting in the sun even though it's the hottest part of the day, the part that makes the streets dizzy, when the heat makes a little hat on the top of your head and bakes the dust and weed grass and sweat up good, all steamy and smelling like sweet corn.

I want to rub heads and sleep in a bed with little sisters, some at the top and some at the feets. I think it would be fun to sleep with sisters you could yell at one at a time or all together, instead of alone on the fold-out chair in the living room.

When I get home Abuelita will say *Didn't I tell you?* and I'll get it because I was supposed to wear this dress again tomorrow. But first I'm going to jump off an old pissy mattress in the Anguiano yard. I'm going to scratch your mosquito bites, Lucy, so they'll itch you, then put Mercurochrome smiley faces on them. We're going to trade shoes and wear them on our hands, we're going to walk over to Janey Ortiz's house and say *We're never ever going to be your friend again forever!* We're going to run home backwards and we're going to run home frontwards, look twice under the house where the rats hide and I'll stick one foot in there because you dared me, sky so blue and heaven inside those white clouds. I'm going to peel a scab from my knee and eat it, sneeze on the cat, give you three M & M's I've been saving for you since yesterday, comb your hair with my fingers and braid it into teeny-tiny braids real pretty. We're going to wave to a lady we don't know on the bus. Hello! I'm going to somersault on the rail of the front porch even though my *chones* show. And cut paper dolls we draw ourselves, and color in their clothes with crayons, my arm around your neck.

And when we look at each other, our arms gummy from an orange Popsicle we split, we could be sisters, right? We could be, you and me waiting for our teeths to fall and money. You laughing something into my ear that tickles, and me going Ha Ha Ha Ha. Her and me, my Lucy friend who smells like corn.

Eleven

What they don't understand about birthdays and what they never tell you is that when you're eleven, you're also ten, and nine, and eight, and seven, and six, and five, and four, and three, and two, and one. And when you wake up on your eleventh birthday you expect to feel eleven, but you don't. You open your eyes and everything's just like yesterday, only it's today. And you don't feel eleven at all. You feel like you're still ten. And you are—underneath the year that makes you eleven.

Like some days you might say something stupid, and that's the part of you that's still ten. Or maybe some days you might need to sit on your mama's lap because you're scared, and that's the part of you that's five. And maybe one day when you're all grown up maybe you will need to cry like if you're three, and that's okay. That's what I tell Mama when she's sad and needs to cry. Maybe she's feeling three.

Because the way you grow old is kind of like an onion or like the rings inside a tree trunk or like my little wooden dolls that fit one inside the other, each year inside the next one.

That's how being eleven years old is.

You don't feel eleven. Not right away. It takes a few days, weeks even, sometimes even months before you say Eleven when they ask you. And you don't feel smart eleven, not until you're almost twelve. That's the way it is.

Only today I wish I didn't have only eleven years rattling inside me like pennies in a tin Band-Aid box. Today I wish I was one hundred and two instead of eleven because if I was one hundred and two I'd have known what to say when Mrs. Price put the red sweater on my desk. I would've known how to tell her it wasn't mine instead of just sitting there with that look on my face and nothing coming out of my mouth.

"Whose is this?" Mrs. Price says, and she holds the red sweater up in the air for all the class to see. "Whose? It's been sitting in the coatroom for a month."

"Not mine," says everybody. "Not me."

"It has to belong to somebody," Mrs. Price keeps saying, but nobody can remember. It's an ugly sweater with red plastic buttons and a collar and sleeves all stretched out like you could use it for a jump rope. It's maybe a thousand years old and even if it belonged to me I wouldn't say so.

Maybe because I'm skinny, maybe because she doesn't like me, that stupid Sylvia Saldívar says, "I think it belongs to

Rachel." An ugly sweater like that, all raggedy and old, but Mrs. Price believes her. Mrs. Price takes the sweater and puts it right on my desk, but when I open my mouth nothing comes out.

"That's not, I don't, you're not ... Not mine," I finally say in a little voice that was maybe me when I was four.

"Of course it's yours," Mrs. Price says. "I remember you wearing it once." Because she's older and the teacher, she's right and I'm not.

Not mine, not mine, not mine, but Mrs. Price is already turning to page thirty-two, and math problem number four. I don't know why but all of a sudden I'm feeling sick inside, like the part of me that's three wants to come out of my eyes, only I squeeze them shut tight and bite down on my teeth real hard and try to remember today I am eleven, eleven. Mama is making a cake for me for tonight, and when Papa comes home everybody will sing Happy birthday, happy birthday to you.

But when the sick feeling goes away and I open my eyes, the red sweater's still sitting there like a big red mountain. I move the red sweater to the corner of my desk with my ruler. I move my pencil and books and eraser as far from it as possible, I even move my chair a little to the right. Not mine, not mine, not mine.

In my head I'm thinking how long till lunchtime, how long till I can take the red sweater and throw it over the schoolyard fence, or leave it hanging on a parking meter, or bunch it up into a little ball and toss it in the alley. Except when math period ends Mrs. Price says loud and in front of everybody, "Now, Rachel, that's enough," because she sees I've shoved the red sweater to the tippy-tip corner of my desk and it's hanging all over the edge like a waterfall, but I don't care.

"Rachel," Mrs. Price says. She says it like she's getting mad. "You put that sweater on right now and no more nonsense."

"But it's not—"

"Now!" Mrs. Price says.

This is when I wish I wasn't eleven, because all the years inside of me—ten, nine, eight, seven, six, five, four, three, two, and one—are pushing at the back of my eyes when I put one arm through one sleeve of the sweater that smells like cottage cheese, and then the other arm through the other and stand there with my arms apart like if the sweater hurts me and it does, all itchy and full of germs that aren't even mine.

That's when everything I've been holding in since this morning, since when Mrs. Price put the sweater on my desk, finally lets go, and all of a sudden I'm crying in front of everybody. I wish I was invisible but I'm not. I'm eleven and it's my birthday today and I'm crying like I'm three in front of everybody. I put my head down on the desk and bury my face in my stupid clown-sweater arms. My face all hot and spit coming out of my mouth because I can't stop the little animal noises from coming out of me, until there aren't any more tears left in my eyes, and it's just my body shaking like when you have the hiccups, and my whole head hurts like when you drink milk too fast.

But the worst part is right before the bell rings for lunch. That stupid Phyllis Lopez, who is even dumber than Sylvia Saldívar, says she remembers the red sweater is hers! I take it off right away and give it to her, only Mrs. Price pretends like everything's okay.

Today I'm eleven. There's a cake Mama's making for tonight, and when Papa comes home from work we'll eat it. There'll be candles and presents and everybody will sing Happy birthday, happy birthday to you, Rachel, only it's too late.

I'm eleven today. I'm eleven, ten, nine, eight, seven, six, five, four, three, two, and one, but I wish I was one hundred and two. I wish I was anything but eleven, because I want today to be far away already, far away like a runaway balloon, like a tiny o in the sky, so tiny-tiny you have to close your eyes to see it.

Salvador Late or Early

Salvador with eyes the color of caterpillar, Salvador of the crooked hair and crooked teeth, Salvador whose name the teacher cannot remember, is a boy who is no one's friend, runs along somewhere in that vague direction where homes are the color of bad weather, lives behind a raw wood doorway, shakes the sleepy brothers awake, ties their shoes, combs their hair with water, feeds them milk and corn flakes from a tin cup in the dim dark of the morning.

Salvador, late or early, sooner or later arrives with the string of younger brothers ready. Helps his mama, who is busy with the business of the baby. Tugs the arms of Cecilio, Arturito, makes them hurry, because today, like yesterday, Arturito has dropped the cigar box of crayons, has let go the hundred little fingers of red, green, yellow, blue, and nub of black sticks that tumble and spill over and beyond the asphalt puddles until the crossing-guard lady holds back the blur of traffic for Salvador to collect them again.

Salvador inside that wrinkled shirt, inside the throat that must clear itself and apologize each time it speaks, inside that forty-pound body of boy with its geography of scars, its history of hurt, limbs stuffed with feathers and rags, in what part of the eyes, in what part of the heart, in that cage of the chest where something throbs with both fists and knows only what Salvador knows, inside that body too small to contain the hundred balloons of happiness, the single guitar of grief, is a boy like any other disappearing out the door, beside the schoolyard gate, where he has told his brothers they must wait. Collects the hands of Cecilio and Arturito, scuttles off dodging the many schoolyard colors, the elbows and wrists crisscrossing, the several shoes running. Grows small and smaller to the eye, dissolves into the bright horizon, flutters in the air before disappearing like a memory of kites.

Mexican Movies

It's the one with Pedro Armendáriz in love with his boss's wife, only she's nothing but trouble and his problem is he's just plain dumb. I like it when the man starts undressing the lady because that's when Papa gives us the quarters and sends us to the lobby, hurry, until they put their clothes back on.

In the lobby there are thick carpets, red red, which if you drag your feet will make electricity. And velvet curtains with yellow fringe like a general's shoulders. And a fat velvet rope across the stairs that means you can't go up there.

You can put a quarter in a machine in the ladies' bathroom and get a plastic tic-tac-toe or pink lipstick the color of sugar roses on birthday cakes. Or you can go out and spend it at the candy counter for a bag of *churros*, of a ham-and-cheese *torta*, or a box of jujubes. If you buy the jujubes, save the box because when you're finished you can blow through it and it sounds just like a burro, which is fun to do when the movie's on because maybe somebody will answer you with his jujube box until Papa says quit it.

I like the Pedro Infante movies best. He always sings riding a horse and wears a big sombrero and never tears the dresses off the ladies, and the ladies throw flowers from a balcony, and usually somebody dies, but not Pedro Infante because he has to sing the happy song at the end.

Because Kiki's still little, he likes to run up and down the aisles, up and down with the other kids, like little horses, the way I used to, but now it's my job to make sure he doesn't pick up the candy he finds on the floor and put it in his mouth.

Sometimes somebody's kid climbs up on the stage, and there at the bottom of the screen's a double silhouette, which makes everyone laugh. And sooner or later a baby starts crying so somebody else can yell *¡Qué saquen a ese niño!* But if it's Kiki, that means me because Papa doesn't move when he's watching a movie and Mama sits with her legs bunched beneath her like an accordion because she's afraid of rats.

Theaters smell like popcorn. We get to buy a box with a clown tossing some up in the air and catching it in his mouth with little bubbles saying NUTRITIOUS and DELICIOUS. Me and Kiki like tossing popcorn up in the air too and laughing when it misses and hits us on the head, or grabbing big bunches in our hands and squishing it into a tiny crumpled pile that fits inside our mouth, and listening to how it squeaks against our teeth, and biting the kernels at the end and spitting them out at each other like watermelon wars.

We like Mexican movies. Even if it's one with too much talking. We just roll ourselves up like a doughnut and sleep, the armrest hard against our head until Mama puts her sweater there. But then the movie ends. The lights go on. Somebody picks us up—our shoes and legs heavy and dangling like dead people—carries us in the cold to the car that smells like ashtrays. Black and white, black and white lights behind our closed eyelids, until by now we're awake but it's nice to go on pretending with our eyes shut because here's the best part. Mama and Papa lift us out of the backseat and carry us upstairs to the third-floor front where we live, take off our shoes and clothes, and cover us, so when we wake up, it's Sunday already, and we're in our beds and happy.

Barbie-Q

for Licha

Yours is the one with mean eyes and a ponytail. Striped swimsuit, stilettos, sunglasses, and gold hoop earrings. Mine is the one with bubble hair. Red swimsuit, stilettos, pearl earrings, and a wire stand. But that's all we can afford, besides one extra outfit apiece. Yours, "Red Flair," sophisticated A-line coatdress with a Jackie Kennedy pillbox hat, white gloves, handbag, and heels included. Mine, "Solo in the Spotlight," evening elegance in black glitter strapless gown with a puffy skirt at the bottom like a mermaid tail, formal-length gloves, pink chiffon scarf, and mike included. From so much dressing and undressing, the black glitter wears off where her titties stick out. This and a dress invented from an old sock when we cut holes here and here and here, the cuff rolled over for the glamorous, fancy-free, off-the-shoulder look.

Every time the same story. Your Barbie is roommates with my Barbie, and my Barbie's boyfriend comes over and your Barbie steals him, okay? Kiss kiss kiss. Then the two Barbies fight. You dumbbell! He's mine. Oh no he's not, you stinky! Only Ken's invisible, right? Because we don't have money for a stupid-looking boy doll when we'd both rather ask for a new Barbie outfit next Christmas. We have to make do with your mean-eyed Barbie and my bubblehead Barbie and our one outfit apiece not including the sock dress.

Until next Sunday when we are walking through the flea market on Maxwell Street and *there*! Lying on the street next to some tool bits, and platform shoes with the heels all squashed, and a fluorescent green wicker wastebasket, and aluminum foil, and hubcaps, and a pink shag rug, and windshield wiper blades, and dusty mason jars, and a coffee can full of rusty nails. *There!* Where? Two Mattel boxes. One with the "Career Gal" ensemble, snappy black-and-white business suit, three-quarter-length sleeve jacket with kick-pleat skirt, red sleeveless shell, gloves, pumps, and matching hat included. The other, "Sweet Dreams," dreamy pink-and-white plaid nightgown and matching robe, lace-trimmed slippers, hairbrush and hand mirror included. How much? Please, please, please, please, please, please, please, until they say okay.

On the outside you and me skipping and humming but inside we are doing loopity-loops and pirouetting. Until at the next vendor's stand, next to boxed pies, and bright orange toilet brushes, and rubber gloves, and wrench sets, and bouquets of feather flowers, and glass towel racks, and steel wool, and Alvin and the Chipmunks records, *there!* And *there!* And *there!* And *there!* and *there!* and *there!* and *there!* Bendable Legs Barbie with her new page-boy hairdo. Midge, Barbie's best friend. Ken, Barbie's boyfriend. Skipper, Barbie's little sister. Tutti and Todd, Barbie and Skipper's tiny twin sister and brother. Skipper's friends, Scooter and Ricky. Alan, Ken's buddy. And Francie, Barbie's MOD'ern cousin.

Everybody today selling toys, all of them damaged with water and smelling of smoke. Because a big toy warehouse on Halsted Street burned down yesterday—see there?—the smoke still rising and drifting across the Dan Ryan expressway. And now there is a big fire sale at Maxwell Street, today only.

So what if we didn't get our new Bendable Legs Barbie and Midge and Ken and Skipper and Tutti and Todd and Scooter and Ricky and Alan and Francie in nice clean boxes and had to buy them on Maxwell Street, all water-soaked and sooty. So what if our Barbies smell like smoke when you hold them up to your nose even after you wash and wash and wash them. And if the prettiest doll, Barbie's MOD'ern cousin Francie with real eyelashes, eyelash brush included, has a left foot that's melted a little—so? If you dress her in her new "Prom Pinks" outfit, satin splendor with matching coat, gold belt, clutch, and hair bow included, so long as you don't lift her dress, right?—who's to know.

Mericans

We're waiting for the awful grandmother who is inside dropping pesos into *la ofrenda* box before the altar to La Divina Providencia. Lighting votive candles and genuflecting. Blessing herself and kissing her thumb. Running a crystal rosary between her fingers. Mumbling, mumbling, mumbling.

There are so many prayers and promises and thanks-be-to-God to be given in the name of the husband and the sons and the only daughter who never attend mass. It doesn't matter. Like La Virgen de Guadalupe, the awful grandmother intercedes on their behalf. For the grandfather who hasn't believed in anything since the first PRI elections. For my father, El Periquín, so skinny he needs his sleep. For Auntie Light-skin, who only a few hours before was breakfasting on brain and goat tacos after dancing all night in the pink zone. For Uncle Fat-face, the blackest of the black sheep—*Always remember your Uncle Fat-face in your prayers.* And Uncle Baby—*You go for me, Mamá—God listens to you.*

The awful grandmother has been gone a long time. She disappeared behind the heavy leather outer curtain and the dusty velvet inner. We must stay near the church entrance. We must not wander over to the balloon and punch-ball vendors. We cannot spend our allowance on fried cookies or Familia Burrón comic books or those clear cone-shaped suckers that make everything look like a rainbow when you look through them. We cannot run off and have our picture taken on the wooden ponies. We must not climb the steps up the hill behind the church and chase each other through the cemetery. We have promised to stay right where the awful grandmother left us until she returns.

There are those walking to church on their knees. Some with fat rags tied around their legs and others with pillows, one to kneel on, and one to flop ahead. There are women with black shawls crossing and uncrossing themselves. There are armies of penitents carrying banners and flowered arches while musicians play tinny trumpets and tinny drums.

La Virgen de Guadalupe is waiting inside behind a plate of thick glass. There's also a gold crucifix bent crooked as a mesquite tree when someone once threw a bomb. La Virgen de Guadalupe on the main altar because she's a big miracle, the crooked crucifix on a side altar because that's a little miracle.

But we're outside in the sun. My big brother Junior

hunkered against the wall with his eyes shut. My little brother Keeks running around in circles.

Maybe and most probably my little brother is imagining he's a flying feather dancer, like the ones we saw swinging high up from a pole on the Virgin's birthday. I want to be a flying feather dancer too, but when he circles past me he shouts, "I'm a B-Fifty-two bomber, you're a German," and shoots me with an invisible machine gun. I'd rather play flying feather dancers, but if I tell my brother this, he might not play with me at all.

"*Girl*. We can't play with a *girl*." *Girl*. It's my brothers' favorite insult now instead of "sissy." "You *girl*," they yell at each other. "You throw that ball like a *girl*."

I've already made up my mind to be a German when Keeks swoops past again, this time yelling, "I'm Flash Gordon. You're Ming the Merciless and the Mud People." I don't mind being Ming the Merciless, but I don't like being the Mud People. Something wants to come out of the corners of my eyes, but I don't let it. Crying is what *girls* do.

I leave Keeks running around in circles—"I'm the Lone Ranger, you're Tonto." I leave Junior squatting on his ankles and go look for the awful grandmother.

Why do churches smell like the inside of an ear? Like

incense and the dark and candles in blue glass? And why does holy water smell of tears? The awful grandmother makes me kneel and fold my hands. The ceiling high and everyone's prayers bumping up there like balloons.

If I stare at the eyes of the saints long enough, they move and wink at me, which makes me a sort of saint too. When I get tired of winking saints, I count the awful grandmother's mustache hairs while she prays for Uncle Old, sick from the worm, and Auntie Cuca, suffering from a life of troubles that left half her face crooked and the other half sad.

There must be a long, long list of relatives who haven't gone to church. The awful grandmother knits the names of the dead and the living into one long prayer fringed with the grandchildren born in that barbaric country with its barbarian ways.

I put my weight on one knee, then the other, and when they both grow fat as a mattress of pins, I slap them each awake. *Micaela, you may wait outside with Alfredito and Enrique*. The awful grandmother says it all in Spanish, which I understand when I'm paying attention. "What?" I say, though it's neither proper nor polite. "What?" which the awful grandmother hears as "*¿Güat?*" But she only gives me a look and shoves me toward the door.

After all that dust and dark, the light from the plaza makes me squinch my eyes like if I just came out of the movies. My brother Keeks is drawing squiggly lines on the concrete with a wedge of glass and the heel of his shoe. My brother Junior squatting against the entrance, talking to a lady and man.

They're not from here. Ladies don't come to church dressed in pants. And everybody knows men aren't supposed to wear shorts.

"*¿Quieres chicle?*" the lady asks in a Spanish too big for her mouth.

"*Gracias.*" The lady gives him a whole handful of gum for free, little cellophane cubes of Chiclets, cinnamon and aqua and the white ones that don't taste like anything but are good for pretend buck teeth.

"*Por favor,*" says the lady. "*¿Un foto?*" pointing to her camera.

"*Sí.*"

She's so busy taking Junior's picture, she doesn't notice me and Keeks.

"Hey, Michele, Keeks. You guys want gum?"

"But you speak English!"

"Yeah," my brother says, "we're Mericans."

We're Mericans, we're Mericans, and inside the awful grandmother prays.

Tepeyac

When the sky of Tepeyac opens its first thin stars and the dark comes down in an ink of Japanese blue above the bell towers of La Basílica de Nuestra Señora, above the plaza photographers and their souvenir backdrops of La Virgen de Guadalupe, above the balloon vendors and their balloons wearing paper hats, above the red-canopied thrones of the shoeshine stands, above the wooden booths of the women frying lunch in vats of oil, above the *tlapalería* on the corner of Misterios and Cinco de Mayo, when the photographers have toted up their tripods and big box cameras, have rolled away the wooden ponies I don't know where, when the balloon men have sold all but the ugliest balloons and herded these last few home, when the shoeshine men have grown tired of squatting on their little wooden boxes, and the women frying lunch have finished packing dishes, tablecloth, pots, in the big straw basket in which they came, then Abuelito tells the boy with dusty hair, *Arturo, we are closed*, and in crooked shoes and purple elbows Arturo pulls down with a pole the corrugated metal curtains—first the one on Misterios, then the other on Cinco de Mayo—like an eyelid over each door, before Abuelito tells him he can go.

This is when I arrive, one shoe and then the next, over the sagging door stone, worn smooth in the middle from the huaraches of those who have come for tins of glue and to have their scissors sharpened, who have asked for candles and cans of boot polish, a half-kilo sack of nails, turpentine, blue-specked spoons, paintbrushes, photographic paper, a spool of picture wire, lamp oil, and string.

Abuelito under a bald light bulb, under a ceiling dusty with flies, puffs his cigar and counts money soft and wrinkled as old Kleenex, money earned by the plaza women serving lunch on flat tin plates, by the souvenir photographers and their canvas Recuerdo de Tepeyac backdrops, by the shoeshine men sheltered beneath their fringed and canopied kingdoms, by the blessed vendors of the holy cards, rosaries, scapulars, little plastic altars, by the good sisters who live in the convent across the street, counts and recounts in a whisper and puts the money in a paper sack we carry home.

I take Abuelito's hand, fat and dimpled in the center like a valentine, and we walk past the basilica, where each Sunday the Abuela lights the candles for the soul of Abuelito. Past the very same spot where long ago Juan Diego brought down from the *cerro* the miracle that has drawn everyone, except my Abuelito, on their knees, down the avenue one block past the bright lights of the *sastrería* of Señor Guzmán who is still at work at his sewing machine, past the candy store where I buy my milk-and-raisin gelatins, past La Providencia *tortillería* where every afternoon Luz María and I are sent for the basket of lunchtime tortillas, past the house of the widow Márquez whose husband died last winter of a tumor the size of her little white fist, past La Muñeca's mother watering her famous dahlias with a pink rubber hose and a skinny string of water, to the house on La Fortuna, number 12, that has always been our house. Green iron gates that arabesque and scroll like the initials of my name, familiar whine and clang, familiar lacework of ivy growing over and between except for one small clean square for the hand of the postman whose face I have never seen, up the twenty-two steps we count out loud together—*uno, dos, tres*—to the supper of *sopa de fideo* and *carne guisada*—*cuatro, cinco, seis*—the glass of *café con leche*—*siete, ocho, nueve*—shut the door against the mad parrot voice of the Abuela—*diez, once, doce*—fall asleep as we always do, with the television mumbling—*trece, catorce, quince*—the Abuelito snoring—*dieciséis, diecisiete, dieciocho*—the grandchild, the one who will leave soon for that borrowed country—*diecinueve, veinte, veintiuno*—the one he will not remember, the one he is least familiar with—*veintidós, veintitrés, veinticuatro*—years later when the house on La Fortuna, number 12, is sold, when the *tlapalería*, corner of Misterios and Cinco de Mayo, changes owners, when the courtyard gate of arabesques and scrolls is taken off its hinges and replaced with a corrugated sheet metal door instead, when the widow Márquez and La Muñeca's mother move away, when Abuelito falls asleep one last time—*Veinticinco, veintiséis, veintisiete*—years afterward when I return to the shop on the corner of Misterios and Cinco de Mayo, repainted and redone as a pharmacy, to the basilica that is crumbling and closed, to the plaza photographers, the balloon vendors and shoeshine thrones, the women whose faces I do not recognize serving lunch in the wooden booths, to the house on La Fortuna, number 12, smaller and darker than when we lived there, with the rooms boarded shut and rented to strangers, the street suddenly dizzy with automobiles and diesel fumes, the house fronts scuffed and the gardens frayed, the children who played kickball all grown and moved away.

Who would've guessed, after all this time, it is me who will remember when everything else is forgotten, you who took with you to your stone bed something irretrievable, without a name.

CHAPTER 2

ONE HOLY NIGHT

Me importas tú, y tú, y tú y nadie más que tú

—"Piel Canela" *interpretada por* MARÍA VICTORIA

(BOBY CAPÓ, *autor*)

One Holy Night

About the truth, if you give it to a person, then he has power over you. And if someone gives it to you, then they have made themselves your slave. It is a strong magic. You can never take it back.

—CHAQ UXMAL PALOQUÍN

He said his name was Chaq. Chaq Uxmal Paloquín. That's what he told me. He was of an ancient line of Mayan kings. Here, he said, making a map with the heel of his boot, this is where I come from, the Yucatán, the ancient cities. This is what Boy Baby said.

It's been eighteen weeks since Abuelita chased him away with the broom, and what I'm telling you I never told nobody, except Rachel and Lourdes, who know everything. He said he would love me like a revolution, like a religion. Abuelita burned the pushcart and sent me here, miles from home, in this town of dust, with one wrinkled witch woman who rubs my belly with jade, and sixteen nosy cousins.

I don't know how many girls have gone bad from selling

cucumbers. I know I'm not the first. My mother took the crooked walk too, I'm told, and I'm sure my Abuelita has her own story, but it's not my place to ask.

Abuelita says it's Uncle Lalo's fault because he's the man of the family and if he had come home on time like he was supposed to and worked the pushcart on the days he was told to and watched over his goddaughter, who is too foolish to look after herself, nothing would've happened, and I wouldn't have to be sent to Mexico. But Uncle Lalo says if they had never left Mexico in the first place, shame enough would have kept a girl from doing devil things.

I'm not saying I'm not bad. I'm not saying I'm special. But I'm not like the Allport Street girls, who stand in doorways and go with men into alleys.

All I know is I didn't want it like that. Not against the bricks or hunkering in somebody's car. I wanted it come undone like gold thread, like a tent full of birds. The way it's supposed to be, the way I knew it would be when I met Boy Baby.

But you must know, I was no girl back then. And Boy Baby was no boy. Chaq Uxmal Paloquín. Boy Baby was a man. When I asked him how old he was he said he didn't know. The past and the future are the same thing. So he seemed boy and baby and man all at once, and the way he looked at me, how do I explain?

I'd park the pushcart in front of the Jewel food store Saturdays. He bought a mango on a stick the first time. Paid for it with a new twenty. Next Saturday he was back. Two mangoes, lime juice, and chili powder, keep the change. The third Saturday he asked for a cucumber spear and ate it slow. I didn't see him after that till the day he brought me Kool-Aid in a plastic cup. Then I knew what I felt for him.

Maybe you wouldn't like him. To you he might be a bum. Maybe he looked it. Maybe. He had broken thumbs and burnt fingers. He had thick greasy fingernails he never cut and dusty hair. And all his bones were strong ones like a man's. I waited every Saturday in my same blue dress. I sold all the mango and cucumber, and then Boy Baby would come finally.

What I knew of Chaq was only what he told me, because nobody seemed to know where he came from. Only that he could speak a strange language that no one could understand, said his name translated into boy, or boy-child, and so it was the street people nicknamed him Boy Baby.

I never asked about his past. He said it was all the same and didn't matter, past and the future all the same to his people. But the truth has a strange way of following you, of coming up to you and making you listen to what it has to say.

Night time. Boy Baby brushes my hair and talks to me in his strange language because I like to hear it. What I like to hear him tell is how he is Chaq, Chaq of the people of the sun, Chaq of the temples, and what he says sounds sometimes like broken clay, and at other times like hollow sticks, or like the swish of old feathers crumbling into dust.

He lived behind Esparza & Sons Auto Repair in a little room that used to be a closet—pink plastic curtains on a narrow window, a dirty cot covered with newspapers, and a cardboard box filled with socks and rusty tools. It was there, under one bald bulb, in the back room of the Esparza garage, in the single room with pink curtains, that he showed me the guns—twenty-four in all. Rifles and pistols, one rusty musket, a machine gun, and several tiny weapons with mother-of-pearl handles that looked like toys. So you'll see who I am, he said, laying them all out on the bed of newspapers. So you'll understand. But I didn't want to know.

The stars foretell everything, he said. My birth. My son's. The boy-child who will bring back the grandeur of my people from those who have broken the arrow, from those who have pushed the ancient stones off their pedestals.

Then he told how he had prayed in the Temple of the Magician years ago as a child when his father had made him promise to bring back the ancient ways. Boy Baby had cried in the temple dark that only the bats made holy. Boy Baby who was man and child among the great and dusty guns lay down on the newspaper bed and wept for a thousand years. When I touched him, he looked at me with the sadness of stone.

You must not tell anyone what I am going to do, he said. And what I remember next is how the moon, the pale moon with its one yellow eye, the moon of Tikal, and Tulum, and Chichén, stared through the pink plastic curtains. Then something inside bit me, and I gave out a cry as if the other, the one I wouldn't be anymore, leapt out.

So I was initiated beneath an ancient sky by a great and mighty heir—Chaq Uxmal Paloquín. I, Ixchel, his queen.

The truth is, it wasn't a big deal. It wasn't any deal at all. I put my bloody panties inside my T-shirt and ran home hugging myself. I thought about a lot of things on the way home. I thought about all the world and how suddenly I became a part of history and wondered if everyone on the street, the sewing machine lady and the *panadería* saleswomen and the woman with two kids sitting on the bus bench didn't all know. *Did I look any different? Could they tell?* We were all the same somehow, laughing behind our hands, waiting the way all women wait, and when we find out, we wonder why the world and a million years made such a big deal over nothing.

I know I was supposed to feel ashamed, but I wasn't ashamed. I wanted to stand on top of the highest building, the top-top floor, and yell, *I know*.

Then I understood why Abuelita didn't let me sleep over at Lourdes's house full of too many brothers, and why the Roman girl in the movies always runs away from the soldier, and what happens when the scenes in love stories begin to fade, and why brides blush, and how it is that sex isn't simply a box you check *M* or *F* on in the test we get at school.

I was wise. The corner girls were still jumping into their stupid little hopscotch squares. I laughed inside and climbed the wooden stairs two by two to the second floor rear where me and Abuelita and Uncle Lalo live. I was still laughing when I opened the door and Abuelita asked, Where's the pushcart?

And then I didn't know what to do.

It's a good thing we live in a bad neighborhood. There are always plenty of bums to blame for your sins. If it didn't happen the way I told it, it really could've. We looked and looked all over for the kids who stole my pushcart. The story wasn't the best, but since I had to make it up right then and there with

Abuelita staring a hole through my heart, it wasn't too bad.

For two weeks I had to stay home. Abuelita was afraid the street kids who had stolen the cart would be after me again. Then I thought I might go over to the Esparza garage and take the pushcart out and leave it in some alley for the police to find, but I was never allowed to leave the house alone. Bit by bit the truth started to seep out like a dangerous gasoline.

First the nosy woman who lives upstairs from the laundromat told my Abuelita she thought something was fishy, the pushcart wheeled into Esparza & Sons every Saturday after dark, how a man, the same dark Indian one, the one who never talks to anybody, walked with me when the sun went down and pushed the cart into the garage, that one there, and yes we went inside, there where the fat lady named Concha, whose hair is dyed a hard black, pointed a fat finger.

I prayed that we would not meet Boy Baby, and since the gods listen and are mostly good, Esparza said yes, a man like that had lived there but was gone, had packed a few things and left the pushcart in a corner to pay for his last week's rent.

We had to pay $20 before he would give us our pushcart back. Then Abuelita made me tell the real story of how the cart had disappeared, all of which I told this time, except for that one night, which I would have to tell anyway, weeks later, when I prayed for the moon of my cycle to come back, but it would not.

When Abuelita found out I was going to *dar a luz*, she cried until her eyes were little, and blamed Uncle Lalo, and Uncle Lalo blamed this country, and Abuelita blamed the infamy of men. That is when she burned the cucumber pushcart and called me a *sinvergüenza* because I *am* without shame.

Then I cried too—Boy Baby was lost from me—until my head was hot with headaches and I fell asleep. When I woke up, the cucumber pushcart was dust and Abuelita was sprinkling holy water on my head.

Abuelita woke up early every day and went to the Esparza garage to see if news about that *demonio* had been found, had Chaq Uxmal Paloquín sent any letters, any, and when the other mechanics heard that name they laughed, and asked if we had made it up, that we could have some letters that had come for Boy Baby, no forwarding address, since he had gone in such a hurry.

There were three. The first, addressed "Occupant," demanded immediate payment for a four-month-old electric bill. The second was one I recognized right away—a brown envelope fat with cakemix coupons and fabric-softener samples—because we'd gotten one just like it. The third was addressed in a spidery Spanish to a Señor C. Cruz, on paper so thin you could read it unopened by the light of the sky. The return address a convent in Tampico.

This was to whom my Abuelita wrote in hopes of finding the man who could correct my ruined life, to ask if the good nuns might know the whereabouts of a certain Boy Baby—and if they were hiding him it would be of no use because God's eyes see through all souls.

We heard nothing for a long time. Abuelita took me out of school when my uniform got tight around the belly and said it was a shame I wouldn't be able to graduate with the other eighth graders.

Except for Lourdes and Rachel, my grandma and Uncle Lalo, nobody knew about my past. I would sleep in the big bed I share with Abuelita same as always. I could hear Abuelita and Uncle Lalo talking in low voices in the kitchen as if they were praying the rosary, how they were going to send me to Mexico, to San Dionisio de Tlaltepango, where I have cousins and where I was conceived and would've been born had my grandma not thought it wise to send my mother here to the United States so that neighbors in San Dionisio de Tlaltepango wouldn't ask why her belly was suddenly big.

I was happy. I liked staying home. Abuelita was teaching me to crochet the way she had learned in Mexico. And just when I had mastered the tricky rosette stitch, the letter came from the convent which gave the truth about Boy Baby—however much we didn't want to hear.

He was born on a street with no name in a town called Miseria. His father, Eusebio, is a knife sharpener. His mother, Refugia, stacks apricots into pyramids and sells them on a cloth in the market. There are brothers. Sisters too of which I know little. The youngest, a Carmelite, writes me all this and prays for my soul, which is why I know it's all true.

Boy Baby is thirty-seven years old. His name is Chato which means fat-face. There is no Mayan blood.

I don't think they understand how it is to be a girl. I don't think they know how it is to have to wait your whole life. I count the months for the baby to be born, and it's like a ring of water inside me reaching out and out until one day it will tear from me with its own teeth.

Already I can feel the animal inside me stirring in his own uneven sleep. The witch woman says it's the dreams of weasels that make my child sleep the way he sleeps. She makes me eat white bread blessed by the priest, but I know it's the ghost of him inside me that circles and circles, and will not let me rest.

Abuelita said they sent me here just in time, because a little later Boy Baby came back to our house looking for me, and she had to chase him away with the broom. The next thing we hear, he's in the newspaper clippings his sister sends. A picture of him looking very much like stone, police hooked on either arm ... *on the road to* Las Grutas de Xtacumbilxuna, *the Caves of the Hidden Girl ... eleven female bodies ... the last seven years ...*

Then I couldn't read but only stare at the little black-and-white dots that make up the face I am in love with.

All my girl cousins here either don't talk to me, or those who do, ask questions they're too young to know *not* to ask. What they want to know really is how it is to have a man, because they're too ashamed to ask their married sisters.

They don't know what it is to lay so still until his sleep breathing is heavy, for the eyes in the dim dark to look and look without worry at the man-bones and the neck, the man-wrist and man-jaw thick and strong, all the salty dips and hollows, the stiff hair of the brow and sour swirl of sideburns, to lick the fat earlobes that taste of smoke, and stare at how perfect is a man.

I tell them, "It's a bad joke. When you find out you'll be sorry."

I'm going to have five children. Five. Two girls. Two boys. And one baby.

The girls will be called Lisette and Maritza. The boys I'll name Pablo and Sandro.

And my baby. My baby will be named Alegre, because life will always be hard.

Rachel says that love is like a big black piano being pushed off the top of a three-story building and you're waiting on the bottom to catch it. But Lourdes says it's not that way at all. It's like a top, like all the colors in the world are spinning so fast they're not colors anymore and all that's left is a white hum.

There was a man, a crazy who lived upstairs from us when we lived on South Loomis. He couldn't talk, just walked around all day with this harmonica in his mouth. Didn't play it. Just sort of breathed through it, all day long, wheezing, in and out, in and out.

This is how it is with me. Love I mean.

My *Tocaya*

Have you seen this girl? You must've seen her in the papers. Or then again at Father & Son's Taco Palace No. 2 on Nogalitos. Patricia Bernadette Benavídez, my *tocaya*, five feet, 115 pounds, thirteen years old.

Not that we were friends or anything like that. Sure we talked. But that was before she died and came back from the dead. Maybe you read about it or saw her on TV. She was on all the news channels. They interviewed anyone who knew her. Even the p.e. teacher who *had* to say nice things—*She was full of energy, a good kid, sweet*. Sweet as could be, considering she was a freak. Now why didn't anyone ask me?

Patricia Benavídez. The "son" half of Father & Son's Taco Palace No. 2 even before the son quit. That's how this Trish inherited the paper hat and white apron after school and every weekend, bored, a little sad, behind the high counters where customers are standing up like horses.

That wasn't enough to make me feel sorry for her, though, even if her father *was* mean. But who could blame him? A girl who wore rhinestone earrings and glitter high heels to school was destined for trouble that nobody—not God or correctional institutions—could mend.

I think she got double promoted somewhere and that's how come she wound up in high school before she had any business being here. Yeah, kids like that always try too hard to fit in. Take this *tocaya*—same name as me, right? But does she call herself *la* Patee, or Patty, or something normal? No, she's gotta be different. Says her name's "Tri-ish." Invented herself a phony English accent too, all breathless and sexy like a British Marilyn Monroe. Real goofy. I mean, whoever heard of a Mexican with a British accent? Know what I mean? The girl had problems.

But if you caught her alone, and said, *Pa-trrri-see-ah*—I always made sure I said it in Spanish—*Pa-trrri-see-ah, cut the bull crap and be for real*. If you caught her without an audience, I guess she was all right.

That's how I managed to put up with her when I knew her, just before she ran away. Disappeared from a life sentence at that taco house. Got tired of coming home stinking for crispy tacos. Well, no wonder she left. I wouldn't want to stink of crispy tacos neither.

Who knows what she had to put up with. Maybe her father

beat her. He beat the brother, I know that. Or at least they beat each other. It was one of those fist fights that finally did it—drove the boy off forever, though probably he was sick of stinking of tacos too. That's what I'm thinking.

Then a few weeks after the brother was gone, this *tocaya* of mine had her picture in all the papers, just like the kids on milk cartons:

HAVE YOU SEEN THIS GIRL?

Patricia Bernadette Benavídez, 13, has been missing since Tuesday, Nov. 11, and her family is extremely worried. The girl, who is a student at Our Lady of Sorrows High School, is believed to be a runaway and was last seen on her way to school in the vicinity of Dolorosa and Soledad. Patricia is 5', 115 lbs., and was wearing a jean jacket, blue plaid uniform skirt, white blouse, and high heels [*glitter probably*] when she disappeared. Her mother, Delfina Benavídez, has this message: "Honey, call Mommy y te quiero mucho."

Some people.

What did I care Benavídez disappeared? Wouldn't've. If it wasn't for Max Lucas Luna Luna, senior, Holy Cross, our brother school. They sometimes did exchanges with us. Teasers is what they were. Sex Rap Crap is what we called it, only the sisters called them different—Youth Exchanges. Like where they'd invite some of the guys from Holy Cross over here for Theology, and some of us girls from Sorrows would go over there. And we'd pretend like we were real interested in the issue "The Blessed Virgin: Role Model for Today's Young Woman," "Petting: Too Far, Too Fast, Too Late," "Heavy Metal and the Devil." Shit like that.

Not every day. Just once in a while as kind of an experiment. Catholic school was afraid of putting us all together too much, on account of hormones. That's what Sister Virginella said. If you can't conduct yourselves like proper young ladies when our guests arrive, we'll have to suspend our Youth Exchanges indefinitely. No whistling, grabbing, or stomping in the future, *is that clear?!!!*

Alls I know is he's got these little hips like the same size since he was twelve probably. Little waist and little ass wrapped up neat and sweet like a Hershey bar. Damm! That's what I remember.

Turns out Max Lucas Luna Luna lives next door to the freak. I mean, I never even bothered talking to Patricia Benavídez before, even though we were in the same section of General

Business. But she comes up to me one day in the cafeteria when I'm waiting for my french fries and goes:

"Hey, *tocaya*, I know someone who's got the hots for you."

"Yeah, right," I says, trying to blow her off. I don't want to be seen talking to no flake.

"You know a guy named Luna from Holy Cross, the one who came over for that Theology exchange, the cute one with the ponytail?"

"So's?"

"Well, he and my brother Ralphie are tight, and he told Ralphie not to tell nobody but he thinks Patricia Chávez is real fine."

"You lie, girl."

"Swear to God. If you don't believe me, call my brother Ralphie."

Shit! That was enough to make me Trish Benavídez's best girlfriend for life, I swear. After that, I *always* made sure I got to General Business class early. Usually she'd have something to tell me, and if she didn't, I made sure to give her something to pass on to Max Lucas Luna Luna. But it was painful slow on account of this girl worked so much and didn't have no social life to speak of.

That's how this Patricia Bernadette got to be our

messenger of luh-uv for a while, even though me and Max Lucas Luna Luna hadn't gotten beyond the I-like-you/Do-you-like-me stage. Hadn't so much as seen each other since the rap crap, but I was working on it.

I knew they lived somewhere in the Monte Vista area. So I'd ride my bike up and down streets—Magnolia, Mulberry, Huisache, Mistletoe—wondering if I was hot or cold. Just knowing Max Lucas Luna Luna might appear was enough to make my blood laugh.

The week I start dropping in at Father & Son's Taco Palace No. 2, is when she decides to skip. First we get an announcement over the intercom from Sister Virginella. *I am sorry to have to announce one of our youngest and dearest students has strayed from home. Let us keep her in our hearts and in our prayers until her safe return.* That's when she first got her picture in the paper with her ma's weepy message.

Personally it was no grief or relief to me she escaped so clean. That's for sure. But as it happened, she owed me. Bad enough she skips and has the whole school talking. At least then I had hope she'd make good on her promise to hook me up with Max Lucas Luna Luna. But just when I could say her name again without spitting, she goes and dies. Some kids playing in a drain ditch find a body, and yeah, it's her. When the TV cameras arrive at our school, there go all them drama hot shits howling real tears, even the ones that didn't know her. Sick.

Well, I couldn't help but feel bad for the dip once she's dead, right? I mean, after I got over being mad. Until she rose from the dead three days later.

After they've featured her ma crying into a wrinkled handkerchief and her dad saying, "She was my little princess," and the student body using money from our Padre Island field-trip fund to buy a bouquet of white gladiolus with a banner that reads VIRGENCITA, CUÍDALA, and the whole damn school having to go to a high mass in her honor, my *tocaya* outdoes herself. Shows up at the downtown police station and says, I ain't dead.

Can you believe it? Her parents had identified the body in the morgue and everything. "I guess we were too upset to examine the body properly." Ha!

I never did get to meet Max Lucas Luna Luna, and who cares, right? All I'm saying is she couldn't even die right. But whose famous face is on the front page of the *San Antonio Light, the San Antonio Express News,* and the *Southside Reporter*? Girl, I'm telling you.

CHAPTER 3

THERE WAS A MAN, THERE WAS A WOMAN

Me estoy muriendo y tú, como si nada ...

—"Puñalada Trapera" *interpretada por* LOLA BELTRÁN

(TOMÁS MÉNDEZ SOSA, *autor*)

Woman Hollering Creek

The day Don Serafín gave Juan Pedro Martínez Sánchez permission to take Cleófilas Enriqueta DeLeón Hernández as his bride, across her father's threshold, over several miles of dirt road and several miles of paved, over one border and beyond to a town *en el otro lado*—on the other side—already did he divine the morning his daughter would raise her hand over her eyes, look south, and dream of returning to the chores that never ended, six good-for-nothing brothers, and one old man's complaints.

He had said, after all, in the hubbub of parting: I am your father, I will never abandon you. He *had* said that, hadn't he, when he hugged and then let her go. But at the moment Cleófilas was busy looking for Chela, her maid of honor, to fulfill their bouquet conspiracy. She would not remember her father's parting words until later. *I am your father, I will never abandon you.*

Only now as a mother did she remember. Now, when she and Juan Pedrito sat by the creek's edge. How when a man and a woman love each other, sometimes that love sours. But a parent's love for a child, a child's for its parents, is another thing entirely.

This is what Cleófilas thought evenings when Juan Pedro did not come home, and she lay on her side of the bed listening to the hollow roar of the interstate, a distant dog barking, the pecan trees rustling like ladies in stiff petticoats—*shh-shh-shh, shh-shh-shh*—soothing her to sleep.

In the town where she grew up, there isn't very much to do except accompany the aunts and godmothers to the house of one or the other to play cards. Or walk to the cinema to see this week's film again, speckled and with one hair quivering annoyingly on the screen. Or to the center of town to order a milk shake that will appear in a day and a half as a pimple on her backside. Or to the girlfriend's house to watch the latest *telenovela* episode and try to copy the way the women comb their hair, wear their makeup.

But what Cleófilas has been waiting for, has been whispering and sighing and giggling for, has been anticipating since she was old enough to lean against the window displays of gauze and butterflies and lace, is passion. Not the kind on the cover of the *¡Alarma!* magazines, mind you, where the lover is photographed with the bloody fork she used to salvage her good name. But passion in its purest crystalline essence. The kind the books and songs and *telenovelas* describe when one finds, finally, the great love of one's life, and does whatever one can, must do, at whatever the cost.

Tú o Nadie. "You or No One." The title of the current favorite telenovela. The beautiful Lucía Méndez having to put up with all kinds of hardships of the heart, separation and betrayal, and loving, always loving no matter what, because *that* is the most important thing, and did you see Lucía Méndez on the Bayer aspirin commercials—wasn't she lovely? Does she dye her hair do you think?

Cleófilas is going to go to the *farmacía* and buy a hair rinse; her girlfriend Chela will apply it—it's not that difficult at all.

Because you didn't watch last night's episode when Lucía confessed she loved him more than anyone in her life. In her life! And she sings the song "You or No One" in the beginning and end of the show. *Tú o Nadie*. Somehow one ought to live one's life like that, don't you think? You or no one. Because to suffer for love is good. The pain all sweet somehow. In the end.

Seguín. She had liked the sound of it. Far away and lovely. Not like *Monclova. Coahuila.* Ugly.

Seguín, Tejas. A nice sterling ring to it. The tinkle of money. She would get to wear outfits like the women on the *tele*, like Lucía Méndez. And have a lovely house, and wouldn't Chela be jealous.

And yes, they will drive all the way to Laredo to get her wedding dress. That's what they say. Because Juan Pedro wants to get married right away, without a long engagement since he can't take off too much time from work. He has a very important position in Seguin with, with ... a beer company, I think. Or was it tires? Yes, he has to be back. So they will get married in the spring when he can take off work, and then they will drive off in his new pickup—did you see it?—to their new home in Seguin. Well, not exactly new, but they're going to repaint the house. You know newlyweds. New paint and new furniture. Why not? He can afford it. And later on add maybe a room or two for the children. May they be blessed with many.

Well, you'll see. Cleófilas has always been so good with her sewing machine. A little *rrrr, rrrr, rrrr* of the machine and *izas!* Miracles. She's always been so clever, that girl. Poor thing. And without even a mama to advise her on things like her wedding night. Well, may God help her. What with a father with a head like a burro, and those six clumsy brothers. Well, what do you think! Yes, I'm going to the wedding. Of course! The dress I want to wear just needs to be altered a teensy bit to bring it up to date. See, I saw a new style last night that I thought would suit me. Did you watch last night's episode of *The Rich Also Cry*? Well, did you notice the dress the mother was wearing?

La Gritona. Such a funny name for such a lovely *arroyo*. But that's what they called the creek that ran behind the house. Though no one could say whether the woman had hollered from anger or pain. The natives only knew the *arroyo* one crossed on the way to San Antonio, and then once again on the way back, was called Woman Hollering, a name no one from these parts questioned, little less understood. *Pues, allá de los indios, quién sabe*—who knows, the townspeople shrugged, because it was of no concern to their lives how this trickle of water received its curious name.

"What do you want to know for?" Trini the laundromat attendant asked in the same gruff Spanish she always used whenever she gave Cleófilas change or yelled at her for something. First for putting too much soap in the machines. Later, for sitting on a washer. And still later, after Juan Pedrito was born, for not understanding that in this country you cannot let your baby walk around with no diaper and his pee-pee hanging out, it wasn't nice, *¿entiendes? Pues.*

How could Cleófilas explain to a woman like this why the name Woman Hollering fascinated her. Well, there was no sense talking to Trini.

On the other hand there were the neighbor ladies, one on either side of the house they rented near the *arroyo*. The woman Soledad on the left, the woman Dolores on the right.

The neighbor lady Soledad liked to call herself a widow, though how she came to be one was a mystery. Her husband had either died, or run away with an ice-house floozie, or simply gone out for cigarettes one afternoon and never came back. It was hard to say which since Soledad, as a rule, didn't mention him.

In the other house lived *la señora* Dolores, kind and very sweet, but her house smelled too much of incense and candles from the altars that burned continuously in memory of two sons who had died in the last war and one husband who had died shortly after from grief. The neighbor lady Dolores divided her time between the memory of these men and her garden, famous for its sunflowers—so tall they had to be supported with broom handles and old boards; red red cockscombs, fringed and bleeding a thick menstrual color; and, especially, roses whose sad scent reminded Cleófilas of the dead. Each Sunday *la señora* Dolores clipped the most beautiful of these flowers and arranged them on three modest headstones at the Seguin cemetery.

The neighbor ladies, Soledad, Dolores, they might've known once the name of the *arroyo* before it turned English but they did not know now. They were too busy remembering the men who had left through either choice or circumstance and would never come back.

Pain or rage, Cleófilas wondered when she drove over the bridge the first time as a newlywed and Juan Pedro had pointed it out. *La Gritona*, he had said, and she had laughed. Such a funny name for a creek so pretty and full of happily ever after.

The first time she had been so surprised she didn't cry out or try to defend herself. She had always said she would strike back if a man, any man, were to strike her.

But when the moment came, and he slapped her once, and then again, and again; until the lip split and bled an orchid of blood, she didn't fight back, she didn't break into tears, she didn't run away as she imagined she might when she saw such things in the *telenovelas*.

In her own home her parents had never raised a hand to each other or to their children. Although she admitted she may have been brought up a little leniently as an only daughter—*la consentida*, the princess—there were some things she would never tolerate. Ever.

Instead, when it happened the first time, when they were barely man and wife, she had been so stunned, it left her speechless, motionless, numb. She had done nothing but reach up to the heat on her mouth and stare at the blood on her hand as if even then she didn't understand.

She could think of nothing to say, said nothing. Just stroked the dark curls of the man who wept and would weep like a child, his tears of repentance and shame, this time and each.

The men at the ice house. From what she can tell, from the times during her first year when still a newlywed she is invited and accompanies her husband, sits mute beside their conversation, waits and sips a beer until it grows warm, twists a paper napkin into a knot, then another into a fan, one into a rose, nods her head, smiles, yawns, politely grins, laughs at the appropriate moments, leans against her husband's sleeve, tugs at his elbow, and finally becomes good at predicting where the talk will lead, from this Cleófilas concludes each is nightly trying to find the truth lying at the bottom of the bottle like a gold doubloon on the sea floor.

They want to tell each other what they want to tell themselves. But what is bumping like a helium balloon at the ceiling of the brain never finds its way out. It bubbles and rises, it gurgles in the throat, it rolls across the surface of the tongue, and erupts from the lips—a belch.

If they are lucky, there are tears at the end of the long night. At any given moment, the fists try to speak. They are dogs chasing their own tails before lying down to sleep, trying to find a way, a route, an out, and—finally—get some peace.

In the morning sometimes before he opens his eyes. Or after they have finished loving. Or at times when he is simply across from her at the table putting pieces of food into his mouth and chewing. Cleófilas thinks, This is the man I have waited my whole life for.

Not that he isn't a good man. She has to remind herself why she loves him when she changes the baby's Pampers, or when she mops the bathroom floor, or tries to make the curtains for the doorways without doors, or whiten the linen. Or wonder a little when he kicks the refrigerator and says he hates this shitty house and is going out where he won't be bothered with the baby's howling and her suspicious questions, and her requests to fix this and this and this because if she had any brains in her head she'd realize he's been up before the rooster earning his living to pay for the food in her belly and the roof over her head and would have to wake up again early the next day so why can't you just leave me in peace, woman.

He is not very tall, no, and he doesn't look like the men on the *telenovelas*. His face still scarred from acne. And he has a bit of a belly from all the beer he drinks. Well, he's always been husky.

This man who farts and belches and snores as well as laughs and kisses and holds her. Somehow this husband whose whiskers she finds each morning in the sink, whose shoes she must air each evening on the porch, this husband who cuts his fingernails in public, laughs loudly, curses like a man, and demands each course of dinner be served on a separate plate like at his mother's, as soon as he gets home, on time or late, and who doesn't care at all for music or *telenovelas* or romance or roses or the moon floating pearly over the *arroyo*, or through the bedroom window for that matter, shut the blinds and go back to sleep, this man, this father, this rival, this keeper, this lord, this master, this husband till kingdom come.

A doubt. Slender as a hair. A washed cup set back on the shelf wrong-side-up. Her lipstick, and body talc, and hairbrush all arranged in the bathroom a different way.

No. Her imagination. The house the same as always. Nothing.

Coming home from the hospital with her new son, her husband. Something comforting in discovering her house slippers beneath the bed, the faded housecoat where she left it on the bathroom hook. Her pillow. Their bed.

Sweet sweet homecoming. Sweet as the scent of face powder in the air, jasmine, sticky liquor.

Smudged fingerprint on the door. Crushed cigarette in a glass. Wrinkle in the brain crumpling to a crease.

Sometimes she thinks of her father's house. But how could she go back there? What a disgrace. What would the neighbors say? Coming home like that with one baby on her hip and one in the oven. Where's your husband?

The town of gossips. The town of dust and despair. Which she has traded for this town of gossips. This town of dust, despair. Houses farther apart perhaps, though no more privacy because of it. No leafy *zócalo* in the center of the town, though the murmur of talk is clear enough all the same. No huddled whispering on the church steps each Sunday. Because here the whispering begins at sunset at the ice house instead.

This town with its silly pride for a bronze pecan the size of a baby carriage in front of the city hall. TV repair shop, drugstore, hardware, dry cleaner's, chiropractor's, liquor store, bail bonds, empty storefront, and nothing, nothing, nothing of interest. Nothing one could walk to, at any rate. Because the towns here are built so that you have to depend on husbands. Or you stay home. Or you drive. If you're rich enough to own, allowed to drive, your own car.

There is no place to go. Unless one counts the neighbor ladies. Soledad on one side, Dolores on the other. Or the creek.

Don't go out there after dark, *mi'jita*. Stay near the house. *No es bueno para la salud. Mala suerte*. Bad luck. *Mal aire*. You'll get sick and the baby too. You'll catch a fright wandering about in the dark, and then you'll see how right we were.

The stream sometimes only a muddy puddle in the summer, though now in the springtime, because of the rains, a good-size alive thing, a thing with a voice all its own, all day and all night calling in its high, silver voice. Is it La Llorona, the weeping woman? La Llorona, who drowned her own children. Perhaps La Llorona is the one they named the creek after, she thinks, remembering all the stories she learned as a child.

La Llorona calling to her. She is sure of it. Cleófilas sets the baby's Donald Duck blanket on the grass. Listens. The day sky turning to night. The baby pulling up fistfuls of grass and laughing. La Llorona. Wonders if something as quiet as this drives a woman to the darkness under the trees.

What she needs is ... and made a gesture as if to yank a woman's buttocks to his groin. Maximiliano, the foul-smelling fool from across the road, said this and set the men laughing, but Cleófilas just muttered. *Grosero*, and went on washing dishes.

She knew he said it not because it was true, but more because it was he who needed to sleep with a woman, instead of drinking each night at the ice house and stumbling home alone.

Maximiliano who was said to have killed his wife in an ice-house brawl when she came at him with a mop. I had to shoot, he had said—she was armed.

Their laughter outside the kitchen window. Her husband's, his friends'. Manolo, Beto, Efraín, el Perico. Maximiliano.

Was Cleófilas just exaggerating as her husband always said? It seemed the newspapers were full of such stories. This woman found on the side of the interstate. This one pushed from a moving car. This one's cadaver, this one unconscious, this one beaten blue. Her ex-husband, her husband, her lover, her father, her brother, her uncle, her friend, her co-worker. Always. The same grisly news in the pages of the dailies. She dunked a glass under the soapy water for a moment—shivered.

He had thrown a book. Hers. From across the room. A hot welt across the cheek. She could forgive that. But what stung more was the fact it was *her* book, a love story by Corín Tellado, what she loved most now that she lived in the U.S., without a television set, without the *telenovelas*.

Except now and again when her husband was away and she could manage it, the few episodes glimpsed at the neighbor lady Soledad's house because Dolores didn't care for that sort of thing, though Soledad was often kind enough to retell what had happened on what episode of *María de Nadie*, the poor Argentine country girl who had the ill fortune of falling in love with the beautiful son of the Arrocha family, the very family she worked for, whose roof she slept under and whose floors she vacuumed, while in that same house, with the dust brooms and floor cleaners as witnesses, the square-jawed Juan Carlos Arrocha had uttered words of love, I love you,

Mafía, listen to me, *mi querida*, but it was she who had to say No, no, we are not of the same class, and remind him it was not his place nor hers to fall in love, while all the while her heart was breaking, can you imagine.

Cleófilas thought her life would have to be like that, like a *telenovela*, only now the episodes got sadder and sadder. And there were no commercials in between for comic relief. And no happy ending in sight. She thought this when she sat with the baby out by the creek behind the house. Cleófilas de ... ? But somehow she would have to change her name to Topazio, or Yesenia, Cristal, Adriana, Stefania, Andrea, something more poetic than Cleófilas. Everything happened to women with names like jewels. But what happened to a Cleófilas? Nothing. But a crack in the face.

Because the doctor has said so. She has to go. To make sure the new baby is all right, so there won't be any problems when he's born, and the appointment card says next Tuesday. Could he please take her. And that's all.

No, she won't mention it. She promises. If the doctor asks she can say she fell down the front steps or slipped when she was out in the backyard, slipped out back, she could tell him that. She has to go back next Tuesday, Juan Pedro, please, for the new baby. For their child.

She could write to her father and ask maybe for money, just a loan, for the new baby's medical expenses. Well then if he'd rather she didn't. All right, she won't. Please don't anymore. Please don't. She knows it's difficult saving money with all the bills they have, but how else are they going to get out of debt with the truck payments? And after the rent and the food and the electricity and the gas and the water and the who-knows-what, well, there's hardly anything left. But please, at least for the doctor visit. She won't ask for anything else. She has to. Why is she so anxious? Because.

Because she is going to make sure the baby is not turned around backward this time to split her down the center. Yes. Next Tuesday at five-thirty. I'll have Juan Pedrito dressed and ready. But those are the only shoes he has. I'll polish them, and we'll be ready. As soon as you come from work. We won't make you ashamed.

Felice? It's me, Graciela.

No, I can't talk louder. I'm at work.

Look, I need kind of a favor. There's a patient, a lady here who's got a problem.

Well, wait a minute. Are you listening to me or what?

I can't talk real loud 'cause her husband's in the next room.

Well, would you just listen?

I was going to do this sonogram on her—she's pregnant, right?—and she just starts crying on me. *Híjole*, Felice! This poor lady's got black-and-blue marks all over. I'm not kidding.

From her husband. Who else? Another one of those brides from across the border. And her family's all in Mexico.

Shit. You think they're going to help her? Give me a break. This lady doesn't even speak English. She hasn't been allowed to call home or write or nothing. That's why I'm calling you.

She needs a ride.

Not to Mexico, you goof. Just to the Greyhound. In San Anto.

No, just a ride. She's got her own money. All you'd have to do is drop her off in San Antonio on your way home. Come on, Felice. Please? If we don't help her, who will? I'd drive her myself, but she needs to be on that bus before her husband gets home from work. What do you say?

I don't know. Wait.

Right away, tomorrow even.

Well, if tomorrow's no good for you ...

It's a date, Felice. Thursday. At the Cash N Carry off I-10. Noon. She'll be ready.

Oh, and her name's Cleófilas.

I don't know. One of those Mexican saints, I guess. A martyr or something.

Cleófilas. C-L-E-O-F-I-L-A-S. Cle. O. Fi. Las. Write it down.

Thanks, Felice. When her kid's born she'll have to name her after us, right?

Yeah, you got it. A regular soap opera sometimes. *Que vida, comadre. Bueno* bye.

All morning that flutter of half-fear, half-doubt. At any moment Juan Pedro might appear in the doorway. On the street. At the Cash N Carry. Like in the dreams she dreamed.

There was that to think about, yes, until the woman in the pickup drove up. Then there wasn't time to think about anything but the pickup pointed toward San Antonio. Put your bags in the back and get in.

But when they drove across the *arroyo*, the driver opened her mouth and let out a yell as loud as any mariachi. Which startled not only Cleófilas, but Juan Pedrito as well.

Pues, look how cute. I scared you two, right? Sorry. Should've warned you. Every time I cross that bridge I do that. Because of the name, you know. Woman Hollering. *Pues*, I holler. She said this in a Spanish pocked with English and laughed. Did you ever notice, Felice continued, how nothing around here is named after a woman? Really. Unless she's the Virgin. I guess you're only famous if you're a virgin. She was laughing again.

That's why I like the name of that *arroyo*. Makes you want to holler like Tarzan, right?

Everything about this woman, this Felice, amazed Cleófilas. The fact that she drove a pickup. A pickup, mind you, but when Cleófilas asked if it was her husband's, she said she didn't have a husband. The pickup was hers. She herself had chosen it. She herself was paying for it.

I used to have a Pontiac Sunbird. But those cars are for *viejas*. Pussy cars. Now this here is a *real* car.

What kind of talk was that coming from a woman? Cleófilas thought. But then again, Felice was like no woman she'd ever met. Can you imagine, when we crossed the *arroyo* she just started yelling like a crazy, she would say later to her father and brothers. Just like that. Who would've thought?

Who would've? Pain or rage, perhaps, but not a hoot like the one Felice had just let go. Makes you want to holler like Tarzan, Felice had said.

Then Felice began laughing again, but it wasn't Felice laughing. It was gurgling out of her own throat, a long ribbon of laughter, like water.

The Marlboro Man

Durango was his name. Not his *real name*. I don't remember his real name, but it'll come to me. I've got it in my phone book at home. My girlfriend Romelia used to live with him. You *know* her, in fact. The real pretty one with big lips who came over to our table at the Beauregards' once when the Number Two Dinners were playing.

The one with the ponytail?

No. Her friend. Anyway, she lived with him for a year even though he was *way* too old for her.

For real? But I thought the Marlboro Man was gay.

He *was*? Romelia never told me *that*.

Yeah. In fact, I'm positive. I remember because I had a bad-ass crush on him, and one day I see a commercial for *60 Minutes*, right? SPECIAL. TONIGHT! THE MARLBORO

MAN. I remember saying to myself, Hot damn, I can't miss that.

Maybe Romelia *did* insinuate, but I didn't pick up on it.

What's his name? That guy from *60 Minutes*.

Andy Rooney?

Not Andy Rooney, *girl*friend! The other guy. The one that looks sad all the time.

Dan Rather.

Yeah, him. Dan Rather interviewed him on *60 Minutes*. You know, "Whatever happened to the Marlboro Man" and all that shit. Dan Rather interviewed him. The Marlboro Man was working as an AIDS clinic volunteer and he died from it even.

No, he didn't. He died from cancer. Too many cigarettes, I guess.

Are we talking about the same Marlboro Man?

He and Romelia lived on this fabulous piece of real estate in the hill country, outside Fredericksburg. Beautiful house on a bluff, next to some cattle ranches. You'd think you were miles from civilization, deer and wild turkey and roadrunners and hawks and all that, but it was only a ten-minute drive to town. They had a big Fourth of July party there once and Invited everybody who was anybody. Willie Nelson, Esteban Jordán, Augie Meyers, all that crowd.

No kidding.

He had this habit of taking off all his clothes in public. I ran into them once at the Liberty, and he was dressed up in this luscious suit. Very GQ, know what I mean? *Très élégant.* Well, I waved to Romelia, meaning to go over to the bar later and say hi. But by the time I got to my pecan pie, he was already marching out the door wearing nothing but a cocktail napkin. I swear, he was *some*thing.

GOD! Don't kill me. I used to dream he'd be the father of my children.

Well, yeah. That is if we're talking about the same Marlboro

Man. There've been lots of Marlboro Men. Just like there've been lots of Lassies, and lots of Shamu the Whale, and lots of Ralph the Swimming Pig. Well,what did you think, girlfriend? *All* those billboards. *All* those years!

Did he have a mustache?

Yeah.

And did he play bit parts in Clint Eastwood westerns?

I think so. At least he played in some Wells Fargo things that I know of.

And was he originally from northern California, used to have a little brother who was borderline mentally retarded, did some porno flicks before Marlboro discovered him?

Well, all I know is he was called Durango. And he owned a ranch out in the hill country that once belonged to Lady Bird Johnson. And he and some friends of the Texas Tornadoes lost a lot of money investing in some recording studio that was supposed to have thirty-six tracks instead of the usual sixteen,

or whatever. And he gave Romelia hell, always chasing any young *thang* that wore a skirt and...

But Dan Rather said he was the original Marlboro Man.

The original, huh? ... Well, maybe the one I'm talking about who lived with Romelia wasn't the *real* Marlboro Man ... But he *was* old.

La Fabulosa:
A Texas Operetta

She likes to say she's "Spanish," but she's from Laredo like the rest of us—or "Lardo," as we call it. Her name is Berriozábal. Carmen. Worked as a secretary for a San Antonio law firm.

Big *chichis*. I mean big. Men couldn't take their eyes off them. She couldn't help it, really. Anytime they talked to her they never looked her in the eye. It was kind of sad.

She kept this corporal at Fort Sam Houston. Young. A looker. José Arrambide. He had a high school honey back home who sold nachos at the mall, still waiting for him to come back to Harlingen, marry her, and buy that three-piece bedroom set on layaway. Dream on, right?

Well, this José wasn't Carmen's LUH-uv of her life. Just her San Antonio "thang," so to speak. But you know how men are. Unless you're washing their feet and drying them with your hair, they just can't take it. I mean it. And Carmen was a take-it-or-leave-it type of woman. If you don't like it, there's the door. Like that. She was something.

Not smart. I mean, she didn't know enough to get her teeth cleaned every year, or to buy herself a duplex. But the corporal was hooked. Her genuine guaranteed love slave. I don't know why, but when you treat men bad, they love it.

Yeah, sure, he was her sometime sweetheart, but what's that to a woman who's twenty and got the world by the eggs. First chance, she took up with a famous Texas senator who was paving his way to the big house. Set her up in a fancy condo in north Austin. Camilo Escamilla. You maybe might've heard of him.

When José found out, it was a big *escándalo*, as they say. Tried to kill her. Tried to kill himself. But this Camilo kept it out of the papers. He was that important. And besides, he had a wife and kids who posed with him every year for the calendar he gave away at Christmas. He wasn't about to throw his career out the window for no *fulanita*.

According to who you talk to, you hear different. José's friends say he left his initials across those famous *chichis* with a knife, but that sure sounds like talk, don't it?

I heard he went AWOL. Became a bullfighter in Matamoros, just so he could die like a man. Somebody else said *she's* the one who wants to die.

Don't you believe it, she ran off with King Kong Cárdenas, a professional wrestler from Crystal City and a sweetie. I know her cousin Lerma, and we saw her just last week at the Floore Country Store in Helotes. Hell, she bought us a beer, two-stepped and twirled away to "Hey Baby Qué Pasó."

Remember the Alamo

Gustavo Galindo, Ernie Sepúlveda, Jessie Robles, Jr., Ronnie DeHoyos, Christine Zamora ...

When I was a kid and my ma added the rice to the hot oil, you know how it sizzles and spits, it sounds kind of like applause, right? Well, I'd always bow and say *Gracias, mi querido público*, thank you, and blow kisses to an imaginary crowd. I still do, kind of as a joke. When I make Spanish rice or something and add it to the oil. It roars, and I bow, just a little so no one would guess, but I bow, and I'm still blowing kisses, only inside.

Mary Alice Luján, Santiago Sanabria, Timoteo Herrera ...

But I'm not Rudy when I perform. I mean, I'm not Rudy Cantú from Falfurrias anymore. I'm Tristán. Every Thursday night at the Travisty. Behind the Alamo, you can't miss it. One-man show, girl. Flamenco, salsa, tango, fandango, merengue, cumbia, cha-cha-chá. Don't forget. The Travisty. Remember the Alamo.

Lionel Ontiveros, Darlene Limón, Alex Vigil ...

There are other performers, the mambo queens—don't get me wrong, it's not that they're not good at what they do. But they're not class acts. Daniela Romo impersonators. Lucha Villa look-alikes. Carmen Mirandas. Fruit department, if you ask me. But Tristán is very—how do I put it?—elegant. I mean, when he walks down the street, he turns heads like this. Passionate and stormy. And arrogant. Yes, arrogant a little. Sweetheart, in this business you have to be.

Blás G. Cortinas, Armando Salazar, Freddie Mendoza ...

Tristán holds himself like a matador. His clothes magnificent. Absolutely perfect, like a second skin. The crowd throbbing—Tris-TAN, Tris-TAN, Tris-TAN!!! Tristán smiles, the room shivers. He raises his arms, the wings of a hawk. Spotlight clean as the moon of Andalucía. Audience breathless as water. And then ... *Boom!* The heels like shotguns. A dance till death. I will love you *hasta la muerte, mi vida*. Do you hear? Until death.

Brenda Núñez, Jacinto Tovar, Henry Bautista, Nancy Rose Luna ...

Because every Thursday night Tristán dances with La Calaca Flaca. Tristán takes the fag hag by the throat and throttles her senseless. Tristán's not afraid of La Flaquita, Thin Death.

Arturo Domínguez, Porfiria Escalante, Gregory Gallegos Durán, Ralph G. Soliz ...

Tristán leads Death across the floor. *¿Verdad que me quieres, mi cariñito, verdad que sí? Hasta la muerte*. I'll show you how to ache.

Paul Villareal Saucedo, Monica Riojas, Baltazar M. López ...

Say it. Say you want me. You want me. *Te quiero*. Look at me. I said *look* at me. *Don't* take your eyes from mine, Death. Yesssss. My treasure. My precious. *Mi pedacito de alma desnuda*. You want me so bad it hurts. A tug-of-war, a tease and stroke. Smoke in the mouth. *Hasta la muerte*. Ha!

Dorotea Villalobos, Jorge H. Hull, Aurora Anguiano Román, Amado Tijerina, Bobby Mendiola ...

Tristán's family? They love him no matter what. His ma proud of his fame—That's my *m'ijo*. His sisters jealous because he's the pretty one. But they adore him, and he gives them tips on their makeup.

At first his father said What's this? But then when the newspaper articles started pouring in, well, what could he do but send photocopies to the relatives in Mexico, right? And Tristán sends them all free backstage passes. They drive all the way from the Valley for the opening of the show. Even the snooty relatives from Monterrey. It's unbelievable. Last time he invited his family they took the whole damn third floor of La Mansión del Rio. I'm not kidding.

He's the greatest live act in San Anto. Doesn't put up with bull. No way. Either loves you or hates you. Ferocious, I'm telling you. *Muy* hot-hot-hot or cold as a witch's tough *chichi*. Isn't tight with nobody but family and friends. Doesn't need to be. Go on, say it. I want you to. I'll school you. I'll show you how it's done.

See this ring? A gift from an art admirer and dance aficionado. Sent $500 worth of red roses the night of his opening. You should've seen the dressing room. Roses, roses, roses, Honey! Then he sent the ring, little diamonds set in the shape of Texas. Just because he was fond of art. That's how it is. Say it. *Te quiero*. Say you want me. You want me.

The bitch and Tristán are like this. La Flaca crazy about him. Lots of people love Tristán like that. Because Tristán dares to be different. To stand out in a crowd. To have style and grace. And *eleganica*. Tristán has that kind of appeal.

He's not scared of the low-rider types who come up at the Esquire Bar, that beer-stinking, piss-soaked hole, jukebox screaming Brenda Lee's "I'm Sorry." *¿Eres maricón?* You a fag? Gives them a look like the edge of a razor across lip.

Dresses all in white in the summer, all in black in the winter. No in-between except for the show. That's how he is. Tristán. But he's never going to be anything but honest. Carry his heart in his hand. You know it.

And when he loves, gives himself body and soul. None of this fooling around. A love so complete you have to be ready for it. Courageous. Put on your seat belt, sweets. A ride to the finish. So bad it aches.

A dance until death. Every Thursday night when he glides with La Flaca. Wraps his arms around her. La Muertita with her shit-eating, bless-her-heart grin. Doesn't faze him. La Death with her dress up the crack of her ass. The girl's pathetic.

What a pair! The two like Ginger and Fred tangoing across the floor. Two angels, heavenly bodies floating cheek to cheek. Or *nalga* to *nalga*. Ay, girl, I'm telling you. *Wáchale, muchacha.* With those maracas and the cha-cha-chá of those bones-bones-bones, she's a natural. *¿Verdad que me quieres, mi cari ñito? ¿Verdad que sí?*

Tristán? Never feels better than on Thursday nights when he's working her. When he's living those moments, the audience breathing, sighing out there, roaring when the curtains go up and the lights and music begin. That's when Tristán's life starts. Without ulcers or gas stations or hospital bills or bloody sheets or pubic hairs in the sink. Lovers in your arms pulling farther and farther away from you. Dried husks, hulls, coffee cups. Letters home sent back unopened.

Tristán's got nothing to do with the ugly, the ordinary. With screen doors with broken screens or peeling paint or raw hallways. The dirty backyards, the muddy spittle in the toilet you don't want to remember. Sweating, pressing himself against you, pink pink peepee blind and seamless as an eye, pink as a baby rat, your hand small and rubbing it, yes, like this, like so, and your skull being crushed by that sour smell and the taste like tears inside you sore mouth.

No. Tristán doesn't have memories like that. Only *amor del corazón*, that you can't buy, right? That is never used to hurt anybody. Never ashamed. Love like a body that wants to give and give of itself, that wants to create a universe where nothing is dirty, no one is hurting, no one sick, that's what Tristán thinks of when he dances.

Mario Pacheco, Ricky Estrada, Lillian Alvarado ...

Say it. Say you want me. *Te quiero*. Like I want you. Say you love me. Like I love you. I love you. *Te quiero, mi querido público. Te adoro*. With all my heart. With my heart and with my body.

Ray Agustín Huerta, Elsa González, Frank Castro, Abelardo Romo, Rochell M. Garza, Nacianceno Cavazos, Nelda Therese Flores, Roland Guillermo Pedraza, Renato Villa, Filemón Guzmán, Suzie A. Ybañez, David Mondragón...

This body.

Never Marry a Mexican

Never marry a Mexican, my ma said once and always. She said this because of my father. She said this though she was Mexican too. But she was born here in the U.S., and he was born there, and it's *not* the same, you know.

I'll *never* marry. Not any man. I've known men too intimately. I've witnessed their infidelities, and I've helped them to it. Unzipped and unhooked and agreed to clandestine maneuvers. I've been accomplice, committed premeditated crimes. I'm guilty of having caused deliberate pain to other women. I'm vindictive and cruel, and I'm capable of anything.

I admit, there was a time when all I wanted was to belong to a man. To wear that gold band on my left hand and be worn on his arm like an expensive jewel brilliant in the light of day. Not the sneaking around I did in different bars that all looked the same, red carpets with a black grillwork design, flocked wallpaper, wooden wagon-wheel light fixtures with hurricane lampshades a sick amber color like the drinking glasses you get for free at gas stations.

Dark bars, dark restaurants then. And if not—my

apartment, with his toothbrush firmly planted in the toothbrush holder like a flag on the North Pole. The bed so big because he never stayed the whole night. Of course not.

Borrowed. That's how I've had my men. Just the cream skimmed off the top. Just the sweetest part of the fruit, without the bitter skin that daily living with a spouse can rend. They've come to me when they wanted the sweet meat then.

So, no. I've never married and never will. Not because I couldn't, but because I'm too romantic for marriage. Marriage has failed me, you could say. Not a man exists who hasn't disappointed me, whom I could trust to love the way I've loved. It's because I believe too much in marriage that I don't. Better to not marry than live a lie.

Mexican men, forget it. For a long time the men clearing off the tables or chopping meat behind the butcher counter or driving the bus I rode to school every day, those weren't men. Not men I considered as potential lovers. Mexican, Puerto Rican, Cuban, Chilean, Colombian, Panamanian, Salvadorean, Bolivian, Honduran, Argentine, Dominican, Venezuelan, Guatemalan, Ecuadorean, Nicaraguan, Peruvian, Costa Rican, Paraguayan, Uruguayan, I don't care. I never saw them. My mother did this to me.

I guess she did it to spare me and Ximena the pain she

went through. Having married a Mexican man at seventeen. Having had to put up with all the grief a Mexican family can put on a girl because she was from *el otro lado,* the other side, and my father had married down by marrying her. If he had married a white woman from *el otro lado,* that would've been different. That would've been marrying up, even if the white girl was poor. But what could be more ridiculous than a Mexican girl who couldn't even speak Spanish, who didn't know enough to set a separate plate for each course at dinner, nor how to fold cloth napkins, nor how to set the silverware.

In my ma's house the plate were always stacked in the center of the table, the knives and forks and spoons standing in a jar, help yourself. All the dishes chipped or cracked and nothing matched. And no tablecloth, ever. And newspapers set on the table whenever my grandpa sliced watermelons, and how embarrassed she would be when her boyfriend, my father, would come over and there were newspapers all over the kitchen floor and table. And my grandpa, big hardworking Mexican man, saying Come, come and eat, and slicing a big wedge of those dark green watermelons, a big slice, he wasn't stingy with food. Never, even during the Depression. Come, come and eat, to whoever came knocking on the back door. Hobos sitting at the dinner table and the children staring and staring. Because my grandfather always made sure they never went without. Flour and rice, by the barrel and by the sack. Potatoes. Big bags of pinto beans. And watermelons, bought three or four at a time, rolled under his bed and brought out when you least expected. My grandpa had survived three wars, one Mexican, two American, and he knew what living without meant. He knew.

My father, on the other hand, did not. True, when he first came to this country he had worked shelling clams, washing dishes, planting hedges, sat on the back of the bus in Little Rock and had the bus driver shout, You—sit up here, and my father had shrugged sheepishly and said, No speak English.

But he was no economic refugee, no immigrant fleeing a war. My father ran away from home because he was afraid of facing his father after his first-year grades at the university proved he'd spent more time fooling around than studying. He left behind a house in Mexico City that was neither poor nor rich, but thought itself better than both. A boy who would get off a bus when he saw a girl he knew board if he didn't have the money to pay her fare. That was the world my father left behind.

I imagine my father in his *fanfarrón* clothes, because that's what he was, a *fanfarrón*. That's what my mother thought the moment she turned around to the voice that was asking her to dance. A big show-off, she'd say years later. Nothing but a big show-off. But she never said why she married him. My father in his shark-blue suits with the starched handkerchief in the breast pocket, his felt fedora, his tweed topcoat with the big shoulders, and heavy British wing tips with the pin-hole design on the heel and toe. Clothes that cost a lot. Expensive. That's what my father's things said. *Calidad.* Quality.

My father must've found the U.S. Mexicans very strange, so foreign from what he knew at home in Mexico City where the servant served watermelon on a plate with silverware and a cloth napkin, or mangos with their own special prongs. Not like this, eating with your legs wide open in the yard, or in the kitchen hunkered over newspapers. *Come, come and eat*. No, never like this.

How I make my living depends. Sometimes I work as a translator. Sometimes I get paid by the word and sometimes by the hour, depending on the job. I do this in the day, and at night I paint. I'd do anything in the day just so I can keep on painting.

I work as a substitute teacher, too, for the San Antonio Independent School District. And that's worse than translating those travel brochures with their tiny print, believe me. I can't stand kids. Not any age. But it pays the rent.

Any way you look at it, what I do to make a living is a form of prostitution. People say, "A painter? How nice," and want to invite me to their parties, have me decorate the lawn like an exotic orchid for hire. But do they buy art?

I'm amphibious. I'm a person who doesn't belong to any class. The rich like to have me around because they envy my creativity; they know they can't buy *that*. The poor don't mind if I live in their neighborhood because they know I'm poor like they are, even if my education and the way I dress keeps us worlds apart. I don't belong to any class. Not to the poor, whose neighborhood I share. Not to the rich, who come to my exhibitions and buy my work. Not to the middle class from which my sister Ximena and I fled.

When I was young, when I first left home and rented that apartment with my sister and her kids right after her husband left, I thought it would be glamorous to be an artist. I wanted to be like Frida or Tina. I was ready to suffer with my camera and my paint brushes in that awful apartment we rented for $150 each because it had high ceilings and those wonderful glass skylights that convinced us we had to have it. Never mind there was no sink in the bathroom, and a tub that looked like a sarcophagus, and floorboards that didn't meet, and a hallway to scare away the dead. But fourteen-foot ceilings was enough for us to write a check for the deposit right then and there. We thought it all romantic. You know the place, the one on Zarzamora on top of the barber shop with the Casasola prints of the Mexican Revolution. Neon BIRRIA TEPATITLÁN sign round the corner, two goats knocking their heads together, and all those Mexican bakeries, Las Brisas for *huevos rancheros* and *carnitas* and *barbacoa* on Sundays, and fresh fruit milk shakes, and mango *paletas*, and more signs in Spanish than in English. We thought it was great, great. The barrio looked cute in the daytime, like Sesame Street. Kids hopscotching on the sidewalk, blessed little boogers. And hardware stores that still sold ostrich-feather dusters, and whole families marching out of Our Lady of Guadalupe Church on Sundays, girls in their swirly-whirly dresses and patent-leather shoes, boys in their dress Stacys and shiny shirts.

But nights, that was nothing like what we knew up on the north side. Pistols going off like the wild, wild West, and me and Ximena and the kids huddled in one bed with the lights off listening to it all, saying, Go to sleep, babies, it's just firecrackers. But we knew better. Ximena would say,

Clemencia, maybe we should go home. And I'd say, Shit! Because she knew as well as I did there was no home to go home to. Not with our mother. Not with that man she married. After Daddy died, it was like we didn't matter. Like Ma was so busy feeling sorry for herself, I don't know. I'm not like Ximena. I still haven't worked it out after all this time, even though our mother's dead now. My half brothers living in that house that should've been ours, me and Ximena's. But that's—how do you say it?—water under the damn? I can't ever get the sayings right even though I was born in this country. We didn't say shit like that in our house.

Once Daddy was gone, it was like my ma didn't exist, like if she died, too. I used to have a little finch, twisted one of its tiny red legs between the bars of the cage once, who knows how. The leg just dried up and fell off. My bird lived a long time without it, just a little red stump of a leg. He was fine, really. My mother's memory is like that, like if something already dead dried up and fell off, and I stopped missing where she used to be. Like if I never had a mother. And I'm not ashamed to say it either. When she married that white man, and he and his boys moved into my father's house, it was as if she stopped being my mother. Like I never even had one.

Ma always sick and too busy worrying about her own

life, she would've sold us to the Devil if she could. "Because I married so young, *mi'ja*," she'd say. "Because your father, he was so much older than me, and I never had a chance to be young. Honey, try to understand ..." Then I'd stop listening.

That man she met at work, Owen Lambert, the foreman at the photo-finishing plant, who she was seeing even while my father was sick. Even then. That's what I can't forgive.

When my father was coughing up blood and phlegm in the hospital, half his face frozen, and his tongue so fat he couldn't talk, he looked so small with all those tubes and plastic sacks dangling around him. But what I remember most is the smell, like death was already sitting on his chest. And I remember the doctor scraping the phlegm out of my father's mouth with a white washcloth, and my daddy gagging and I wanted to yell, Stop, you stop that, he's my daddy. Goddamn you. Make him live. Daddy, don't. Not yet, not yet, not yet. And how I couldn't hold myself up, I couldn't hold myself up. Like if they'd beaten me, or pulled my insides out through my nostrils, like if they'd stuffed me with cinnamon and cloves, and I just stood there dry-eyed next to Ximena and my mother, Ximena between us because I wouldn't let her stand next to me. Everyone repeating over and over the Ave Marías and Padre Nuestros. The priest sprinkling holy water, *mundo sin fin, amén.*

Drew, remember when you used to call me your Malinalli? It was a joke, a private game between us, because you looked like a Cortez with that beard of yours. My skin dark against yours. Beautiful, you said. You said I was beautiful, and when you said it, Drew, I was.

My Malinalli, Malinche, my courtesan, you said, and yanked my head back by the braid. Calling me that name in between little gulps of breath and the raw kisses you gave, laughing from that black beard of yours.

Before daybreak, you'd be gone, same as always, before I even knew it. And it was as if I'd imagined you, only the teeth marks on my belly and nipples proving me wrong.

Your skin pale, but your hair blacker than a pirate's. Malinalli, you called me, remember? *Mi doradita*. I liked when you spoke to me in my language. I could love myself and think myself worth loving.

Your son. Does he know how much I had to do with his birth? I was the one who convinced you to let him be born. Did you tell him, while his mother lay on her back laboring his birth, I lay in his mother's bed making love to you.

You're nothing without me. I created you from spit and

red dust. And I can snuff you between my finger and thumb if I want to. Blow you to kingdom come. You're just a smudge of paint I chose to birth on canvas. And when I made you over, you were no longer a part of her, you were all mine. The landscape of your body taut as a drum. The heart beneath that hide thrumming and thrumming. Not an inch did I give back.

I paint and repaint you the way I see fit, even now. After all these years. Did you know that? Little fool. You think I went hobbling along with my life, whimpering and whining like some twangy country-and-western when you went back to her. But I've been waiting. Making the world look at you from my eyes. And if that's not power, what is?

Nights I light all the candles in the house, the ones to La Virgen de Guadalupe, the one to El Niño Fidencio, Don Pedrito Jaramillo, Santo Niño de Atocha, Nuestra Señora de San Juan de los Lagos, and especially, Santa Lucía, with her beautiful eyes on a plate.

Your eyes are beautiful, you said. You said they were the darkest eyes you'd even seen and kissed each one as if they were capable of miracles. And after you left, I wanted to scoop them out with a spoon, place them on a plate under these blue blue skies, food for the blackbirds.

The boy, your son. The one with the face of that redheaded woman who is your wife. The boy red-freckled like fish food floating on the skin of water. That boy.

I've been waiting patient as spider all these years, since I was nineteen and he was just an idea hoverng in his mother's head, and I'm the one that gave him permission and made it happen, see.

Because your father wanted to leave your mother and live with me. Your mother whinning for a child, at least *that*. And he kept saying, Later, we'll see, later. But all along it was me he wanted to be with, it was me, he said.

I want to tell you this evenings when you come to see me. When you're full of talk about what kind of clothes you're going to buy, and what you used to be like when you started high school and what you're like now that you're almost finished. And how everyone knows you as a rocker, and your band, and your new red guitar that you just got because your mother gave you a choice, a guitar or a car, but you don't need a car, do you, because I drive you everywhere. You could be my son if you weren't so light-skinned.

This happened. A long time ago. Before you were born. When you were a moth inside your mother's heart, I was your father's student, yes, just like you're mine now. And your father painted and painted me, because he said, I was his *doradita*, all golden and sun-baked, and that's the kind of woman he likes best, the ones brown as river sand, yes. And he took me under his wing and in his bed, this man, this teacher, your father. I was honored that he'd done me the favor. I was that young.

All I know is I was sleeping with your father the night you were born. In the same bed where you were conceived. I was sleeping with your father and didn't give a damn about that woman, your mother. If she was a brown woman like me, I might've had a harder time living with myself, but since she's not, I don't care. I was there first, always. I've always been there, in the mirror, under his skin, in the blood, before you were born. And he'd been here in my heart before I even knew him. Understand? He's always been here. Always. Dissolving like a hibisus flower, exploding like a rope into dust. I don't care what's right anymore. I don't care about his wife. She's not *my* sister.

And it's not the last time I've slept with a man the night his wife is birthing a baby. Why do I do that, I wonder? Sleep with a man when his wife is giving life, being suckled by a thing with its eyes still shut. Why do that? It's always given me a bit of crazy joy to be able to kill those women like that, without their knowing it. To know I've had their husbands when they were anchored in blue hospital rooms, their guts yanked inside out, the baby sucking their breasts while their husband sucked mine. All this while their ass stitches were still hurting.

Once, drunk on margaritas, I telephoned your father at four in the morning, woke the bitch up. Hello, she chirped. I want to talk to Drew. Just a moment, she said in her most polite drawing-room English. Just a moment. I laughed about that for weeks. What a stupid ass to pass the phone over to the lug asleep beside her. Excuse me, honey, it's for you. When Drew mumbled hello I was laughing so hard I could hardly talk. Drew? That dumb bitch of a wife of yours, I said, and that's all I could manage. That stupid stupid stupid. No Mexican woman would react like that. Excuse me, honey. It cracked me up.

He's got the same kind of skin, the boy. All the blue veins pale and clear just like his mama. Skin like roses in December. Pretty boy. Little clone. Little cells split into you and you and you. Tell me, baby, which part of you is your mother. I try to imagine her lips, her jaw, her long long legs that wrapped themselves around this father who took me to his bed.

This happened. I'm asleep. Or pretend to be. You're watching me, Drew. I feel your weight when you sit on the corner of the bed, dressed and ready to go, but now you're just watching me sleep. Nothing. Not a word. Not a kiss. Just sitting. You're taking me in, under inspection. What do you think already?

I haven't stopped dreaming you. Did you know that? Do you think it's strange? I never tell, though. I keep it to myself like I do all the thoughts I think of you.

After all these years.

I don't want you looking at me. I don't want you taking me in while I'm asleep. I'll open my eyes and frighten you away.

There. What did I tell you? *Drew? What is it?* Nothing. I'd knew you'd say that.

Let's not talk. We're no good at it. With you I'm useless with words. As if somehow I had to learn to speak all over again, as if the words I needed haven't been invented yet. We're cowards. Come back to bed. At least there I feel I have you for a little. For a moment. For a catch of the breath. You let go. You ache and tug. You rip my skin.

You're almost not a man without your clothes. How do I explain it? You're so much a child in my bed. Nothing but a big boy who needs to be held. I won't let anyone hurt you. My pirate. My slender boy of a man.

After all these years.

I didn't imagine it, did I? A Ganges, an eye of the storm. For a little. When we forgot ourselves, you tugged me, I leapt inside you and split you like an apple. Opened for the other to look and not give back. Something wrenched itself loose. Your body doesn't lie. It's not silent like you.

You're nude as a pearl. You've lost your train of smoke. You're tender as rain. If I'd put you in my mouth you'd dissolve like snow.

You were ashamed to be so naked. Pulled back. But I saw you for what you are, when you opened yourself for me. When you were careless and let yourself through. I caught that catch of the breath. I'm not crazy.

When you slept, you tugged me toward you. You sought me in the dark. I didn't sleep. Every cell, every follicle, every nerve, alert. Watching you sigh and roll and turn and hug me closer to you. I didn't sleep. I was taking *you* in that time.

Your mother? Only once. Years after your father and I stopped seeing each other. At an art exhibition. A show on the photographs of Eugène Atget. Those images, I could look at them for hours. I'd taken a group of students with me.

It was your father I saw first. And in that instant I felt as if everyone in the room, all the sepia-toned photographs, my students, the men in business suits, the high-heeled women, the security guards, everyone, could see me for what I was. I had to scurry out, lead my kids to another gallery, but some things destiny has cut out for you.

He caught up with us in the coat-check area, arm in arm with a red-headed Barbie doll in a fur coat. One of those scary Dallas types, hair yanked into a ponytail, big shiny face like the women behind the cosmetic counters at Neiman's. That's what I remember. She must've been with him all along, only I swear I never saw her until that second.

You could tell from a slight hesitancy, only slight because he's too suave to hesitate, that he was nervous. Then he's walking toward me, and I didn't know what to do, just stood there dazed like those animals crossing the road at night when the headlights stun them.

And I don't know why, but all of a sudden I looked at my shoes and felt ashamed at how old they looked. And he comes up to me, my love, your father, in that way of his with that grin that makes me want to beat him, makes me want to make love to him, and he says in the most sincere voice you ever heard, "Ah, Clemencia! *This* is Megan." No introduction could've been meaner. *This* is Megan. Just like that.

I grinned like an idiot and held out my paw— "Hello, Megan" —and smiled too much the way you do when you can't stand someone. Then I got the hell out of there, chattering like a monkey all the ride back with my kids. When I got home I had to lie down with a cold washcloth on my forehead and the TV on. All I could hear throbbing under the washcloth in that deep part behind my eyes: *This* is Megan.

And that's how I fell asleep, with the TV on and every light in the house burning. When I woke up it was something like three in the morning. I shut the lights and TV and went to get some aspirin, and the cats, who'd been asleep with me on the couch, got up too and followed me into the bathroom as if they knew what's what. And then they followed me into bed, where they aren't allowed, but this time I just let them, fleas and all.

This happened, too. I swear I'm not making this up. It's all true. It was the last time I was going to be with your father. We had agreed. All for the best. Surely I could see that, couldn't I? My own good. A good sport. A young girl like me. Hadn't I understood ... responsibilities. Besides, he could *never* marry *me*. You didn't think ...? *Never marry a Mexican. Never marry a*

Mexican ... No, of course not. I see. I see.

We had the house to ourselves for a few days, who knows how. You and your mother had gone somewhere. Was it Christmas? I don't remember.

I remember the leaded-glass lamp with the milk glass above the dining-room table. I made a mental inventory of everything. The Egyptian lotus design on the hinges of the doors. The narrow, dark hall where your father and I had made love once. The four-clawed tub where he had washed my hair and rinsed it with a tin bowl. This window. That counter. The bedroom with its light in the morning, incredibly soft, like the light from a polished dime.

The house was immaculate, as always, not a stray hair anywhere, not a flake of dandruff or a crumpled towel. Even the roses on the dining-room table held their breath. A kind of airless cleanliness that always made me want to sneeze.

Why was I so curious about his woman he lived with? Every time I went to the bathroom, I found myself opening the medicine cabinet, looking at all the things that were hers. Her Estée Lauder lipsticks. Corals and pinks, of course. Her nail polishes-mauve was as brave as she could wear. Her cotton balls and blond hairpins. A pair of bone-colored sheepskin slippers, as clean as the day she'd bought them. On the door hook—a white robe with a MADE IN ITALY label, and a silky nightshirt with pearl buttons. I touched the fabrics. *Calidad.* Quality.

I don't know how to explain what I did next. While your father was busy in the kitchen, I went over to where I'd left my backpack, and took out a bag of gummy bears I'd bought. And while he was banging pots, I went around the house and left a trail of them in places I was sure *she* would find them. One in her lucite makeup organizer. One stuffed inside each bottle of nail polish. I untwisted the expensive lipsticks to their full length and smushed a bear on the top before recapping them. I even put a gummy bear in her diaphragm case in the very center of that luminescent rubber moon.

Why bother? Drew could take the blame. Or he could say it was the cleaning woman's Mexican voodoo. I knew that, too. It didn't matter. I got a strange satisfaction wandering about the house leaving them in places only she would look.

And just as Drew was shouting, "Dinner!" I saw it on the desk. One of those wooden babushka dolls Drew had brought her from his trip to Russia. I know. He'd bought one just like it for me.

I just did what I did, uncapped the doll inside a doll inside a doll, until I got to the very center, the tiniest baby inside all the others, and this I replaced with a gummy bear. And then I put the dolls back, just like I'd found them, one inside the other, inside the other. Except for the baby, which I put inside my pocket. All through dinner I kept reaching in the pocket of my jean jacket. When I touched it, it made me feel good.

On the way home, on the bridge over the *arroyo* on Guadalupe Street, I stopped the car, switched on the emergency blinkers, got out, and dropped the wooden toy into that muddy creek where winos piss and rats swim. The Barbie doll's toy stewing there in that muck. It gave me a feeling like nothing before and since.

Then I drove home and slept like the dead.

These mornings, I fix coffee for me, milk for the boy. I think of that woman, and I can't see a trace of my lover in this boy, as if she conceived him by immaculate conception.

I sleep with this boy, their son. To make the boy love me the way I love his father. To make him want me, hunger, twist in his sleep, as if he'd swallowed glass. I put him in my mouth. Here, little piece of my *corazón*. Boy with hard thighs and just a bit of down and a small hard downy ass like his father's, and that back like a valentine. Come here, *mi cariñito*. Come to *mamita*. Here's a bit of toast.

I can tell from the way he looks at me, I have him in my power. Come, sparrow. I have the patience of eternity. Come to *mamita*. My stupid little bird. I don't move. I don't startle him. I let him nibble. All, all for you. Rub his belly. Stroke him. Before I snap my teeth.

What is it inside me that makes me so crazy at 2 A.M.? I can't blame it on alcohol in my blood when there isn't any. It's something worse. Something that poisons the blood and tips me when the night swells and I feel as if the whole sky were leaning against my brain.

And if I killed someone on a night like this? And if it was *me* I killed instead, I'd be guilty of getting in the line of crossfire, innocent bystander, isn't it a shame. I'd be walking with my head full of images and my back to the guilty. Suicide? I couldn't say. I didn't see it.

Except it's not me who I want to kill. When the gravity of the planets is just right, it all tilts and upsets the visible balance. And that's when it wants to out from my eyes. That's when I get on the telephone, dangerous as a terrorist. There's nothing to do but let it come.

So. What do you think? Are you convinced now I'm as crazy as a tulip or a taxi? As vagrant as cloud?

Sometimes the sky is so big and I feel so little at night. That's the problem with being cloud. The sky is so terribly big. Why is it worse at night, when I have such an urge to communicate and no language with which to form the words? Only colors. Pictures. And you know what I have to say isn't always pleasant.

Oh, love, there. I've gone and done it. What good is it? Good or bad. I've done what I had to do and needed to. And you've answered the phone, and startled me away like a bird. And now you're probably swearing under your breath and going back to sleep, with that wife beside you, warm, radiating her own heat, alive under the flannel and down and smelling a bit like milk and hand cream, and that smell familiar and dear to you, oh.

Human beings pass me on the street, and I want to reach out and strum them as if they were guitars. Sometimes all humanity strikes me as lovely. I just want to reach out and stroke someone, and say There, there, it's all right, honey. There, there, there.

Bread

We were hungry. We went into a bakery on Grand Avenue and bought bread. Filled the backseat. The whole car smelled of bread. Big sourdough loaves shaped like a fat ass. Fat-ass bread. I said in Spanish, *Nalgona* bread. Fat-ass bread, he said in Italian, but I forget how he said it.

We ripped big chunks with our hands and ate. The car a pearl blue like my heart that afternoon. Smell of warm bread, bread in both fists, a tango on the tape player loud, loud, loud, because me and him, we're the only ones who can stand it like that, like if the bandoneón, violin, piano, guitar, bass, were inside us, like when he wasn't married, like before his kids, like if all the pain hadn't passed between us.

Driving down streets with buildings that remind him, he says, how charming this city is. And me remembering when I was little, a cousin's baby who died from swallowing rat poison in a building like these.

That's just how it is. And that's how we drove. With all his new city memories and all my old. Him kissing me between big bites of bread.

Eyes of Zapata

I put my nose to your eyelashes. The skin of the eyelids as soft as the skin of the penis, the collarbone with its fluted wings, the purple knot of the nipple, the dark, blue-black color of your sex, the thin legs and long thin feet. For a moment I don't want to think of your past nor your future. For now you are here, you are mine.

Would it be right to tell you what I do each night you sleep here? After your cognac and cigar, after I'm certain you're asleep, I examine at my leisure your black trousers with the silver buttons—fifty-six pairs on each side; I've counted them—your embroidered sombrero with its horsehair tassel, the lovely Dutch linen shirt, the fine braid stitching on the border of your *charro* jacket, the handsome black boots, your tooled gun belt and silvers spurs. Are you my general? Or only that boy I met at the country fair in San Lázaro?

Hands too pretty for a man. Elegant hands, graceful hands, fingers smelling sweet as your Havanas. I had pretty hands once, remember? You used to say I had the prettiest hands of any woman in Cuautla. *Exquisitas* you called them, as if they were something to eat. It still makes me laugh remembering that.

Ay, but now look. Nicked and split and callused—how is it the hands get old first? The skin as coarse as the wattle of a hen. It's from the planting in the *tlacolol*, from the hard man's work I do clearing the field with the hoe and the machete, dirty work that leaves the clothes filthy, work no woman would do before the war.

But I'm not afraid of hard work or of being alone in the hills. I'm not afraid of dying or jail. I'm not afraid of the night like other women who run to the sacristy at the first call of *el gobierno*. I'm not other women.

Look at you. Snoring already? *Pobrecito*. Sleep, *papacito*. There, there. It's only me—Inés. *Duerme, mi trigueño, mi chulito, mi bebito. Ya, ya, ya.*

You say you can't sleep anywhere like you sleep here. So tired of always having to be *el gran general* Emiliano Zapata. The nervous fingers flinch, the long elegant bones shiver and twitch. Always waiting for the assassin's bullet.

Everyone is capable of becoming a traitor, and traitors must be broken, you say. A horse to be broken. A new saddle that needs breaking in. To break a spirit. Something to whip and lasso like you did in the *jaripeos* years ago.

Everything bothers you these days. Any noise, any light, even the sun. You say nothing for hours, and then when you do speak, it's an out-burst, a fury. Everyone afraid of you, even your men. You hide yourself in the dark. You go days without sleep. You don't laugh anymore.

I don't need to ask; I've seen for myself. The war is not going well. I see it in your face. How it's changed over the years, Miliano. From so much watching, the face grows that way. These wrinkles new, this furrow, the jaw clenched tight. Eyes creased from learning to see in the night.

They say the widows of sailors have eyes like that, from squinting into the line where the sky and sea dissolve. It's the same with us from all this war. We're all widows. The men as well as the women, even the children. All *clinging to the tail of the horse of our* jefe *Zapata*. All of us scarred from these nine years of *aguantando*—enduring.

Yes, it's in your face. It's always been there. Since before the war. Since before I knew you. Since your birth in Anenecuilco and even before then. Something hard and tender all at once in those eyes. You knew before any of us, didn't you?

This morning the messenger arrived with the news you'd be arriving before nightfall, but I was already boiling the corn for your supper tortillas. I saw you riding in on the road from Villa de Ayala. Just as I saw you that day in Anenecuilco when the revolution had just begun and the government was everywhere looking for you. You were worried about the land titles, went back to dig them up from where you'd hidden them eighteen months earlier, under the altar in the village church—am I right?—reminding Chico Franco to keep them safe. *I'm bound to die*, you said, *someday. But our titles stand to be guaranteed*.

I wish I could rub the grief from you as if it were a smudge on the cheek. I want to gather you up in my arms as if you were Nicolás or Malena, run up to the hills. I know every cave and crevice, every back road and ravine, but I don't know where I could hide you from yourself. You're tired. You're sick and lonely with this war, and I don't want any of those things to ever touch you again, Miliano. It's enough for now you are here. For now. Under my roof again.

Sleep, *papacito*. It's only Inés circling above you, wide-eyed all night. The sound of my wings like the sound of a velvet cape crumpling. A warm breeze against your skin, the wide expanse of moon-white feathers as if I could touch all the walls of the house at one sweep. A rustling, then weightlessness, light scattered out the window until it's the moist night wind beneath my owl wings. Whorl of stars like the filigree earrings you gave me. Your tired horse still as tin, there, where you tie it to a guamuchil tree. River singing louder than ever since the time of the rains.

I scout the hillsides, the mountains. My blue shadow over the high grass and slash of *barrancas*, over the ghosts of haciendas silent under the blue night. From this height, the village looks the same as before the war. As if the roofs were still intact, the walls still whitewashed, the cobbled streets swept of rubble and weeds. Nothing blistered and burnt. Our lives smooth and whole.

Round and round the blue countryside, over the scorched fields, giddy wind barely ruffling my stiff, white feathers, above the two soldiers you left guarding our door, one asleep, the other dull from a day of hard riding. But I'm awake, I'm always awake when you are here. Nothing escapes me. No coyote in the mountains, or scorpion in the sand. Everything clear. The trail you rode here. The night jasmine with its frothy scent of sweet milk. The make-shift roof of cane leaves on our adobe house. Our youngest child of five summers asleep in her hammock—*What a little woman you are now, Malenita.* The laughing sound of the river and canals, and the high, melancholy voice of the wind in the branches of the tall pine.

I slow-cricle and glide into the house, bringing the night-wind smell with me, fold myself back into my body. I haven't left you. I don't leave you, not ever. Do you know why? Because when you are gone I re-create you from memory. The scent of your skin, the mole above the broom of your mustache, how you fit in my palms. Your skin dark and rich as *piloncillo*. This face in my hands. I miss you. I miss you even now as you lie next to me.

To look at you as you sleep, the color of your skin. How in the half-light of moon you cast your own light, as if you are all made of amber, Miliano. As if you are a little lantern, and everything in the house is golden too.

You used to be *tan chistoso. Muy bonachón, muy bromista.* Joking and singing off-key when you had your little drinks. *Tres vicios tengo y los tengo muy arraigados; de ser borracho, jugador, y enamorado* ... Ay, my life, remember? Always *muy enamorado*, no? Are you still that boy I met at the San Lázaro country fair? Am I still that girl you kissed under the little avocado tree? It seems so far away from those days, Miliano.

We drag these bodies around with us, these bodies that have nothing at all to do with you, with me, with who we really are, these bodies that give us pleasure and pain. Though I've learned how to abandon mine at will, it seems to me we never free ourselves completely until we love, when we lose ourselves inside each other. Then we see a little of what is called heaven. When we can be that close that we no longer are Inés and Emiliano, but something bigger than our lives. And we can forgive, finally.

You and I, we've never been much for talking, have we? Poor thing, you don't know how to talk. Instead of talking with your lips, you put one leg around me when we sleep, to let me know it's all right. And we fall asleep like that, with one arm or a leg or one of those long monkey feet of yours touching mine. Your foot inside the hollow of my foot.

Does it surprise you I don't let go little things like that? There are so many things I don't forget even if I would do well to.

Inés, for the love I have for you. When my father pleaded, you can't imagine how I felt. How a pain entered my heart like a current of cold water and in that current were the days to come. But I said nothing.

Well then, my father said, *God help you. You've turned out just like the* perra *that bore you*. Then he turned around and I had no father.

I never felt so alone as that night. I gathered my things in my *rebozo* and ran out into the darkness to wait for you by the jacaranda tree. For a moment, all my courage left me. I wanted to turn around, call out, *'apá*, beg his forgivenss, and go back to sleeping on my *petate* against the cane-rush wall, waking before dawn to prepare the corn for the day's tortillas.

Perra. That word, the way my father spat it, as if in that one word I were betraying all the love he had given me all those years, as if he were closing all the doors to his heart.

Where could I hide from my father's anger? I could put out the eyes and stop the mouths of all the saints that wagged their tongues at me, but I could not stop my heart from hearing that word—*perra*. My father, my love, who would have nothing to do with me.

You don't like me to talk about my father, do you? I know, you and he never, well... Remember that thick scar across his left eyebrow? Kicked by a mule when he was a boy. Yes, that's how it happened. Tía Chucha said it was the reason he sometimes acted like a mule—but you're as stubborn as he was, aren't you, and no mule kicked you.

It's true, he never liked you. Since the days you started buying and selling livestock all through the *rancheritos*. By the time you were working the stables in Mexico City there was no mentioning your name. Because you'd never slept under a thatch roof, he said. Because you were a *charro*, and didn't wear the cotton whites of the *campesino*. Then he'd mutter, loud enough for me to hear, *That one doesn't know what it is to smell his own shit.*

I always thought you and he made such perfect enemies because you were so much alike. Except, unlike you, he was useless as a soldier. I never told you how the government forced him to enlist. Up in Guanajuato is where they sent him when you were busy with the Carrancistas, and Pancho Villa's boys were giving everyone a rough time up north. My father, who'd never been farther than Amecameca, gray-haired and broken as he was, they took him. It was during the time the dead were piled up on the street corners like stones, when it wasn't safe for anyone, man or woman, to go out into the streets.

There was nothing to eat, Tía Chucha sick with the fever, and me taking care of us all. My father said better he should go to his brother Fulgencio's in Tenexcapán and see if they had corn there. *Take Malenita, I said. With a child they won't bother you.*

And so my father went out toward Tenexcapán dragging Malenita by the hand. But when night began to fall and they hadn't come back, well, imagine. It was the widow Elpidia who knocked on our door with Malenita howling and with story they'd taken the men to the railroad station. *South to the work camps, or north to fight?* Tía Chucha asked. *If God wishes,* I said, *he'll be safe.*

That night Tía Chucha and I dreamt this dream. My father and my Tío Fulgencio standing against the back wall of the rice mill. *Who lives?* But they don't answer, afraid to give the wrong *viva. Shoot them; discuss politics later.*

At the moment the soldiers are about to fire, an officer, an acquaintance of my father's from before the war, rides by and orders them set free.

Then they took my father and my Tío Fulgencio to the train station, shuttled them into box cars with others, and didn't let them go until they reached Guanajuato where they were each given guns and orders to shoot at the Villistas.

With the fright of the firing squad and all, my father was never the same. In Guanajuato, he had to be sent to the military hospital, where he suffered to collapsed lung. They removed three of his ribs to cure him, and when he was finally well enough to travel, they sent him back to us.

All through the dry season my father lived on like that, with a hole in the back of his chest from which he breathed. Those days I had to swab him with a sticky pitch pine and wrap him each morning in clean bandages. The opening oozed a spittle like the juice of the prickly pear, sticky and clear and with a smell both sweet and terrible like magnolia flowers rotting on the branch.

We did the best we could to nurse him, my Tía Chucha and I. Then one morning a *chachalaca* flew inside the house and battered against the ceiling. It took both of us with blankets and the broom to get it out. We didn't say anything but we thought about it for a long time.

Before the next new moon, I had a dream I was in church praying a rosary. But what I held between my hands wasn't my rosary with the glass beads, but one of human teeth. I let it drop, and the teeth bounced across the flagstones like pearls from a necklace. The dream and the bird were sign enough.

When my father called my mother's name one last time and died, the syllables came out sucked and coughed from that other mouth, like a drowned man's, and he expired finally in one last breath from that opening that killed him.

We buried him like that, with his three missing ribs wrapped in a handkerchief my mother had embroidered with his initials and with the hoofmark of the mule under his left eyebrow.

For eight days people arrived to pray the rosary. All the priests had long since fled, we had to pay a *rezandero* to say the last rites. Tía Chucha laid the cross of lime and sand, and set out flowers and a votive lamp, and on the ninth day, my *tía* raised the cross and called out my father's name—Remigio Alfaro—and my father's spirit flew away and left us.

But suppose he won't give us his permission.

That old goat, we'll be dead by the time he gives his permission. Better we just run off. He can't be angry forever.

Not even on his deathbed did he forgive you. I suppose you've never forgiven him either for calling in the authorities. I'm sure he only meant for them to scare you a little, to remind you of your obligations to me since I was expecting your child. Who could imagine they would force you to join the cavalry.

I can't make apologies on my father's behalf, but, well, what were we to think, Miliano? Those months you were gone, hiding out in Puebla because of the protest signatures, the political organizing, the work in the village defense. Me as big as a boat, Nicolás waiting to be born at any moment, and you nowhere to be found, and no money sent, and not a word. I was so young, I didn't know what else to do but abandon our house of stone and adobe and go back to my father's. Was I wrong to do that? You tell me.

I could endure my father's anger, but I was afraid for the child. I placed my hand on my belly and whispered—Child, be born when the moon is tender; even a tree must be pruned under the full moon so it will grow strong. And at the next full moon, I gave light, Tía Chucha holding up our handsome, strong-lunged boy.

Two planting seasons came and went, and we were preparing for the third when you came back from the cavalry and met your son for the first time. I thought you'd forgotten all about politics, and we could go on with our lives. But by the end of the year you were already behind the campaign to elect Patricio Leyva governor, as if all the troubles with the government, with my father, had meant nothing.

You gave me a pair of gold earrings as a wedding gift, remember? *I never said I'd marry you, Inés. Never.* Two filagree hoops with tiny flowers and fringe. I buried them when the government came, and went back for them later. But even these I had to sell when there was nothing to eat but boiled corn silk. They were the last things I sold.

Never. It made me feel a little crazy when you hurled that at me. That word with all its force.

But, Miliano, I thought...

You were foolish to have thought then.

That was years ago. We're all guilty of saying things we don't mean. I never said ... I know. You don't want to hear it.

What am I to you now, Miliano? When you leave me?

When you hesitate? Hover? The last time you gave a sigh that would fit into a spoon. What did you mean by that?

If I complain about these woman concerns of mine, I know you'll tell me—Inés, these aren't times for that—wait until later. But, Miliano, I'm tired of being told to wait.

Ay, you don't understand. Even if you had the words, you could never tell me. You don't know your own heart, men. Even when you are speaking with it in your hand.

I have my livestock, a little money my father left me. I'll set up a house for us in Cuautla of stone and adobe. We can live together, and later we'll see.

Nicolás is crazy about his two cows, La Fortuna y La Paloma. Because he's a man now, you said, when you gave him his birthday present. When you were thirteen, you were already buying and reselling animals throughout the ranches. To see if a beast is a good worker, you must tickle it on the back, no? If it can't bother itself to move, well then, it's lazy and won't be of any use. See, I've learned that much from you.

Remember the horse you found in Cuernavaca? Someone had hidden it in an upstairs bedroom, wild and spirited from being penned so long. She had poked her head from between the gold fringe of velvet drapery just as you rode by, just at that moment. A beauty like that making her appearance from a balcony like a woman waiting for her serenade. You laughed and joked about that and named her La Coquetona, remember? La Coquetona, yes.

When I met you at the country fair in San Lázaro, everyone knew you were the best man with horses in the state of Morelos. All the hacienda owners wanted you to work for them. Even as far as Mexico City. A *charro* among *charros*. The livestock, the horses bought and sold. Planting a bit when things were slow. Your brother Eufemio borrowing time and time again because he'd squandered every peso of his inheritance, but you've always prided yourself in being independent, no? You once confessed one of the happiest days of your life was the watermelon harvest that produced the 600 pesos.

And *my* happiest memory? The night I came to live with you, of course. I remember how your skin smelled sweet as the rind of a watermelon, like the fields after it has rained. I wanted my life to begin there, at that moment when I balanced that thin boy's body of yours on mine, as if you were made of balsa, as if you were boat and I river. The days to come, I thought, erasing the bitter sting of my father's good-bye.

There's been too much suffering, too much of our hearts

hardening and drying like corpses. We've survived, eaten grass and corn cobs and rotten vegetables. And the epidemics have been as dangerous as the *federales*, the deserters, the bandits. Nine years.

In Cuautla it stank from so many dead. Nicolás would go out to play with the bullet shells he'd collected, or to watch the dead being buried in trenches. Once five federal corpses were piled up in the *zócalo*. We went through their pockets for money, jewelry, anything we could sell. When they burned the bodies, the fat ran off them in streams, and they jumped and wiggled as if they were trying to sit up. Nicolás had terrible dreams after that. I was too ashamed to tell him I did, too.

At first we couldn't bear to look at the bodies hanging in the trees. But after many months, you get used to them, curling and drying into leather in the sun day after day, dangling like earrings, so that they no longer terrify, they no longer mean anything. Perhaps that is worst of all.

Your sister tells me Nicolás takes after you these days, nervous and quick with words, like a sudden dust storm or shower of sparks. When you were away with the Seventh Cavalry, Tía Chucha and I would put smoke in Nicolás's mouth, so he would learn to talk early. All the other babies his age babbling like monkeys, but Nicolás always silent, always following us with those eyes all your kin have. Those are not Alfaro eyes, I remember my father saying.

The year you came back from the cavalry, you sent for us, me and the boy, and we lived in the house of stone and adobe. From your silences, I understood I was not to question our marriage. It was what it was. Nothing more. Wondering where you were the weeks I didn't see you, and why it was you arrived only for a few slender nights, always after nightfall and leaving before dawn. Our lives ran along as they had before. What good is it to have a husband and not have him? I thought.

When you began involving yourself with the Patricio Leyva campaign, we didn't see you for months at a time. Sometimes the boy and I would return to my father's house where I felt less alone. *Just for a few nights,* I said, unrolling a *petate* in my old corner against the cane-rush wall in the kitchen. *Until my husband returns*. But a few nights grew into weeks, and the weeks into months, until I spent more time under my father's thatch roof than in our house with the roof of tiles.

That's how the weeks and months passed. Your election to the town council. Your work defending the land titles. Then the parceling of the land when your name began to run all along the villages, up and down the Cuautla River. Zapata this and Zapata that. I couldn't go anywhere without hearing it. And each time, a kind of fear entered my heart like a cloud crossing the sun.

I spent the days chewing on this poison as I was grinding the corn, pretending to ignore what the other women washing at the river said. That you had several *pastimes*. That there was a certain María Josefa in Villa de Ayala. Then they would just laugh. It was worse for me those nights you did arrive and lay asleep next to me. I lay awake watching and watching you.

In the day, I could support the grief, wake up before dawn to prepare the day's tortillas, busy myself with the chores, the turkey hens, the planting and collecting of herbs. The boy already wearing his first pair of trousers and getting into all kinds of trouble when he wasn't being watched. There was enough to distract me in the day. But at night, you can't imagine.

Tía Chucha made me drink heart-flower tea—*yoloxochitl*, flower from the magnolia tree—petals soft and seamless as a tongue. *Yoloxochitl, flor de corazón*, with its breath of vanilla and honey. She prepared a tonic with the dried blossoms and applied a salve, mixed with the white of an egg, to the tender skin above my heart.

It was the season of rain. *Plum ... plum plum.* All night I listened to that broken string of pearls, bead upon bead upon bead rolling across the waxy leaves of my heart.

I lived with that heartsickness inside me, Miliano, as if the days to come did not exist. And when it seemed the grief would not let me go, I wrapped one of your handkerchiefs around a dried hummingbird, went to the river, whispered, *Virgencita, ayúdame*, kissed it, then tossed the bundle into the waters where it disappeared for a moment before floating downstream in a dizzy swirl of foam.

That night, my heart circled and fluttered against my chest, and something beneath my eyelids palpitated so furiously, it wouldn't let me sleep. When I felt myself whirling against the beams of the house, I opened my eyes. I could see perfectly in the darkness. Beneath me—all of us asleep. Myself, there, in my *petate* against the kitchen wall, the boy asleep beside me. My father and my Tía Chucha sleeping in their corner of the house. Then I felt the room circle once, twice, until I found myself under the stars flying above the little avocado tree, above the house and the corral.

I passed the night in a delirious circle of sadness, of joy, reeling round and round above our roof of dried sugarcane leaves, the world as clear as if the noon sun shone. And when dawn arrived I flew back to my body that waited patiently for me where I'd left it, on the *petate* beside our Nicolás.

Each evening I flew a wider circle. And in the day. I withdrew further and further into myself, living only for those night flights. My father whispered to my Tía Chucha, *Ojos que no ven,corazón que no siente*. But my eyes did see and my heart suffered.

One night over *milpas* and beyond the *tlacolol,* over *barrancas* and thorny scrub forests, past the thatch roofs of the *jacales* and the stream where the women do the wash, beyond bright bougainvillea, high above canyons and across fields of rice and corn, I flew. The gawky stalks of banana trees swayed beneath me. I saw rivers of cold water and a river of water so bitter they say it flows from the sea. I didn't stop until I reached a grove of high laurels rustling in the center of a town square where all the whitewashed houses shone blue as abalone under the full moon. And I remember my wings were blue and soundless as the wings of a *tecolote*.

And when I alighted on the branch of a tamarind tree outside a window, I saw you asleep next to that woman from Villa de Ayala, that woman who is your wife sleeping beside you. And her skin shone blue in the moonlight and you were blue as well.

She wasn't at all like I'd imagined. I came up close and

studied her hair. Nothing but an ordinary woman with her ordinary woman smell. She opened her mouth and gave a moan. And you pulled her close to you, Miliano. Then I felt a terrible grief inside me. The two of you asleep like that, your leg warm against hers, your foot inside the hollow of her foot.

They say I am the one who caused her children to die. From jealousy, from envy. What do you say? Her boy and girl both dead before they stopped sucking teat. She won't bear you any more children. But my boy, my girl are alive.

When a customer walks away after you've named your price, and then he comes back, that's when you raise your price. When you know you have what he wants. Something I learned from your horse-trading years.

You married her, that woman from Villa de Ayala, true. But see, you came back to me. You always come back. In between and beyond the others. That's my magic. You come back to me.

You visited me again. Thursday last. I yanked you from the bed of that other one. I dreamt you, and when I awoke I was sure your spirit had just fluttered from the room. I have yanked you from your sleep before into the dream I was dreaming. Twisted you like a spiral of hair around a finger. Love, you arrived with your heart full of birds. And when you would not do my bidding and come when I commanded. I turned into the soul of a *tecolote* and kept vigil in the branches of a purple jacaranda outside your door to make sure no one would do my Miliano harm while he slept.

You sent a letter by messenger how many months afterward? On paper thin and crinkled as if it had been made with tears.

I burned copal in a clay bowl. Inhaled the smoke. Said a prayer in *mexicano* to the old gods, an Ave María in Spanish to La Virgen, and gave thanks. You were on your way home to us. The house of stone and adobe aired and swept clean, the night sweet with the scent of candles that had been burning continually since I saw you in the dream. Sometime after Nicolás had fallen asleep, the hoofbeats.

A silence between us like a language. When I held you, you trembled, a tree in rain. Ay, Miliano, I remember that, and it helps the days pass without bitterness.

What did you tell her about me? *That was before I knew you, Josefa. That chapter of my life with Inés Alfaro is finished.* But I'm a story that never ends. Pull one string and the whole cloth unravels.

Just before you came for Nicolás, he fell ill with the symptoms of the jealousy sickness, big boy that he was. But it was true, I was with child again. Malena was born without making a sound, because she remembered how she had been conceived—nights tangled around each other like smoke.

You and Villa were marching triumphantly down the streets of Mexico City, your hat filled with flowers the pretty girls tossed at you. The brim sagging under the weight like a basket.

I named our daughter after my mother. María Elena. Against my father's wishes.

You have your *pastimes*. That's how it's said, no? Your many *pastimes*. I know you take to your bed women half my age. Women the age of our Nicolás. You've left many mothers crying, as they say.

They say you have three women in Jojutla, all under one roof. And that your women treat each other with *a most extraordinary harmony, sisters in a cause who believe in the greater good of the revolution*. I say they can all go to hell, those newspaper journalists and the mothers who bore them. Did they ever ask me?

These stupid country girls, how can they resist you? The magnificent Zapata in his elegant *charro* costume, riding a splendid horse. Your wide sombrero a halo around your face. You're not a man for them; you're a legend, a myth, a god. But you are as well my husband. Albeit only sometimes.

How can a woman be happy in love? To love like this, to love as strong as we hate. That is how we are, the women of my family. We never forget a wrong. We know how to love and we know how to hate.

I've seen your other children in the dreams. María Luisa from that Gregoria Zúñiga in Quilamula after her twin sister Luz died on you childless. Diego born in Tlatizapán of that woman who calls herself *Missus* Jorge Piñeiro. Ana María in Cuautla from that she-goat Petra Torres. Mateo, son of that nobody, Jesusa Pérez of Temilpa. All your children born with those eyes of Zapata.

I know what I know. How you sleep cradled in my arms, how you love me with a pleasure close to sobbing, how I still the trembling in your chest and hold you, hold you, until those eyes look into mine.

Your eyes. Ay! Your eyes. Eyes with teeth. Terrible as obsidian. The days to come in those eyes, *el porvenir*, the days gone by. And beneath that fierceness, something ancient and tender as rain.

Miliano, Milianito. And I sing you that song I sang Nicolás

and Malenita when they were little and would not sleep.

Seasons of war, a little half-peace now and then, and then war and war again. Running up to the hills when the *federales* come, coming back down when they've gone.

Before the war, it was the *caciques* who were after the young girls and the married women. They had their hands on everything it seems—the land, law, women. Remember when they found that *desgraciado* Policarpo Cisneros in the arms of the Quintero girl? *¡Virgen purísima!* She was only a little thing of twelve years. And he, what? At least eighty, I imagine.

Desgraciados. All members of one army against us, no? The *federales*, the *caciques*, one as bad as the other, stealing our hens, stealing the women at night. What long sharp howls the women would let go when they carried them off. The next morning the women would be back, and we would say *Buenos días*, as if nothing had happened.

Since the war began, we've gotten used to sleeping in the corral. Or in the hills, in trees, in caves with the spiders and scorpions. We hide ourselves as best we can when the *federales* arrive, behind rocks or in *barrancas*, or in the pine and tall grass when there is nothing else to hide behind. Sometimes I build a shelter for us with cane branches in the mountains. Sometimes the people of the cold lands give us boiled water sweetened with cane sugar, and we stay until we can gather a little strength, until the sun has warmed our bones and it is safe to come back down.

Before the war, when Tía Chucha was alive, we passed the days selling at all the town markets—chickens, turkey hens, cloth, coffee, the herbs we collected in the hills or grew in the garden. That's how our weeks and months came and went.

I sold bread and candles. I planted corn and beans back then and harvested coffee at times too. I've sold all kinds of things. I even know how to buy and resell animals. And now I know how to work the *tlacolol*, which is the worst of all—your hands and feet split and swollen from the machete and hoe.

Sometimes I find sweet potatoes in the abandoned fields, or squash, or corn. And this we eat raw, too tired, too hungry to cook anything. We've eaten like the birds, what we could pluck from the trees—guava, mango, tamarind, almond when in season. We've gone without corn for the tortillas, made do when there were no kernels to be had, eaten the cobs as well as the flower.

My metate, my good shawl, my fancy *huipil*, my filigree earrings, anything I could sell, I've sold. The corn sells for one peso and a half a *cuartillo* when one can find a handful. I soak and boil and grind it without even letting it cool, a few tortillas to feed Malenita, who is always hungry, and if there is anything left, I feed myself.

Tía Chucha caught the sickness of the wind in the hot country. I used all her remedies and my own, *guacamaya* feathers, eggs, cocoa beans, chamomile oil, rosemary, but there was no help for her. I thought I would finish myself crying, all my mother's people gone from me, but there was the girl to think about. Nothing to do but go on, *aguantar*, until I could let go that grief. Ay, how terrible those times.

I go on surviving, hiding, searching if only for Malenita's sake. Our little plantings, that's how we get along. The government run off with the *maíz*, the chickens, my prize turkey hens and rabbits. Everyone has had his turn to do us harm.

Now I'm going to tell you about when they burned the house, the one you bought for us. I was sick with the fever. Headache and a terrible pain in the back of my calves. Fleas, babies crying, gunshots in the distance, someone crying out *el gobierno*, a gallop of horses in my head, and the shouting of those going off to join troops and of those staying. I could barely manage to drag myself up the hills. Malenita was suffering one of her *corajes* and refused to walk, sucking the collar of her blouse and crying. I had to carry her on my back with her little feet kicking me all the way until I gave her half of a hard tortilla to eat and she forgot about her anger and fell asleep. By the time the sun was strong and we were far away enough to feel safe, I was weak. I slept without dreaming, holding Malenita's cool body against my burning. When I woke the world was filled with stars, and the stars carried me back to the village and showed me.

It was like this. The village did not look like our village. The trees, the mountains against the sky, the land, yes, that was still as we remembered it, but the village was no longer a village. Everything pocked and in ruins. Our house with its roof tiles gone. The walls blistered and black. Pots, pans, jugs, dishes axed into shards, our shawls and blankets torn and trampled. The seed we had left, what we'd saved and stored that year, scattered, the birds enjoying it.

Hens, cows, pigs, goats, rabbits, all slaughtered. Not even the dogs were spared and were strung from the trees. The Carrancistas destroyed everything, because, as they say, *Even the stones here are Zapatistas.* And what was not destroyed was carried off by their women, who descended behind them like a plague of vultures to pick us clean.

It's *her* fault, the villagers said when they returned. *Nagual. Bruja.* Then I understood how alone I was.

Miliano, what I'm about to say to you now, only to you do I tell it, to no one else have I confessed it. It's necessary I say it; I won't rest until I undo it from my heart.

They say when I was a child I caused a hailstorm that ruined the new corn. When I was so young I don't even remember. In Tetelcingo that's what they say.

That's why the years the harvest was bad and the times especially hard, they wanted to burn me with green wood. It was my mother they killed instead, but not with green wood. When they delivered her to our door, I cried until I finished myself crying. I was sick, sick, for several days, and they say I vomited worms, but I don't remember that. Only the terrible dreams I suffered during the fever.

My Tía Chucha cured me with branches from the pepper tree and with the broom. And for a long time afterward, my legs felt as if they were stuffed with rags, and I kept seeing little purple stars winking and whirling just out of reach.

It wasn't until I was well enough to go outside again that I noticed the crosses of pressed *pericón* flowers on all the village doorways and in the *milpa* too. From then on the villagers avoided me, as if they meant to punish me by not talking, just as they'd punished my mother with those words that thumped and thudded like the hail that killed the corn.

That's why we had to move the seven kilometers from Tetelcingo to Cuautla, as if we were from that village and not the other, and that's how it was we came to live with my Tía Chucha, little by little taking my mother's place as my teacher, and later as my father's wife.

My Tía Chucha, she was the one who taught me to use my sight, just as her mother had taught her. The women in my family, we've always had the power to see with more than our eyes. My mother, my Tía Chucha, me. Our Malenita as well.

It's only now when they murmur *bruja, nagual*, behind my back, just as they hurled those words at my mother, that I realize how alike my mother and I are. How words can hold their own magic. How a word can charm, and how a word can kill. This I've understood.

Mujeriego. I dislike the word. Why not *hombreriega*? Why not? The word loses its luster. *Hombreriega*. Is that what I am? My mother? But in the mouth of men, the word is flint-edged and heavy, makes a drum of the body, something to maim and bruise, and sometimes kill.

What is it I am to you? Sometime wife? Lover? Whore? Which? To be one is not so terrible as being all.

I've needed to hear it from you. To verify what I've always thought I knew. You'll say I've grown crazy from living on dried grass and corn silk. But I swear I've never seen more clearly than these days.

Ay, Miliano, don't you see? The wars begin here, in our hearts and in our beds. You have a daughter. How do you want her treated? Like you treated me?

All I've wanted was words, that magic to soothe me a little, what you could not give me.

The months I disappeared, I don't think you understood my reasons. I assumed I made no difference to you. Only Nicolás mattered. And that's when you took him from me.

When Nicolás lost his last milk tooth, you sent for him, left him in your sister's care. He's lived like deer in the mountains, sometimes following you, sometimes meeting you ahead of your campaigns, always within reach. I know. I let him go. I agreed, yes, because a boy should be with his father, I said. But the truth is I wanted a part of me always hovering near you. How hard it must be for you to keep letting Nicolás go. And yet, he is always yours. Always.

When the *federales* captured Nicolás and took him to Tepaltzingo, you arrived with him asleep in your arms after your brother and Chico Franco rescued him. If anything happens to this child, you said, if anything ... and started to cry. I didn't say anything, Miliano, but you can't imagine how in that instant,

I wanted to be small and fit inside your heart, I wanted to belong to you like the boy, and know you loved me.

If I am a witch, then so be it, I said. And I took to eating black things—*huitlacoche* the corn mushroom, coffee, dark chiles, the bruised part of fruit, the darkest, blackest things to make me hard and strong.

You rarely talk. Your voice, Miliano, thin and light as a woman's, almost delicate. Your way of talking is sudden, quick, like water leaping. And yet I know what that voice of yours is capable of.

I remember after the massacre of Tlatizapán, 286 men and women and children slaughtered by the Carrancistas. Your thin figure, haggard and drawn, your face small and dark under your wide sombrero. I remember even your horse looked half-starved and wild that dusty, hot June day.

It was as if misery laughed at us. Even the sky was sad, the light leaden and dull, the air sticky and everything covered with flies. Women filled the streets searching among the corpses for their dead.

Everyone was tired, exhausted from running from the Carrancistas. The government had chased us almost as far as Jojutla. But you spoke in *mexicano*, you spoke to us in our language, with your heart in your hand, Miliano, which is why we listened to you. The people were tired, but they listened. Tired of surviving, of living, of enduring. Many were deserting and going back to their villages. *If you don't want to fight anymore,* you said, *we'll all go to the devil. What do you mean you are tired? When you elected me, I said I would represent you if you backed me. But now you must back me, I've kept my word. You wanted a man who wore pants, and I've been that man. And now, if you don't mean to fight, well then, there's nothing I can do.*

We were filthy, exhausted, hungry, but we followed you.

Under the little avocado tree behind my father's house is where you first kissed me. A crooked kiss, all wrong, on the side of the mouth. *You belong to me now*, you said, and I did.

The way you rode in the morning of the San Lázaro fair on a pretty horse as dark as your eyes. The sky was sorrel-colored, remember? Everything swelled and smelled of rain. A cool shadow fell across the village. You were dressed all in black as is your custom. A graceful, elegant man, thin and tall.

You wore a short black linen *charro* jacket, black trousers of cashmere adorned with silver buttons, and a lavender shirt knotted at the collar with a blue silk neckerchief. Your sombrero had a horsehair braid and tassel and a border of carnations embroidered along the wide brim in gold and silver threads. You wore the sombrero set forward—not at the back of the head as others do—so it would shade those eyes of yours, those eyes that watched and waited. Even then I knew it was an animal to match mine.

Suppose my father won't let me?

We'll run off, he can't be angry for always.

Wait until the end of the harvest.

You pulled me toward you under the little avocado tree and kissed me. A kiss tasting of warm beer and whiskers. *You belong to me now.*

It was during the plum season we met. I saw you at the country fair at San Lázaro. I wore my braids up away from the neck with bright ribbons. My hair freshly washed and combed with oil prepared with the ground bone of the mamey. And the neckline of my *huipil*, a white one, I remember, showed off my neck and collarbones.

You were riding a fine horse, silver-saddled with a fringe of red and black silk tassels, and your hands, beautiful hands, long and sensitive, rested lightly on the reins. I was afraid of you at first, but I didn't show it. How pretty you made your horse prance.

You circled when I tried to cross the *zócalo*, I remember. I pretended not to see you until you rode your horse in my path, and I tried to dodge one way, then the other, like a calf in a *jaripeo*. I could hear the laughter of your friends from under the shadows of the arcades. And when it was clear there was no avoiding you, I looked up at you and said, *With your permission.* You did not insist, you touched the brim of your hat, and let me go, and I heard your friend Francisco Franco, the one I would later know as Chico, say, *Small, but bigger than you, Miliano.*

So is it yes? I didn't know what to say, I was still so little, just laughed, and you kissed me like that, on my teeth.

Yes? and pressed me against the avocado tree. *No, is it?* And I said yes, then I said no, and yes, your kisses arriving in between.

Love? We don't say that word. For you it has to do with stroking with your eyes what catches your fancy, then lassoing and harnessing and corraling. Yanking home what is easy to take.

But not for me. Not from the start. You were handsome, yes, but I didn't like handsome men, thinking they could have whomever they wanted. I wanted to be, then, the one you could not have. I didn't lower my eyes like the other girls when I felt you looking at me.

I'll set up a house for us. We can live together, and later we'll see.

But suppose one day you leave me.

Never.

Wait at least until the end of the harvest.

I remember how your skin burned to the touch. How you smelled of lemongrass and smoke. I balanced that thin boy's body of yours on mine.

Something undid itself—gently, like a braid of hair unraveling. And I said, *Ay, mi chulito, mi chulito, mi chulito,* over and over.

Mornings and nights I think your scent is still in the blankets, wake remembering you are tangled somewhere between the sleeping and the waking. The scent of your skin, the mole above the broom of your thick mustache, how you fit in my hands.

Would it be right to tell you, each night you sleep here, after your cognac and cigar, when I'm certain you are finally sleeping, I sniff your skin. Your fingers sweet with the scent of tobacco. The fluted collarbones, the purple knot of the nipple, the deep, plum color of your sex, the thin legs and long, thin feet.

I examine at my leisure your black trousers with the silver buttons, the lovely shirt, the embroidered sombrero, the fine braid stitching on the border of your *charro* jacket, admire the workmanship, the spurs, leggings, the handsome black boots.

And when you are gone, I re-creat you from memory. Rub warmth into your fingertips. Take that dimpled chin of yours between my teeth. All the parts are there except your belly. I want to rub my face in its color, say no, no, no. Ay. Feel its warmth from my left cheek to the right. Run my tongue from the hollow in your throat, between the smooth stones of your chest, across the trail of down below the navel, lose myself in the dark scent of your sex. To look at you as you sleep, the color of your skin. How in the half-light of moon you cast your own light, as if you are a man made of amber.

Are you my general? Or only my Milianito? I think, I don't

know what you say, you don't belong to me nor to that woman from Villa de Ayala. You don't belong to anyone, no? Except the land. *La madre tierra que nos mantiene y cuida.* Every one of us.

I rise high and higher, the house shutting itself like an eye. I fly farther than I've ever flown before, farther than the clouds, farther than our Lord Sun, husband of the moon. Till all at once I look beneath me and see our lives, clear and still, far away and near.

And I see our future and our past, Miliano, one single thread already lived and nothing to be done about it. And I see the face of the man who will betray you. The place and the hour. The gift of a horse the color of gold dust. A breakfast of warm beer swirling in your belly. The hacienda gates opening. The pretty bugles doing the honors. *TirriLEE tirREE*. Bullets like a sudden shower of stones. And in that instant, a feeling of relief almost. And loneliness, just like that other loneliness of being born.

And I see my clean *huipil* and my silk Sunday shawl. My rosary placed between my hands and a palm cross that has been blessed. Eight days people arriving to pray. And on the ninth day, the cross of lime and sand raised, and my name called out—Inés Alfaro. The twisted neck of a rooster. Pork tamales wrapped in corn leaves. The masqueraders dancing, the men dressed as women, the women as men. Violins, guitars, one loud drum.

And I see other faces and other lives. My mother in a field of cempoaxúchitl flowers with a man who is not my father. Her *rebozo de bolita* spread beneath them. The smell of crushed grass and garlic. How, at a signal from her lover, the others descend. The clouds scurrying away. A machetesharp cane stake greased with lard and driven into the earth. How the men gather my mother like a bundle of corn. Her sharp cry against the infinity of sky when the cane stake pierces her. How each waiting his turn grunts words like hail that splits open the skin, just as before they'd whispered words of love.

The star of her sex open to the sky. Clouds moving soundlessly, and the sky changing colors. Hours. Eyes still fixed on the clouds the morning they find her—braids undone, a man's sombrero tipped on her head, a cigar in her mouth, as if to say, this is what we do to women who try to act like men.

The small black bundle that is my mother delivered to my father's door. My father without a "who" or "how." He knows as well as everyone.

How the sky let go a storm of stones. The corn harvest

ruined. And how we move from Tetelcingo to my Tía Chucha's in Cuautla.

And I see our children. Malenita with her twins, who will never marry, two brave *solteronas* living out their lives selling herbs in La Merced in Mexico City.

And our Nicolás, a grown man, the grief and shame Nicolás will bring to the Zapata name when he kicks up a fuss about the parcel of land the government gives him, how it isn't enough, how it's never enough, how the son of a great man should not live like a peasant. The older Anenecuilcans shaking their heads when he sells the Zapata name to the PRI campaign.

And I see the ancient land titles the smoky morning they are drawn up in Náhuatl and recorded on tree-bark paper—*conceded to our pueblo the 25th of September of 1607 by the Viceroy of New Spain*—the land grants that prove the land has always been our land.

And I see that dappled afternoon in Anenecuilco when the government has begun to look for you. And I see you unearth the strong box buried under the main altar of the village church, and hand it to Chico Franco—*If you lose this, I'll have you dangling from the tallest tree,* compadre. *Not before they fill me with bullets,* Chico said and laughed.

And the evening, already as an old man, in the Canyon of the Wolves, Chico Franco running and running, old wolf, old cunning, the government men Nicolás sent shouting behind him, his sons Vírulo and Julián, young, crumpled on the cool courtyard tiles like bougainvillea blossoms, and how useless it all is, because the deeds are buried under the floorboards ot a *pulquería* named La Providencia, and no one knowing where they are after the bullets pierce Chico's body. Nothing better or worse than before, and nothing the same or different.

And I see rivers of stars and the wide sea with its sad voice, and emerald fish fluttering on the sea bottom, glad to be themselves. And bell towers and blue forests, and a store window filled with hats. A burnt foot like the inside of a plum. A lice comb with two nits. The lace hem of a woman's dress. The violet smoke from a cigarette. A boy urinating into a tin. The milky eyes of a blind man. The chipped finger of a San Isidro statue. The tawny bellies of dark women giving life.

And more lives and more blood, those being born as well as those dying, the ones who ask questions and the ones who keep quiet, the days of grief and all the flower colors of joy.

Ay papacito, cielito de mi corazón, now the burros are complaining. The rooster beginning his cries. Morning already? Wait, I want to remember everything before you leave me.

How you looked at me in the San Lázaro plaza. How you kissed me under my father's avocado tree. Nights you loved me with a pleasure close to sobbing, how I stilled the trembling in your chest and held you, held you. Miliano, Milianito.

My sky, my life, my eyes. Let me look at you. Before you open those eyes of yours. The days to come, the days gone by. Before we go back to what we'll always be.

Anguiano Religious Articles Rosaries Statues Medals Incense Candles Talismans Perfumes Oils Herbs

You know that religious store on Soledad across from Sanitary Tortillas? Next to El Divorcio Lounge. Don't go in there. The man who owns it is a crab ass. I'm not the only one who says it. He's famous for being a crab ass.

I know all about him, but I stopped in anyway. Because I needed a Virgen de Guadalupe and the Preciado sisters on South Laredo didn't have nothing that didn't look as if someone made it with their feet.

A statue is what I was thinking, or maybe those pretty 3-D pictures, the ones made from strips of cardboard that you look at sideways and you see the Santo Niño de Atocha, and you look at it straight and it's La Virgen, and you look at it from the other side and it's Saint Lucy with her eyes on a plate or maybe San Martín Caballero cutting his Roman cape in half with a sword and giving it to a beggar, only I want to know how come he didn't give that beggar *all* of his cape if he's so saintly, right?

Well, that's what I was looking for. One of those framed pictures with a silver strip of aluminum foil on the bottom and top, the wooden frame painted a happy pink or turquoise. You can buy them cheaper on the other side, but I didn't have time to go to Nuevo Laredo 'cause I only found out about Tencha Tuesday. They put her right in Santa Rosa Hospital. I had to take a half-day off work and the bus, well, what was I going to do? It's either Anguiano Religious Articles or Sisters Preciado Botánica.

Then after I walk all the way from Santa Rosa in the heat, guess what? Anguiano's is closed even though I could see him sitting in there in the dark. I'm knocking and knocking, knocking and knocking on the glass with a quarter. Know what he does before unlocking? Looks me up and down like if I'm one of those ladies from the Cactus Hotel or the Court House Pawnshop or the Western Wear come to rob him.

I was thinking about those framed holy pictures with glitter in the window. But then I saw some Virgen de Guadalupe statues with real hair eyelashes. Well, not real hair, but some stiff black stuff like brushes, only I didn't like how La Virgen looked with furry eyelashes—*bien* mean, like *los amores de la calle*. That's not right.

I looked at all the Virgen de Guadalupes he had. The

statues, the framed pictures, the holy cards, and candles. Because I only got $10. And by then, there was other people had come in. But you know what he says to me—you won't believe it—he says, I can see you're not going to buy anything. Loud and in Spanish. I can see you're not going to buy anything.

Oh, but I am, I says, I just need a little more time to think.

Well, if it's thinking you want, you just go across the street to the church to think—you're just wasting my time and yours thinking here.

Honest to God. Real ugly is how he talked to me. Well, go across the street to San Fernando if you want to think—you're just wasting my time and yours thinking here.

I should've told him. You go to hell. But what for? He's already headed there.

Little Miracles, Kept Promises

Exvoto Donated as Promised

On the 20th of December of 1988 we suffered a terrible disaster on the road to Corpus Christi. The bus we were riding skidded and overturned near Robstown and a lady and her little girl were killed. Thanks to La Virgen de Guadalupe we are alive, all of us miraculously unharmed, and with no visible scars, except we are afraid to ride buses. We dedicate this retablo to La Virgencita with our affection and gratitude and our everlasting faith.

Familia Arteaga
Alice, Texas
G.R.(Gracias Recibido/Thanks Given)

Blessed Santo Niño de Atocha,

Thank you for helping us when Chapa's truck got stolen. We didn't know how we was going to make it. He needs it to get to work, and this job, well, he's been on probation since we got him to quit drinking. Raquel and the kids are hardly ever afraid of him anymore, and we are proud parents. We don't know how we can repay you for everything you have done for our family. We will light a candle to you every Sunday and never forget you.

Sidronio Tijerina
Brenda A. Camacho de Tijerina
San Angelo, Texas

Dear San Martín de Porres,

Please send us clothes, furniture, shoes, dishes. We need anything that don't eat. Since the fire we have to start all over again and Lalo's disability check ain't much and don't go far. Zulema would like to finish school but I says she can just forget about it now. She's our oldest and her place is at home helping us out I told her. Please make her see some sense. She's all we got.

Thanking you,
Adelfa Vásquez
Escobas, Texas

Dear San Antonio de Padua,

Can you please help me find a man who isn't a pain in the nalgas. There aren't any in Texas, I swear. Especially not in San Antonio.

Can you do something about all the educated Chicanos who have to go to California to find a job. I guess what my sister Irma says is true: "If you didn't get a husband when you were in college, you don't get one."

I would appreciate it very much if you sent me a man who speaks Spanish, who at least can pronounce his name the way it's supposed to be pronounced. Someone please who never calls himself "Hispanic" unless he's applying for a grant from Washington, D.C.

Can you send me a man man. I mean someone who's not ashamed to be seen cooking or cleaning or looking after himself. In other words, a man who acts like an adult. Not one who's never lived alone, never bought his own underwear, never ironed his own shirts, never even heated his own tortillas. In other words, don't send me someone like my brothers who my mother ruined with too much chichi, or I'll throw him back.

I'll turn your statue upside down until you send him to me. I've put up with too much too long, and now I'm just too intelligent, too powerful, too beautiful, too sure of who I am finally to deserve anything less.

Ms. Barbara Ybañez

San Antonio, TX

Dear Niño Fidencio,

I would like for you to help me get a job with good pay, benefits, and retirement plan. I promise you if you help me I will make a pilgrimage to your tomb in Espinazo and bring you flowers. Many thanks.

César Escandón

Pharr, Tejas

DEAR DON PEDRITO JARAMILLO HEALER OF LOS OLMOS

MY NAME IS ENRIQUETA ANTONIA SANDOVAL I LIVE IN SAN MARCOS TX I AM SICK THEY OPERATED ME FROM A KIDNEY AND A TUMOR OF CANCER BUT THANKS TO GOD I AM ALIVE BUT I HAVE TO GET TREATMENTS FOR A YEAR THE KIMO I AM 2½ YEARS OLD BUT MY GRANDMA BROUGHT ME THAT YOU AND OUR LORD WHO IS IN THE HEAVENS WILL CURE ME WITH THIS LETTER THAT I AM DEPOSITING HERE ITS MY GRANDMA WHO IS WRITING THIS I HOPE EVERYBODY WHO SEES THIS LETTER WILL TAKE A MINUTE TO ASK FOR MY HEALTH

ENRIQUETA ANTONIA SANDOVAL

2 AND A HALF YEARS OLD

I LEOCADIA DIMAS VDA. DE CORDERO OF SAN MARCOS TX HAVE COME TO PAY THIS REQUEST TO DON PEDRITO THAT MY

GRANDDAUGHTER WILL COME OUT FINE FROM HER OPERATION THANKS TO GOD AND THOSE WHO HELPED SUCH GOOD DOCTORS THAT DID THEIR JOB WELL THE REST IS IN GODS HANDS THAT HE DO HIS WILL MANY THANKS WITH ALL MY HEART.

YOUR VERY RESPECTFUL SERVANT
LEOCADIA

Oh Mighty Poderosos, Blessed Powerful Ones,

You who are crowned in heaven and who are so close to our Divine Savior, I implore your intercession before the Almighty on my behalf. I ask for peace of spirit and prosperity, and that the demons in my path that are the cause of all my woes be removed so that they no longer torment me. Look favorably on this petition and bless me, that I may continue to glorify your deeds with all my heart—santísimo Niño Fidencio, gran General Pancho Villa, bendito Don Pedrito Jaramillo, virtuoso John F. Kennedy, and blessed Pope John Paul. Amen.

Gertrudis Parra
Uvalde, Tejas

Father Almighty,

Teach me to love my husband again. Forgive me.

s.
Corpus Christi

Seven African Powers that surround our Savior—Obatala, Yemaya, Ochún, Orunla, Ogun, Elegua, and Shango—why don't you behave and be good to me? Oh Seven African Powers, come on, don't be bad. Let my Illinois lottery ticket win, and if it does, don't let my cousin Cirilo in Chicago cheat me out of my winnings, since I'm the one who pays for the ticket and all he does is buy it for me each week—if he does even that. He's my cousin, but like the Bible says, better to say nothing than to say nothing nice.

Protect me from the evil eye of the envious and don't let my enemies do me harm, because I've never done a thing wrong to anyone first. Save this good Christian who the wicked have taken advantage of.

Seven Powers, reward my devotion with good luck. Look after me, why don't you? And don't forget me because I never forget you.

Moises Ildefonso Mata
San Antonio, Texas

Virgencita de Guadalupe,

I promise to walk to your shrine on my knees the very first day I get back, I swear, if you will only get the Tortillería la Casa de la Masa to pay me the $253.72 they owe me for two weeks'work. I put in 67½ hours that first week and 79 hours the second, and I don't have anything to show for it yet. I calculated with the taxes deducted, I have $253.72 coming to me. That's all I'm asking for. The $253.72 I have coming to me.

I have asked the proprietors Blanquita and Rudy Mondragón, and they keep telling me next week, next week, next week. And it's almost the middle of the third week already and I don't know how I'm going to do it to pay this week's rent, since I'm already behind, and the other guys have loaned me as much as they're able, and I don't know what I'm going to do, I don't know what I'm going to do.

My wife and the kids and my in-laws all depend on what I send home. We are humble people, Virgencita. You know I'm not full of vices. That's how I am. It's been hard for me to live here so far away without seeing my wife, you know. And sometimes one gets tempted, but no, and no, and no. I'm not like that. Please, Virgencita, all I'm asking for is my $253.72. There is no one else I can turn to here in this country, and well, if you can't help me, well, I just don't know.

Arnulfo Contreras

San Antonio, Tejas

Saint Sebastian who was persecuted with arrows and then

survived, thank you for answering my prayers! All them arrows that had persecuted me—my brother-in-law Ernie and my sister Alba and their kids—el Junior, la Gloria, and el Skyler—all gone. And now my home sweet home is mine again, and my Dianita bien lovey-dovey, and my kids got something to say to me besides who hit who.

Here is the little gold milagrito I promised you, a little house, see? And it ain't that cheap gold-plate shit either. So now that I paid you back, we're even, right? Cause I don't like for no one to say Victor Lozano don't pay his debts. I pays cash on the line, bro. And Victor Lozano's word like his deeds is solid gold.

Victor A. Lozano

Houston, TX

Dear San Lázaro,

My mother's comadre Demetria said if I prayed to you that like maybe you could help me because you were raised from the dead and did a lot of miracles and maybe if I lit a candle every night for seven days and prayed, you might maybe could help me with my fact breaking out with so many pimples. Thank you.

Rubén Ledesma

Hebbronville, Texas

Santísima Señora de San Juan de los Lagos,

We came to see you twice when they brought you to San Antonio, my mother and my sister Yolanda and two of my aunts, Tía Enedina and my Tía Perla, and we drove all the way from Beeville just to visit you and make our requests.

I don't know what my Tía Enedina asked for, she's always so secretive, but probably it had to do with her son Beto who doesn't do anything but hang around the house and get into trouble. And my Tía Perla no doubt complained about her ladies' problems—her ovaries that itch, her tangled fallopians, her uterus that makes her seasick with all its flipping and flopping. And Mami who said she only came along for the ride, lit three candles so you would bless us all and sweep jealousy and bitterness from our hearts because that's what she says every day and every night. And my sister Yoli asked that you help her lose weight because I don't want to wind up like Tía Perla, embroidering altar cloths and dressing saints.

But that was a year ago, Virgencita, and since then my cousin Beto was fined for killing the neighbor's rooster with a flying Big Red bottle, and my Tía Perla is convinced her uterus has fallen because when she walks something inside her rattles like a maraca, and my mother and my aunts are arguing and yelling at each other same as always. And my stupid sister Yoli is still sending away for even stupider products like the Grasa Fantástica, guaranteed no burn away fat—It really works, Tere, just rub some on while you're watching TV—only she's fatter than ever and just as sad.

What I realize is that we all made the trip to San Antonio to ask something of you, Virgencita, we all needed you to listen to us. And of all of us, my mama and sister Yoli, and my aunts Enedina and Perla, of all of us, you granted me my petition and sent, just like I asked, a guy who would love only me because I was tired of looking at girls younger than me walking along the street or riding in cars or standing in front of the school with a guy's arm hooked around their neck.

So what is it I'm asking for? Please, Virgencita. Lift this heavy cross from my shoulders and leave me like I was before, wind on my neck, my arms swinging free, and no one telling me how I ought to be.

Teresa Galindo

Beeville, Texas

Miraculous Black Christ of Esquipulas,

Please make our grandson to be nice to us and stay away from drugs. Save him to find a job and move away from us.

Thank you.

Grandma y Grandfather

Harlingen

M3rlc5l45s Bl1ck Chr3st 4f 2sq53p5l1s,

3 lsk y45, L4rd, w3th 1ll my h21rt pl21s2 w1tch 4v2r M1nny B2n1v3d2s wh4 3s 4v2rs21s. 3 14v2 h3m 1nd 3 d4n't kn4w wh1t t4 d4 1b45t 1ll th3s l4v2 sidn2ss 1nd shim2 th1t f3lls m2.

B2nj1m3n T.

D21 R34 TX

Milagroso Cristo Negro de Esquipulas,

Te ofrezco este retrato de mis niños. Wáchelos, Dios Santo, y si le quitas el trago a mi hijo te prometo prender velitas. Ayúdanos con nuestras cuentas, Señor, y que el cheque del income tax nos llegue pronto para pagar los biles. Danos una buena vida y que les ayudes a mis hijos a cambiar sus modos. Tú que eres tan bondadoso escucha estas peticiones que te pido con todo mi corazón y con toda la fe de mi alma. Ten piedad, Padre mio. Mi nombre es Adela O.

Elizondo.

Cotulla TX

Milagroso Cristo Negro,

Thank you por el milagro de haber graduado de high school. Aquí le regalo mi retrato de graduation.

Fito Moroles

Rockport, Texas

Gristo Negro,

Venimos desde muy lejos. Infinitas gracias, Señor. Gracias por habernos excuchado.

Familia Armendáriz G.

Matamoros, Tamps. México

Jesus Christ,

Please keep Deborah Abrego and Ralph S. Urrea together forever.

Love,

Deborah Abrego

Sabinal, Texas

Blessed Virgen de los Remedios,

Señora Dolores Alcalá de Corchado finds herself gravely ill from a complication that resulted after a delicate operation she underwent Thursday last, and from which she was recovering satisfactorily until suffering a hemmorhage Tuesday morning. Please intercede on her behalf. We leave her in the hands of God, that His will be done, now that we have witnessed her suffering and don't know whether she should die or continue this life. Her husband of forty-eight years offers this request with all his heart.

Señor Gustavo Corchado B.
Laredo, Tejas

Madrecita de Dios,

Thank you. Our child is born healthy!

Rene y Janie Garza
Hondo, TX

Saint Jude, patron saint of lost causes,

Help me pass my English 320, British Restoration Literature class and everything to turn out ok.

Eliberto González
Dallas

Virgencita ...

I've cut off my hair just like I promised I would and pinned my braid here by your statue. Above a Toys "Я" Us name tag that says IZAURA. Along several hospital bracelets. Next to a business card for Sergio's Casa de la Belleza Beauty College. Domingo Reyna's driver's license. Notes printed on the flaps of envelopes. Silk roses, plastic roses, pager roses, roses crocheted out of fluorescent orange yarn. Photo button of a baby in a *charro* hat. Caramel-skinned woman in a white graduation cap and gown. Mean dude in bandanna and tattoos. Oval black-and-white passport portrait of the sad uncle who never married. A mama in a sleeveless dress watering the porch plants. Sweet boy with new mustache and new soldier uniform. Teenager with a little bit of herself sitting on her lap. Blurred husband and wife leaning one into the other as if joined at the hip. Black-and-white photo of the cousins *la* Josie *y la* Mary Helen, circa 1942. Polaroid of Sylvia Rios, First Holy Communion, age nine years.

So many *milagritos* safety-pinned here, so many little miracles dangling from red thread—a gold Sacred Heart, a tiny copper arm, a kneeling man in silver, a bottle, a brass truck, a foot, a house, a hand, a baby, a cat, a breast, a tooth, a belly button, and evil eye. So many petitions, so many promises made and kept. And there is nothing I can give you except this braid of hair the color of coffee in a glass.

Chayo, what have you done! All that beautiful hair.

Chayito, how could you ruin in one second what your mother took years to create?

You might as well've plucked out your eyes like Saint Lucy. All that hair!

My mother cried, did I tell you? All that beautiful hair ...

I've cut off my hair. Which I've never cut since the day I was born. The donkey tail in a birthday game. Something shed like a snakeskin.

My head as light as if I'd raised it from water. My heart buoyant again, as if before I'd worn *el* Sagrado Corazón in my open chest. I could've lit this entire church with my grief.

I'm a bell without a clapper. A woman with one foot in this world and one foot in that. A woman straddling both. This thing between my legs, this unmentionable.

I'm snake swallowing its tail. I'm my history and my future. All my ancestors' ancestors inside my own belly. All my futures and all my pasts.

I've had to steel and hoard and hone myself. I've had to push the furniture against the door and not let you in.

What you doing sitting in there in the dark?

I'm thinking.

Thinking of what?

Just ... thinking.

You're nuts. Chayo, ven a saludar. *All the relatives are here. You come out of there and be sociable.*

Do boys think, and girls daydream? Do only girls have to come out and greet the relatives and smile and be nice and *quedar bien?*

It's not good to spend so much time alone.

What she do in there all by herself? It don't look right.

Chaytio, when you getting married? Look at your cousin Leticia. She's younger than you.

How many kids you want when you grow up?

When I become a mommy...

You'll change. You'll see. Wait till you meet Mr. Right.

Chayo, tell everybody what it is you're studying again.

Look at our Chayito. She likes making her little pictures. She's gonna be a painter.

A painter! Tell her I got five rooms that need painting.

When you become a mother...

• • •

Thank you for making all those months I held my breath not a child in my belly, but a thyroid problem in my throat.

I can't be a mother. Not now. Maybe never. Not for me to choose, like I didn't choose being female. Like I didn't choose being artist—it isn't something you choose. It's something you are, only I can't explain it.

I don't want to be a mother.

I wouldn't mind being a father. At least a father could still be artist, could love some*thing* instead of some*one*, and no one would call that selfish.

I leave my braid here and thank you for believing what I do is important. Though no one else in my family, no other woman, neither friend nor relative, no one I know, not even the heroine in the *telenovelas*, no woman wants to live alone.

I do.

Virgencita de Guadalupe. For a long time I wouldn't let you in my house. I couldn't see you without seeing my ma each time my father came home drunk and yelling, blaming everything that ever went wrong in his life on her.

I couldn't look at your folded hands without seeing my

abuela mumbling, "My son, my son, my son ..." Couldn't look at you without blaming you for all the pain my mother and her mother and all our mothers' mothers have put up with in the name of God. Couldn't let you in my house.

I wanted you bare-breasted, snakes in your hands. I wanted you leaping and somersaulting the backs of bulls. I wanted you swallowing raw hearts and rattling volcanic ash. I wasn't going to be my mother or my grandma. All that self-sacrifice, all that silent suffering. Hell no. Not here. Not me.

Don't think it was easy going without you. Don't think I didn't get my share of it from everyone. Heretic. Atheist. *Malinchista. Hocicona.* But I wouldn't shut my yap. My mouth always getting me in trouble. *Is that what they teach you at the university? Miss High-and-Mighty, Miss Thinks-She's-Too-Good-for-Us.* Acting like a *bolilla*, a white girl. *Malinche.* Don't think it didn't hurt being called a traitor. Trying to explain to my ma, to my *abuela*, why I didn't want to be like them.

I don't know how it all fell in place. How I finally understood who you are. No longer Mary the mild, but our mother Tonantzín. Your church at Tepeyac built on the site of her temple. Sacred ground no matter whose goddess claims it.

That you could have the power to rally a people when a country was born, and again during civil war, and during a farmworkers' strike in California made me think maybe there is power in my mother's patience, strength in my grandmother's endurance. Because those who suffer have a special power, don't they? The power of understanding someone else's pain. And understanding is the beginning of healing.

When I learned your real name is Coatlaxopeuh, She Who Has Dominion over Serpents. When I recognized you as Tonantzín, and learned your names are Teteoinnan, Toci, Xochiquetzal, Tlazolteotl, Coatlicue, Chalchiuhtlicue, Coyolxauhqui, Huixtocihuatl, Chicomecoatl, Cihuacoatl, when I could see you as Nuestra Señora de la Soledad, Nuestra Señora de los Remedios, Nuestra Señora del Perpetuo Socorro, Nuestra Señora de San Juan de los Lagos, Our Lady of Lourdes, Our Lady of Mount Carmel, Our Lady of the Rosary, Our Lady of Sorrows, I wasn't ashamed, then, to be my mother's daughter, my grandmother's granddaughter, my ancestors' child.

When I could see you in all your facets, all at once the Buddha, the Tao, the true Messiah, Yahweh, Allah, the Heart of the Sky, the Heart of the Earth, the Lord of the Near and Far, the Spirit, the Light, the Universe, I could love you, and, finally, learn to love me.

Mighty Guadalupana Coatlaxopeuh Tonantzín,

What "little miracle" could I pin here? Braid of hair in its place and know that I thank you.

Rosario (Chayo) De Leon

Austin, Tejas

Los Boxers

Whoops! There goes your soda water. See. Now look. Mama, come get your little one. Watch her now, she's barefoot and could cut herself. Guess you get to mop it up, huh? I haven't dropped anything in a long time. Since I was a kid, I guess. I can't remember the last time I dropped a soda water. Big Red sure is sticky, ain't it? Gets in the clothes and don't wash out, and leaves the kids' mouths painted like clowns, right? She sure is pretty. You betcha. But oh kids, they's cute when they're little, but by the time they start turning ugly, it's too late, you already love them.

Got to watch not to buy them soda water in a glass bottle next time. Specially not Big Red. But that's the one they keep asking for the most, right? You betcha you can have my basket. My stuff ain't ready yet.

When my wife died I used to go to a place over on Calaveras way bigger than this. This ain't nothing. That place had twice as many machines. And they had dryers that was fifteen minutes for a quarter, so you didn't have to waste an extra quarter for say polyester that dries real quick. There was only two of them, thought—you had to be sharp and grab 'em soon as they was free.

Here everything's thirty minutes for fifty cents. 'Spensive when you got to keep dropping quarters and quarters and quarters. Sometimes if you're lucky you could maybe get a machine that's got time on it, see. Throw in the light stuff that dries like that. Socks, washcloths, the fifty-fifty shirts maybe so they don't get wrinkled, right?

My jeans could use more than thirty minutes, though. Thirty minutes ain't enough, but I'd rather take them home damp and hang them on the windowsill before I drop in another fifty cents. It's 'cause I dry them on low, see. Before I used to dry them on high, and they'd always fit me tight later on. Lady at the K mart said, You gotta dry your jeans on low, otherwise they shrink on you. She's right. I always set them on low now, see, even though it takes longer and they're still damp after thirty minutes. Least they fit right. I learned that much.

You know what else? When you wash, it ain't enough to separate the clothes by temperature. You need to separate them by weight. Towels with towels. Jeans with jeans. Sheets with sheets. And always make sure you use plenty of water. That's the secret. Even if it's just a few things in the machine. Lots of water, got it? So's the clothes all wash better and don't take any wear and tear, see, and last longer. That's another trick I picked up too.

Make sure you don't let those clothes sit in that dryer now. You're welcome. Gotta keep on top of them, right? Soon as they stop spinning, get 'em out of there. Otherwise it just means more work later.

My T-shirts get wrinkled even if I dry them fifteen minutes hot or cold. That's T-shirts for you. Always get a little wrinkled one way or another. They's funny, T-shirts.

You know how to keep a stain from setting? Guess. Ice cube.Yup. My wife taught me that one. I used to think she was crazy. Anytime I spilled something on the tablecloth, off she'd go running to the ice box. Spot my shirts with *mole*, ice cube. Stain a towel with blood, ice cube. Kick over a beer on the living-room rug, you got it, ice cube.

Oh boy, she was clean. Everything in the house looked new even though it was old. Towels, sheets, embroidered pillowcases, and them little table runners like doilies, them you put on chairs for your head, those, she had them white and stiff like the collar of a nun. You betcha. Starched and ironed everything. My socks, my T-shirts. Even ironed *los* boxers. Yup, drove me crazy with her ice cubes. But now that she's dead, well, that's just how life is.

There Was a Man, There Was a Woman

There was a man and there was a woman. Every payday, every other Friday, the man went to the Friendly Spot Bar to drink and spend his money. Every payday, every other Friday, the woman went to the Friendly Spot Bar to drink and spend her money. The man was paid on the second and fourth Friday of the month. The woman was paid on the first and third Friday. Because of this the man and the woman did not know each other.

The man drank and drank with his friends and believed if he drank and drank, the words for what he was feeling would slip out more readily, but usually he simply drank and said nothing. The woman drank and drank with her friends and believed if she drank and drank, the words for what she was feeling would slip out more readily, but usually she simply drank and said nothing. Every other Friday the man drank his beer and laughed loudly. Every Friday in between the woman drank her beer and laughed loudly.

At home when the night came down and the moon appeared, the woman raised her pale eyes to the moon and cried. The man in his bed contemplated the same moon, and thought about the millions who had looked at the moon before him, those who had worshiped or loved or died before that same moon, mute and lovely. Now blue light streamed inside his window and tangled itself with the glow of the sheets. The moon, the same round O. The man looked and swallowed.

Tin Tan Tan

Me abandonaste, mujer, proque soy muy pobre
Y por tener la desgracia de ser casado.
Que voy hacer si yo soy el abandonado,
Abandonado sea por el amor de Dios.

—"El Abandonado"

Little thorn in my soul, pebble in my shoe, jewel of my life, the passionate doll who has torn my heart in two, tell me, cruel beauty that I adore, why you torment me. I have the misfortune of being both poor and without your affection. When the hope of your caresses flowered in my soul, happiness blossomed in my tomorrows. But now that you have yanked my golden dreams from me, I shiver from this chalice of pain like a tender white flower tossed in rain. Return my life to me, and end this absurd pain. If not, Rogelio Velasco will have loved in vain.

Until death do us part, said your eyes, but not your heart. All, all illusion. A caprice of your flirtatious woman's soul. I confess I am lost between anguish and forgetting. And now if I dissolve my tears in dissipation, know, my queen, only you are to blame. My fragile heart will never be the same.

Providence knew what was in store, the day I arrived innocently at your door. Dressed in my uniform and carrying the tools of my trade, without knowing destiny waited for me, I knocked. You opened your arms, my heaven, but kept your precious heart locked.

If God wills it, perhaps these words of sentiment will convince you. Perhaps I can exterminate the pests of doubt that infest your house. Perhaps the pure love I had to offer wasn't enough, and another now is savoring your honeyed nectar. But none will love you so honorably and true as the way Rogelio Velasco loved you.

They say of the poet and madman we all have a little. Even my life I would give for your exquisite treasures. But poor me. Though others may lure you with jewels and riches, all I can offer is this humble measure.

Alone, all alone in the world, sad and small like a

nightingale serenading the infinite. How could a love so tender and sweet become the cross of my pain? No, no, I can't conceive I won't receive your precious lips again. My eyes are tired of weeping, my heart of beating. If perhaps some crystal moment before dawn or twilight you remember me, bring only a bouquet of tears to lay upon my thirsty grave.

Tan TÁN

Bien Pretty

Ya me voy,

ay te dejo en San Antonio.

—FLACO JIMÉNEZ

He wasn't pretty unless you were in love with him. Then any time you met anyone with those same monkey eyes, that burnt-sugar skin, the face wider than it was long, well, you were in for it.

His family came from Michoacán. All *chaparritos,* every one of them—short even by Mexican standards—but to me he was perfect.

I'm to blame. Flavio Munguía was just ordinary Flavio until he met me. I filled up his head with a million and one *cariñitos.* Then he was ruined forever. Walked different. Looked people in the eye when he talked. Ran his eyes across every pair of *nalgas* and *chichis* he saw. I am sorry.

Once you tell a man he's pretty, there's no taking it back. They think they're pretty all the time, and I suppose, in a way, they are. It's got to do with believing it. Just the way I used to believe I was pretty. Before Flavio Munguía wore all my prettiness away.

Don't think I haven't noticed my girlfriends back home who got the good-lookers. They all look twice their age now, old from all the *corajes* exploding inside their hearts and bellies.

Because a pretty man is like a too-fancy car or a real good stereo or a microwave oven. Late or early, sooner or later, you're just asking for it. Know what I mean?

Flavio. He wrote poems and signed them "Rogelio Velasco." And maybe I would still be in love with him if he wasn't already married to two women, one in Tampico and the other in Matamoros. Well, that's what they say.

Who knows why the universe singled me out. Lupe Arredondo, stupid art thou amongst all women. Once I was as solid as a sailor on her sea legs, the days rolling steadily beneath me, and then—Flavio Munguía arrived.

Flavio entered my life via a pink circular rolled into a tube and wedged in the front gate curlicue:

$SPECIAL$

PROMOTION

LA CUCARACHA APACHURRADA PEST CONTROL

OVER 10 YEARS OF EXPERIENCE

If you are Tired of ROACHES and Hate them like many People

do, but can't afford to pay alot of Money $$$$ to have a house Free of ROACHES ROACHES ROACHES!!! We will treat your kitchen, behind and under your refrigerator and stove, inside your cabinets and even exterminate your living room all for only $20.00. Don't be fooled by the price. Call now. 555—2049 or Beeper #555—5912. We also kill spiders, beetles, scorpions, ants, fleas, and many more insects.

!!So Don't Hesitate Call Us Now!!

You'll be glad you did call us, Thank you very much.

Your CUCARACHAS will be DEAD

(*$5.00 extra for each additional room)

A dead cockroach lying on its back followed as illustration.

It's because of the river and the palm and pecan trees and the humidity and all that we have so many palmetto bugs, roaches so big they look Pleistocene. I'd never seen anything like them before. We don't have bugs like that in California, at least not in the Bay. But like they say, everythin's bigger and better in Texas, and that holds expecially true for bugs.

So I live near the river in one of those houses with wood floors varnished the color of Coca-Cola. It isn't mine. It belongs to Irasema Izaura Coronado, a famous Texas poet who carries herself as if she is directly descended from Ixtaccíhuatl or something. Her husband is an honest-to-God Huichol *curandero,* and she's no slouch either, with a Ph.D. from the Sorbonne.

A Fulbright whisked them to Nayarit for a year, and that's how I got to live here in the turquoise house on East Guenther, not exactly in the heart of the historic King William district—it's on the wrong side of South Alamo to qualify, the side where the peasantry lives—but close enough to the royal mansions that attract every hour on the hour the Pepto Bismol—pink tourist buses wearing sombreros.

I called La Cucaracha Apachurrada Pest Control the first month I house-sat Her Highness's home. I was sharing residence with:

(8) Oaxacan black pottery pieces
signed Diego Rivera monotype
upright piano
star-shaped piñata
(5) strings of red chile lights
antique Spanish shawl
St. Jacques Majeur Haitian voodoo banner
cappuccino maker
lemonwood Olinalá table

replica of the goddess Coatlicue
life-size papier-mâché skeleton signed by the Linares
 family
Frida Kahlo altar
punched tin Virgen de Guadalupe chandelier
bent-twig couch with Mexican sarape cushions
seventeenth-century Spanish *retablo*
tree-of-life candlestick
Santa Fe plate rack
(2) identical sets of vintage Talavera Mexican
 dishware
eye-of-God crucifix
knotty pine armoire
pie safe
death mask of Pancho Villa with mouth slightly open
Texana chair upholstered in cowskin with longhorn
 horns for the arms and legs
(7) Afghan throw rugs
iron bed with a mosquito net canopy

Beneath this veneer of Southwest funk, of lace and silk and porcelain, beyond the embroidered pillows that said DUERME, MI AMOR, the Egyptian cotton sheets and eyelet bedspread, the sigh of air that barely set the gauze bedroom curtains trembling, the blue garden, the pink hydrangea, the gilt-edged tea set, the abalone-handled silver, the obsidian hair combs, the sticky, cough-medicine-and-powdered-sugar scent of magnolia blossoms, there were, as well, the roaches.

I was afraid to open drawers. I never went into the kitchen after dark. They were the same Coca-Cola color as the floors, hard to spot unless they gave themselves away in panic.

The worst thing about them wasn't their size, nor the crunch they gave under a shoe, nor the yellow grease that oozed from their guts, nor the thin shells they shed translucent as popcorn hulls, nor the possibility they might be winged and fly into your hair, no.

What made them unbearable was this. The scuttling in the middle of the night. An ugly clubfoot grate like a dead thing being dragged across the floor, a louder-than-life munching during their cannibal rites, a nervous pitter, and then patter when they scurried across the Irish-linen table runners, leaving a trail of black droppings like coffee grounds, sticky feet rustling across the clean stack of typewriter paper in the desk drawer, my primed canvasses, the set of Wedgewood rose teacups, the lace Victorian wedding dress hanging on the bedroom wall, the dried baby's breath, the white wicker vanity, the cutwork pillowcases, your blue raven hair scented with Tres Flores brilliantine.

Flavio, it's true. The house charms me now as it did then. The folk art, the tangerine-colored walls, the *urracas* at sunset. But what would you have done if you were me? I'd driven all the way from northern California to central Texas with my past pared down to what could fit inside a van. A futon. A stainless-steel wok. My grandmother's *molcajete*. A pair of flamenco shoes with crooked heels. Eleven *huipiles*. Two *rebozos—de bolita y de seda*. My Tae Kwon Do uniform. My crystals and copal. A portable boom box and all my Latin tapes—Rubén Blades, Astor Piazzolla, Gipsy Kings, Inti Illimani, Violeta Parra, Mercedes Sosa, Agustín Lara, Trio Los Panchos, Pedro Infante, Lydia Mendoza, Paco de Lucíca, Lola Beltrán, Silvio Rodríguez, Celia cruz, Juan Peña "El Lebrijano," Los Lobos, Lucha Villa, Dr. Loco and his Original Corrido Boogie Band.

Sure, I knew I was heading for trouble the day I agreed to come to Texas. But not even the *I Ching* warned me what I was in for when Flavio Munguía drove up in the pest-control van.

"*TEX*-as! *What* are you going to do *there*?" Beatriz Soliz asked this, a criminal lawyer by day, an Aztec dance instructor by night, and my closest *comadre* in all the world.

Beatriz and I go back a long way. Back to the grape-boycott demonstrations in front of the Berkeley Safeway. And I mean the *first* grape strike.

"I thought I'd give Texas a year maybe. At least that. It can't be *that* bad."

"A year!!! Lupe, are you crazy? They still lynch Meskins down there. Everybody's chain saws and gun racks and pickups and Confederate flags. *Aren't you scared?*"

"Girlfriend, you watch too many John Wayne movies."

To tell the truth, *Texas did* scare the hell out of me. All I knew about Texas was it was *big*. It was *hot*. And it was *bad*. Added to this was my mama's term *teja-NO-te* for *tejano,* which is sort of like "Texcessive," in a redneck kind of way. "It was one of those *teja-No-tes* that started it," Mama would say. "You know how they are. Always looking for a fight."

I'd said yes to an art director's job at a community cultural center in San Antonio. Eduardo and I had split. For good. *C'est finis.* End of the road, buddy. *Abiós y suerte.* San Francisco is too small a town to go around dragging your three-legged heart. Café Pícaro was off limits because it was Eddie's favorite. I stopped frequenting the Café Bohème too. Missed several good openings at La Galería. Not because I was afraid of running into Eddie, but because I was terrified of confronting "*la otra.*" My nemesis, in other words. A financial consultant for Merrill Lynch. A blonde.

Eddie, who I'd supported with waitress jobs that summer we were both struggling to pay our college loans *and* the rent on that tiny apartment on Balmy—big enough when we were in love, but too small when love was scarce. Eddie, who I met the year before I started teaching at the community college, the year after he gave up community organizing and worked part-time as a paralegal. Eddie, who taught me how to salsa, who lectured me night and day about human rights in Guatemala, El Salvador, Chile, Argentina, South Africa, but never said a word about the rights of Blacks in Oakland, the kids of the Tenderlion, the women who shared his bed. Eduardo. My Eddie. *That* Eddie. With a blonde. he didn't even have the decency to pick a woman of color.

A month hadn't passed since I unpacked the van, but I'd already convinced myself San Antonio was a mistake. I couldn't understand how any Spanish priest in his right mind decided to sit right down in the middle of nowhere and build a mission with no large body of water for miles. I'd always lived near the ocean. I felt landlocked and dusty. Light so white it left me dizzy, sun bleached as an onion.

In the Bay, whenever I got depressed, I always drove out to Ocean Beach. Just to sit. And, I don't know, something about looking at water, how it just goes and goes and goes, something about that I found very soothing. As if somehow I were connected to every ripple that was sending itself out and out until it reached another shore.

But I hadn't found anything to replace it in San Antonio. I wondered what San Antonians did.

I was putting in sixty-hour work weeks at the arts center. No time left to create art when I came home. I'd made a bad habit of crumpling into the couch after work, drinking half a Corona and eating a bag of Hawaiian potato chips for dinner. All the lights in the house blazing when I woke in the middle of the night, hair crooked as a broom, face creased into a mean origami, clothes wrinkled as the citizens of bus stations.

The day the pink circulars appeared, I woke up from one of these naps to find a bug crunching away on Hawaiian chips and another pickled inside my beer bottle. I called La Cucaracha Apachurrada the next morning.

So while you are spraying baseboards, the hose hissing, the gold pump clicking, bending into cuphoards, reaching under sinks, the leather utility belt slung loose around your hips, I'm thinking. Thinking you might be the perfect Prince Popo for a painting I've had kicking around in my brain.

I'd always wanted to do an updated version of the Prince Popocatépetl/Princess Ixtaccíhuatl volcano myth, that tragic love story metamorphosized from classic to kitsch calendar art, like the ones you get at Carnicería Ximénez or Tortillería la Guadalupanita. Prince Popo, half-naked Indian warrior built like Johnny Weissmuller, crouched in grief beside his sleeping princess Ixtaccíhuatl, buxom as an Indian Jayne Mansfield. And behind them, echoing their silhouettes, their namesake volcanoes.

Hell, I could do better than that. It'd be fun. And you might be just the Prince Popo I've been waiting for with that face of a sleeping Olmec, the heavy Oriental eyes, the thick lips and wide nose, that profile carved from onyx. The more I think about it, the more I like the idea.

"Would you like to work for me as a model?"

"Excuse?"

"I mean I'm an artist. I need models. Sometimes. To model, you know. For a painting. I thought. You would be good. Because you have such a wonderful. Face."

Flavio laughed. I laughed too. We both laughed. We laughed and then we laughed some more. And when we were through with our laughing, he packed up his ant traps, spray tank, steel wool, clicked and latched and locked trays, toolboxes, slammed van doors shut. Laughed and drove away.

There is everything *but* a washer and dryer at the house on East Guenther. So every Sunday morning, I stuff all my dirty clothes into pillowcases and haul them out to the van, then drive over to the Kwik Wash on South Presa. I don't mind it, really. I almost like it, because across the street is Torres Taco Haven, "This Is Taco Country." I can load up five washers at a time if I get up early enough, go have a coffee and a Haven Taco—potatoes, chile, and cheese. Then a little later, throw everything in the dryer, and go back for a second cup of coffee and a Torres Special—bean, cheese, guacamole, and bacon, flour tortilla, please.

But one morning, in between the wash and dry cycles, while I ran out to reload the machines, someone had bogarted my table, the window booth next to the jukebox. I was about to get mad and say so, until I realized it was the Prince.

"Remember me? Six eighteen on Guenther."

He looked as if he couldn't remember what he was supposed to remember—then laughed that laugh, like blackbirds startled from the corn.

"Still a good joke, but I was serious. I really am a painter."

"And in reality I am a poet," he said. "*De poeta y loco todos tenemos un poco, ¿no?* But if you asked my mother she would say I'm more *loco* than *poeta*. Unfortunately, poetry only nourishes the heart and not the belly, so I work with my uncle as a bug assassin."

"Can I sit?"

"Please, please."

I ordered my second coffee and a Torres Special. A wide silence.

"What's your favorite course?"

"Art History."

"Nono nono nono nono No," he said the way they do in Mexico—all the no's overflowing quickly quickly quickly like a fountain of champagne glasses. "*Horse*, not *course*," and whinnied.

"Oh—horse. I don't know. Mr. Ed?" Stupid. I didn't know any horses. But Flavio smiled anyway the way he always would when I talked, as if admiring my teeth. "So. What. Will you model? Yes? I'd pay you, of course."

"Do I have to take off my clothes?"

"No, no. You just sit. Or stand there, or do whatever. Just pose. I have a studio in the garage. You'll get paid just for looking like you do."

"Well, what kind of story will I have to tell if I say no?" He wrote his name for me on a paper napkin in a tight tangle of curly black letters. "This is my uncle and aunt's number I'm giving you. I live with them."

"What's your name anyway?" I said, twisting the napkin right side up.

"Flavio. Flavio Munguía Galindo," he said, "to serve you."

Flavio's family was so poor, the best they hoped for their son was a job where he would keep his hands clean. How were they to know destiny would lead Flavio north to Corpus Christi as a dishwasher at a Luby's Cafeteria.

At least it was better than the month he'd worked as a shrimper with his cousin in Port Isabel. He still counldn't look at shrimp after that. You come home with your skin and clothes stinking of shrimp, you even start to sweat shrimp, you know. Your hands a mess from the nicks and cuts that never get a chance to heal—the salt water gets in your gloves, stinging and blistering them raw. And how working in the shrimp-processing factory is even worse—snapping those damn shrimp heads all day and the conveyor belt never ending. Your hands as soggy and swollen as ever, and your head about to split with the racket of the machinery.

Field work, he'd done that too. Cabbage, potatoes, onion. Potatoes is better than cabbage, and cabbage is better than onions. Potatoes is clean work. He liked potatoes. The fields in the spring, cool and pretty in the morning, you could think of lines of poetry as you worked, think and think and think, because they're just paying for this, right?, showing me his stubby hands, not this, touching his heart.

But onions belong to dogs and the Devil. The sacks balloon behind you in the row you're working, snipping and trimming whiskers and greens and you gotta work fast to make any money, you use very sharp shears, see, and your fingers get nicked time and time again, and how dirty it all makes you feel—the taste of onions and dust in your mouth, your eyes stinging, and the click, click, clicking of the shears in the fields and in your head long after you come home and have had two beers.

That's when Flavio remembered his mother's parting wish—A job where your fingernails are clean, *mi'jo*. At least that. And he headed to Corpus and the Luby's.

So when Flavio's Uncle Roland asked him to come to San Antonio and help him out with his exterminating business—You can learn a trade, a skill for life. Always gonna be bugs—Flavio accepted. Even if the poisons and insecticides gave him headaches, even if he had to crawl under houses and occasionally rinse his hair with a garden hose after accidentally discovering a cat's favorite litter spot, even if now and again he saw things he didn't want to see—a possum, a rat, a snake—at least that was better than scraping chicken-fried steak and mashed potatoes from plates, better than having to keep your hands all day in soapy water like a woman, only he used the words *vieja*, which is worse.

I sent a Polaroid of the Woolworth's across from the Alamo to Beatriz Soliz. A self-portrait of me having the Tuesday-Chili Dog-Fries-Coke-$2.99-Special at the snakey S-shaped lunch counter. Wrote on the back of a Don't-Mess-with-Texas postcard: HAPPY TO REPORT AM WORKING AGAIN. AS IN *REAL* WORK. NOT THE JOB THAT FEEDS MY HABIT—EATING. BUT THE THING THAT FEEDS THE SPIRIT. COME HOME RAGGEDY-ASSED, MEAN, BUT DAMN, I'M PAINTING. EVERY OTHER SUNDAY. KICKING *NALGA* LOOKS LIKE. OR AT LEAST TRYING. *CUÍDATE*, GIRL. *ABRAZOS*, LUPE

So every other Sunday I dragged my butt out of bed and into the garage studio to try to make some worth of my life. Flavio always there before me, like if he was the one painting me.

What I liked best about working with Flavio were the stories. Sometimes while he was posing we'd have storytelling competitions. "Your favorite Sadness." "The Ugliest Food You Ever Ate." "A Horrible Person." One that I remember was for the category "At Last—Justice." It was really his grandma's story, but he told it well.

My grandma Chavela was from here. San Antonio I mean to say. She had five hushands, and the second one was called Fito, for Filiberto. They had my Uncle Roland who at the time of this story was nine months old. They lived by the old farmers'market, over by Commerce and Santa Rosa, in a two-room apartment. My grandma said she had beautiful dishes, an antique cabinet, a small table, two chairs, a stove, a lantern, a cedar chest full of embroidered tablecloths and towels, and a three-piece bedroom set.

And so, one Sunday she felt like visiting her sister Eulalia, who lived on the other side of town. Her husband left a dollar and change on the table for her trolley, kissed her good-bye, and left. My grandma meant to take along a bag of sweets, because Eulalia was fond of Mexican candy—brunt-milk bars, pecan brittle, sugared pumpkin, glazed orange rind, and those pretty coconut squares dyed red, white, and green like the Mexican flag—so sweet you can never finish them.

So my grandma stopped at Mi Tierra Bakery. That's when she looks down the street, and who does she see but her husband kissing a woman. It looked as if their bodies were ironing each other's clothes, she said. My grandma waved at Fito. Fito waved at my grandma. Then my grandma walked back home with the baby, packed all her clothes, her set of beautiful dishes, her tablecloths and towels, and asked a neighbor to drive her to her sister Eulalia's. Turn here. Turn there. *What street are we on?* It does't matter—just do as I tell you.

The next day Fito came looking for her at Eulalia's, to explain to my grandma that the woman was just an old friend, someone he hadn't seen in a while, a long long time. Three days passed and my grandma Chavela, Eulalia, and baby Roland drove off to Cheyenne, Wyoming. They stayed there fourteen years.

Fito died in 1935 of cancer of the penis. I think it was syphilis. He used to manage a baseball team. He got hit in the crotch by a fastball.

I was explaining yin and yang. How sexual harmony put one in communion with the infinite forces of nature. The earth is yin, see, female, while heaven is male and yang. And the interaction of the two constitutes the whole shebang.

You can't have one without the other. Otherwise shit is out of balance. Inhaling, exhaling. Moon, sun. Fire, water. Man, woman. All complementary forces occur in pairs.

"Ah," said Flavio, "like the *mexicano* world 'sky-earth' for the world."

"Where the hell did you learn that? The *Popul Vuh*?"

"No," Flavio said flatly. "My grandma Oralia."

I said, "This is a powerful time we're living in. We have to let go of our present way of life and search for our past, remember our destinies, so to speak. Like the *I Ching* says, returning to one's roots is returning to one's destiny."

Flavio didn't say anything, just stared at his beer for what seemed a long time. "You Americans have a strange way of thinking about time," he began. Before I could object to being lumped with the northern half of America, he went on. "You think old ages end, but that's not so. It's ridiculous to think one age has overcome another. American time is running alongside the calendar of the sun, even if your world doesn't know it."

Then, to add sting to the blow, raised his beer bottle to his lips and added, "But what do I know, right? I'm just an exterminator."

Flavio said, "I don't know anything about this Tao business, but I believe love is always eternal. Even if eternity is only five minutes."

Flavio Munguía was coming for supper. I made a wonderful paella with brown rice and tofu and a pitcher of fresh sangria. Gipsy Kings were on the tape player. I wore my Lycra mini, a pair of silver cowboy boots, and a fringed shawl across my Danskin like Carmen in that film by Carlos Saura.

Over dinner I talked about how I once had my aura massaged by an Oakland *curandera*, Afro-Brazilian dance as a means of spiritual healing, where I might find good dim sum in San Antonio, and whether a white woman had any right to claim to be an Indian shamaness. Flavio talked about how Alex El Güero from work had won a Sony boom box that morning just by being the ninth caller on 107 FM K-Suave, how his Tía Tencha makes the best tripe soup ever no lie, how before leaving Corpus he and Johny Canales from *El Show de Johnny Canales* had been like this until a bet over Los bukis left them not speaking to each other, how every Thursday night he works out at a gym on Calaveras with aims to build himself a body better than Mil Mascara's, and is there an English equivalent for the term *la fulana*?

I served Jerez and played Astor Piazzolla. Flavio said he preferred "pure tango," classic and romantic like Gardel, not this cat-howling crap. He rolled back the Afghan rug, yanked me to my feet, demonstrated *la habanera. el fandango, la milonga*, and explained how each had contributed to birth *el tango*.

Then he ran outside to his truck, the backs of his things grazing my knees as he edged past me and the Olinalá coffee table. I felt all the hairs on my body sway as if I were an underwater plant and a current had set me in motion. Before I could steady myself he was popping a cassette into the tape player. A soft crackling. Then sugary notes rising like a blue satin banner held aloft by doves.

"*Violín, violonchelo, piano, salterio.* Music from the time of my *abuelos*. My grandma taught me the dances—*el chotis, cancán, los valses.* All part of that lost epoch," he said. "But that was long long ago, before the time all the dogs were named after Woodrow Wilson."

"Don't you know any indigenous dances?" I finally asked, "like *el baile de los viejitos?*"

Flavio rolled his eyes. That was the end of our dance lesson.

"Who dresses you?"

"Silver."

"What's that? A store or a horse?"

"Neither. Silver Galindo. My San Antonio cousin."

"What kind of name is Silver?"

"It's English," Flavio said, "for Silvestre."

I said, "What *you* are, sweetheart, is a product of American imperialism," and plucked at the alligator on his shirt.

"I don't have to dress in a sarape and sombrero to be Mexican," Flavio said. "I *know* who *I* am."

I wanted to leap across the table, throw the Oaxacan black pottery pieces across the room, swing from the punched tin chandelier, fire a pistol at his Reeboks, and force him to dance. I wanted to *be* Mexican at that moment, but it was true. I was not Mexican. Instead of the volley of insults I intended, all I managed to sling was a single clay pebble that dissolved on impact—*perro*. "Dog." It wasn't even the word I'd meant to hurl.

You have, how do I say it, something. Something I can't even put my finger on. Some way of moving, of not moving, that belongs to no one but Flavio Munguía. As if your body and bones always remembered you were made by a God who loved you, the one Mama talked about in her stories.

God made men by baking them in an oven, but he forgot about the first batch, and that's how Black people were born. And then he was so anxious about the next batch, he took them out of the oven too soon, so that's how White people were made. But the third batch he let cook until they were golden-golden-golden, and, honey, that's you and me.

God made you from red clay, Flavio, with his hands. This face of yours like the little clay heads they unearth in Teotihuacán. Pinched this cheekbone, then that. Used obsidian flints for the eyes, those eyes dark as the sacrificial wells they cast virgins into. Selected hair thick as cat whiskers. Thought for a long time before deciding on this nose, elegant and wide. And the mouth, ah! Everything silent and powerful and very proud kneaded into the mouth. And then he blessed you, Flavio, with skin sweet as burnt-milk candy, smooth as river water. He made you *bien* pretty even if I didn't always know it. Yes, he did.

Romelia. Forever. That's what his arm said. Forever Romelia in ink once black that had paled to blue. Romelia. Romelia. Seven thin blue letter the color of a vein. "Romelia" said his forearm where the muscle swelled into a flat stone. "Romelia" it trembled when he held me. "Romelia" by the light of the votive lamp above the bed. But when I unbuttoned his shirt a bannered cross above his left nipple murmured "Elsa."

I'd never made love in Spanish before. I mean not with anyone whose *first* language was Spanish. There was crazy Graham, the anarchist labor organizer who'd taught me to eat jalapeños and swear like a truck mechanic, but he was Welsh and had learned his Spanish running guns to Bolivia.

And Eddie, sure. But Eddie and I were products of our American education. Anything tender always came off sounding like the subtitles to a Buñuel film.

But Flavio. When Flavio accidentally hammered his thumb, he never yelled "Ouch!" he said "*¡Ay!*" The true test of a native Spanish speaker.

¡Ay! To make love in Spanish, in a manner as intricate and devout as la Albambra. To have a lover sigh *mi vida, mi preciosa, mi chiquitita,* and whisper things in that language crooned to babies, that language murmured by grandmothers, those words that smelled like your house, like flour tortillas, and the inside of your daddy's hat, like everyone talking in the kitchen at the same time, or sleeping with the windows open, like sneaking cashews from the crumpled

quarter-pound bag Mama always hid in her lingerie drawer after she went shopping with Daddy at the Sears.

That language. That sweep of palm leaves and fringed shawls. That startled fluttering, like the heart of a goldfinch or a fan. Nothing sounded dirty or hurtful or corny. How could I think of making love in English again? English with its starched *r*'s and *g*'s. English with its crisp linen syllables. English crunchy as apples, resilient and stiff as sailcloth.

But Spanish whirred like silk, rolled and puckered and hissed. I held Flavio close to me, in the mouth of my heart, inside my wrists.

Incredible happiness. A sigh unfurled of its own accord, a groan heaved out from my chest so rusty and full of dust it frightened me. I was crying. It surprised us both.

"My soul, did I hurt you?" Flavio said in that other language.

I managed to bunch my mouth into a knot and shake my head "no" just as the next wave of sobs began. Flavio rocked me, and cooed, and rocked me. *Ya, ya, ya.* There, there, there.

I wanted to say so many things, but all I could think of was a line I'd read in the letters of Georgia O'Keeffe years ago and had forgotten until then. Flavio ... did you ever feel like flowers?

We take my van and a beer. Flavio drives. Watching Flavio's profile, that beautiful Tarascan face of his, something that ought to be set in jade. We don't have to say anything the whole ride and it's fine, just take turns sharing the one beer, back and forth, back and forth, just looking at each other from the corner of the eye, just smiling from the corner of the mouth.

What's happened to me? Flavio was just Flavio, a man I wouldn't've looked at twice before. But now anyone who reminds me of him, any baby with that same cane-sugar skin, any moon-faced woman in line at the Handy Andy, or bag boy with tight hips carrying my groceries to the car, or child at the Kwik Wash with ears as delicate as the whorls of a sea mollusk, I find myself looking at, lingering over, appreciating. Henceforth and henceforth. Forever and ever. Ad infinitum.

When I was with Eddie, we'd be making love, and then out of nowhere I would think of the black-and-white label on the tube of titanium yellow paint. Or a plastic Mickey Mouse change purse I once had with crazy hypnotized eyes that blinked open/shut, open/shut when you wobbled it. Or a little scar shaped like a mitten on the chin of a boy named Eliberto Briseño whom I was madly in love with all through the fifth grade.

But with Flavio it's just the opposite. I might be working on a charcoal sketch, chewing on a pinch of a kneaded rubber eraser I've absentmindedly put in my mouth, and then suddenly I'm thinking about the thickness of Flavio's earlobes between my teeth. Or a wisp of violet smoke might rise from someone's cigarette at the Bar America, and remind me of that twist of sinew from wrist to elbow in Flavio's pretty arms. Or say Danny and Craig from Tienda Guadalupe Folk Art & Gifts are demonstrating how south American rain sticks work, and boom—there's Flavio's voice like the pull of the ocean when it drags everything with it back to its center—that kind of gravelly, charcoal and shell and glass rasp to it. Incredible.

Taco Haven was crowded the way it always is Sunday mornings, full of grandmothers and babies in their good clothes, boys with hair still wet from the morning bath, big husbands in tight shirts, and rowdy mamas slapping rude children to public decency.

Three security guards were vacating my window booth, and we grabbed it. Flavio ordered *chilaquiles* and I ordered breakfast tacos. We asked for quarters for the jukebox, same as always. Five songs 50 cents. I punched 132, "All my Ex's Live in

Texas," George Strait; 140, "Soy Infeliz," Lola Beltrán; 233, "Polvo y Olvido," Lucha Villa; 118, "Mal Hombre," Lydia Mendoza; and number 167, "La Movidita," because I knew Flavio loved Flaco Jimémez.

Flavio was no more quiet than usual, but midway through breakfast he announced, "My life, I have to go."

"We just got here."

"No. I mean me. I must go. To Mexico."

"What are you talking about?"

"My mother wrote me. I have compromises to attend to."

"But you're coming back. Right?"

"Only destiny knows."

A red gog with stiff fur tottered by the curb.

"What are you trying to tell me?"

The same red color as a cocoa doormat or those wooden-handled scrub brushes you buy at the Winn's.

"I mean I have family obligations." There was a long pause.

You could tell the dog was real sick. Big bald patches. Gummy eyes that bled like grapes.

"My mother writes that my sons—"

"Sons ... How many?"

"Four. From my first. Three from my second."

"First. Second. What? Marriages?"

"No, only one marriage. The other doesn't count since we weren't married in a church."

"Christomatic."

Really it made you sick to look at the thing, hobbling about like that in jerky steps as if it were dancing backward and had only three legs.

"But this has nothing to do with you, Lupe. Look, you love your mother *and* your father, don't you?"

The dog was eating something, jaws working in spasmodic gulps. A bean-and-cheese taco, I think.

"Loving one person doesn't take away from loving another. It's that way with me with love. One has nothing to do with the other. In all seriousness and with all my heart I tell you this, Lupe."

Somebody must've felt sorry for it and tossed it a last meal, but the kind thing would've been to shoot it.

"So that's how it is."

"There is no other remedy. *La* yin *y el* yang, you know," Flavio said and meant it.

"Well, yeah," I said. And then because my Torres Special felt like it wanted to rise from my belly— "I think you better go now. I gotta get my clothes out of the dryer before they get wrinkled."

"*Es* cool," Flavio said, sliding out of the booth and my life. "*Ay te wacho,* I guess."

I looked for my rose-quartz crystal and visualized healing energy surrounding me. I lit copal and burned sage to purify the house. I put on a tape of Amazon flutes, Tibetan gongs, and Aztec ocarinas, tried to center on my seven chakras, and thought only positive thoughts, expressions of love, compassion, forgiveness. But after forty minutes I still had an uncontrollable desire to drive over to Flavio Munguía's house with my grandmother's *molcajete* and bash in his skull.

What kills me is your silence. So certain, so solid. Not a note, nor postcard. Not a phone call, no number I could reach you at. No address I could write to. Neither yes nor no.

Just the void. The days raw and wide as this drought-blue sky. Just this nothingness. That's what hurts.

Nothing wants to break from the eyes. When you're a kid, it's easy. You take one wooden step out in the hall dark and wait. The hallways of every house we ever lived in smelling of Pine-Sol and dirty-looking no matter how many Saturdays we scrubbed it. Chipped paint and ugly nicks and craters in the walls from a century of bikes and kids' shoes and downstairs tenants. The handrail old and never beautiful, not even the day it was new, I bet. Darkness soaked in the plaster and wood when the house was divided into apartments. Dust balls and hair in the corners where the broom didn't reach. And now and then, a mouse squeaking.

How I let the sounds, dark and full of dust and hairs, out of my throat and eyes, that sound mixed with spit and coughing and hiccups and bubbles of snot. And the sea trickling out of my eyes as if I'd always carried it inside me, like a seashell waiting to be cupped to an ear.

These days we run from the sun. Cross the street quick, get under an awning. Carry an umbrella like tightrope walkers. Red-white-and-blue-flowered nylon. Beige with green and red stripes. Faded maroon with an amber handle. Bus ladies slouched and fanning themselves with a newspaper and a bandanna.

Bad news. The sky is blue again today and will be blue again tomorrow. Herd of clouds big as longhorns passing mighty and grazing low. Heat like a husband asleep beside you, like someone breathing in your ear who you just want to shove once, good and hard, and say, "Quit it."

When I was doing collages, I bought a few "powders" from Casa Preciado Religious Articles, the Mexican voodoo shop on South Laredo. I remember I'd picked Te Tengo Amarrado y Claveteado and Regresa a Mí—just for the wrapper. But I found myself hunting around for them this morning, and when I couldn't find them, making a special trip back to that store that smells of chamonile and black bananas.

The votive candles are arranged like so. Church-sanctioned powers on one aisle—San Martín de Porres, Santo Niño de Atocha, el Sagrado Corazón, La Divina Providencia, Nuestra Señora de San Juan de los Lagos. Folk powers on another—El Gran General Pancho Villa, Ajo Macho/Garlic Macho, La Santísima Muerte/Blessed Death, Bingo Luck, Law Stay Away, Court Case Double Strength. Back to back, so as not to offend maybe. I chose a Yo Puedo Más Que Tú from the pagan side and a Virgen de Guadalupe from the Christian.

Magic oils, magic perfume and soaps, votive candles, *milagritos*, holy cards, magnet, car-statuettes, plaster saints with eyelashes made from human hair, San Martín Caballero good-luck horseshoes, incense and copal, aloe vera bunched, blessed, bound with red string, and pinned above a door. Herbs stocked from floor to ceiling in labeled drawers.

AGUACATE, ALBAHACA, ALTAMISA, ANACAHUITE, BARBAS

DE ELOTE, CEDRÓN DE CASTILLO, COYOTE, CHARRASQUILLA, CHOCOLATE DE INDIO, EUCALIPTO, FLOR DE ACOCOTILLO, FLOR DE AZAHAR, FLOR DE MIMBRE, FLOR DE TILA, FLOR DE ZEMPOAL, HIERBABUENA, HORMIGA, HUISACHE, MANZANILLA, MARRUBIO, MIRTO, NOGAL, PALO AZUL, PASMO, PATA DE VACA, PIONÍA, PIRUL, RATÓN, TEPOZÁN, VÍBORA, ZAPOTE BLANCO, ZARZAMORA.

Snake, rat, ant, coyote, cow hoof. Were there actually dead animals tucked in a drawer? A skin wrapped in tissue paper, a dried ear, a paper cone of shriveled black alphabets, a bone ground to crystals in a baby-food jar. Or were they just herbs that *looked* like the animal?

These candles and *yerbas* and stuff, do they really work? The sisters Preciado pointed to a sign above their altar to Our Lady of the Remedies. *VENDEMOS, NO HACEMOS RECETAS.* WE SELL, WE DON'T PRESCRIBE.

I can be brave in the day, but nights are my Gethsemane. That pinch of the dog's teeth just as it nips. A mean South American itch somewhere I can't reach. The little hurricane of bathwater just before it slips inside the drain.

Seems like the world is spinning smooth without a bump or squeak except when love comes in. Then the whole machine just quits like a loud load of wash on imbalance—the buzzer singing to high heaven, the danger light flashing.

Not true. The world has always turned with its trail of tin cans rattling behind it. I have always been in love with a man.

Everything's like it was. Except for this. When I look in the mirror, I'm ugly. How come I never noticed before?

I was having *sopa tarasca* at El Mirador and reading Dear Abby. A letter from "Too Late," who wrote now that his father was dead, he was sorry he had never asked his forgiveness for having hurt him, he'd never told his father "I love you."

I pushed my bowl of soup away and blew my nose with my paper napkin. I'd never asked Flavio forgiveness for having hurt him. And yes, I'd never said "I love you." I'd never said it, though the words rattled in my head like *urracas* in the bamboo.

For weeks I lived with those two regrets like twin grains of sand embedded in my oyster heart, until one night listening to Carlos Gardel sing, "*Life is an absurd wound,*" I realized I had it wrong. oh.

Today the Weber kettle in the backyard finally quit. Three days of thin white smoke like kite string. I'd stuffed in all of

Flavio's letters and poems and photos and cards and all the sketches and studies I'd ever done of him, then lit a match. I didn't expect paper to take so long to burn, but it was a lot of layers. I had to keep poking it with a stick. I did save one poem, the last one he gave me before he left. Pretty in Spanish. But you'll have to take my word for it. In English it just sounds goofy.

The smell of paint was giving me headaches. I couldn't bring myself to look at my canvasses. I'd turn on the TV. The Galavisión channel. Told myself I was looking for old Mexican movies. María Félix, Jorge Negrete, Pedro Infante, anything, please, where somebody's singing on a horse.

After a few days I'm watching the *telenovelas*. Avoiding board meetings, rushing home from work, stopping at Torres Taco Haven on the way and buying taquitos to go. Just so I could be seated in front of the screen in time to catch *Rosa Salvaje* with Verónica Castro as the savage Rose of the title. Or Daniela Romo in *Balada por un Amor*. Or Adela Noriega in *Dulce Desafío*. I watched them all. In the name of research.

I started dreaming of these Rosas and Briandas and Luceros. And in my dreams I'm slapping the heroine to her senses, because I want them to be women who make things happen, not women who things happen to. Not loves that are *tormentosos*. Not men powerful and passionate versus women either volatilc and evil, or sweet and resigned. But women. Real women. The ones I've loved all my life. *If you don't like it lárgate, honey*. Those women. The one I've known everywhere except on TV, in books and magazines. *Las* girlfriends. *Las comadres*. Our mamas and *tías*. Passionate *and* powerful, tender and volatile, brave. And, above all, fierce.

"*Bien* pretty, your shawl. You didn't buy it in San Antonio?" Centeno's Mexican Supermarket. The cashier was talking to me.

"No, it's Peruvian. Think I bought it in Santa Fe. Or New York." I don't remember.

"*Que* cute. You look real *mona*."

Plastic hair combs with fringy flowers. Purple blouse crocheted out of shiny yarn, not tucked but worn over her jeans to hide a big stomach. I know—I do the same thing.

She's my age, but looks old. Tired. Never mind the red lips, the eye makeup that just makes her look sad. Those creases from the corner of the lip to the wing of the nostril from holding in anger, or tears. Or both. She's the one ringing up my *Vanidades*. "Extraordinary Issue." "Julio Confesses He's Looking for Love." "Still Daddy's Girl?—Liberate yourself!" "15 Ways to

Say I Love You with Your Eyes." "The Incredible Wedding of Argentine Soccer Star Maradona (It Cost 3 Million U.S. Dollars!)" "*Summer by the Sea*, a Complete Novel by Corín Tellado."

"Libertad Palomares," she said, looking at the cover.

"*Amar es Vivir*," I answered automatically as if it were my motto. Libertad Palomares. A big Venezuelan *telenovela* star. Big on crying. Every episode she weeps like a Magdalene. Not me. I couldn't cry if my life depended on it.

"Right she works her part real good?"

"I never miss an episode." That was the truth.

"Me neither. *Si Dios quiere* I'm going to get home in time today to watch it. It's getting good."

"Looks like it's going to finish pretty soon."

"Hope not. How much is this? I might buy one too. *Three-fifty! Bien* 'spensive."

Maybe once. Or maybe never. Maybe each time someone asks, *Wanna dance?* at Club Fandango. All for a Saturday night at Hacienda Salas Party House on South Mission Road. Or Lerma's Night Spot on Zarzamora. Making eyes at Ricky's Poco Loco Club or El Taconazo Lounge. Or maybe, like in my case, in my garage making art.

Amar es Vivir. What it comes down to for that woman

at Centeno's and for me. It was enough to keep us tuning in every day at six-thirty, another episode, another thrill. To relive that living when the universe ran through the blood like river water. Alive. Not the weeks spent writing grant proposals, not the forty hours standing behind a cash register shoving cans of refried beans into plastic sacks. Hell, no. This wasn't what we were put on the planet for. Not ever.

Not Lola Beltrán sobbing "*Soy infeliz*" into her four cervezas. But Daniela Romo singing "*Ya no. Es verdad que te adoro, pero más me adoro yo.*" I love you, honey, but I love me more.

One way or another. Even if it's only the lyrics to a stupid pop hit. We're going to right the world and live. I mean live our lives the way lives were meant to be lived. With the throat and wrists. With rage and desire, and joy and grief, and love till it hurts, maybe. But goddamn, girl. Live.

Went back to the twin volcano painting. Got a good idea and redid the whole thing. Prince Popo and Princess Ixta trade places. After all, who's to say the sleeping mountain isn't the prince, and the voyeur the princess, right? So I've done it my way. With Prince Popcatépetl lying on his back instead of the Princess. Of course, I had to make some anatomical adjustments in order to simulate the geographical silhouettes. I think I'm going to call it *El Pipi del Popo*. I kind of like it.

Everywhere I go, it's me and me. Half of me living my life, the other half watching me live it. Here it is January already. Sky wide as an ocean, shark-belly gray for days at a time, then all at once a blue so tender you can't remember how only months before the heat split you open like a pecan shell, you can't remember anything anymore.

Every sunset, I find myself rushing, cleaning the brushes, hurrying, my footsteps giving a light tap on each rung up the aluminum ladder to the garage roof.

Because *urracas* are arriving by the thousands from all directions and settling in the river trees. Trees leafless as sea anemones in this season, the birds in their branches dark and distinct as treble clefs, very crisp and noble and clean as if someone had cut them out of black paper with sharp scissors and glued them with library paste.

Urracas. Grackles. *Urracas*. Different ways of looking at the same bird. City calls them grackles, but I prefer *urracas*. That roll of the *r* making all the difference.

Urracas, then, big as crows, shiny as ravens, swooping and whooping it up like drunks at Fiesta. *Urracas* giving a sharp cry, a slippery rise up the scales, a quick stroke across a violin string.

And then a splintery whistle that they loop and lasso from that box in their throat, and spil and chirrup and chook. *Chook-chook, chook-chook.*

Here and there a handful of starlings tossed across the sky. All swooping in one direction. Then another explosion of starlings very far away, like pepper. Wind rattling pecans from the trees. *Thunk, thunk*. Like bad kids throwing rocks at your house. The damp smell of the earth the same smell of tea boiling.

Urracas curving, descending on treetops. Wide wings against blue. Branch tips trembling when they land, quivering when they take off again. Those at the crown devoutly facing one direction toward a private Mecca.

And other charter members off and running, high high up. Some swooping in one direction and others crisscrossing. Like marching bands at halftime. This swoop never bumping into that. *Urracas* closer to earth, starlings higher up because they're smaller. Every day. Every sunset. And no one noticing except to look at the ground and say, "Who's gonna clean up this *shit*!"

All the while the sky is throbbing. Blue, violet, peach, not holding still for one second. The sun setting and setting, all the light in the world soft as nacre, a Canaletto, an apricot, an earlobe.

And every bird in the universe chittering, jabbering, clucking, chirruping, squawking, gurgling, going crazy because God-bless-it another day has ended, as if it never had yesterday and never will again tomorrow. Just because it's today, today. With no thought of the future of past. Today. Hurray. Hurray!